3回書き込み式

標準漢字演習

目次

6級までのポイント復習

★部首は色で表しました。
★漢字左下にある算用数字は総画数を表しています。

部首を間違えやすい漢字

部首の種類	部首（名称）	漢字（総画数）
偏（へん）	氵（さんずい）	準13
偏（へん）	歹（かばねへん）	死6
偏（へん）	牛（うしへん）	牧8
旁（つくり）	刂（りっとう）	前9　利7　副11　則9
旁（つくり）	攵（のぶん）	放8　敗11
脚（あし）	八（は）	具8
その他	丶（てん）	主5

部首（名称）	漢字（総画数）
丿（はらいぼう）	乗9
冫（にすい）	冷7
凵（うけばこ）	出5
刀（かたな）	分4　初7
力（ちから）	功5　勝12　労7　務11
匕（ひ）	北5
厶（む）	去5
又（また）	取8　反4　受8
口（くち）	合6　同6　命8　問11　和8　喜12　周8　句5

部首（名称）	漢字（総画数）
土（つち）	堂11　墓13　圧5　報12
士（さむらい）	売7
夕（ゆうべ）	夢13
子（こ）	学8　字6　季8
寸（すん）	寺6
巾（はば）	常11
干（かん）	幸8　幹13
心（こころ）	愛13　念8　必5　応7
手（て）	挙10
斗（とます）	料10
日（ひ）	昼9
木（き）	栄9　案10
欠（あくび）	次6
止（とめる）	歴14

部首（名称）	漢字（総画数）
火（ひ）	炭9
玄（げん）	率11
田（た）	男7　画8　畑9　申5　由5
目（め）	直8　真10　相9　県9
立（たつ）	章11
耳（みみ）	聞14
肉（にく）	能10
臼（うす）	興16
見（みる）	覚12
貝（かい・こがい）	買12　賞15
酉（ひよみのとり）	酒10
隹（ふるとり）	集12
食（しょく）	養15
鳥（とり）	鳴14

筆順を間違えやすい漢字

漢字——総画数——筆順

漢字	弓	化	区	右	年	何	走	希	別	車	赤	足
総画数	③	④	④	⑤	⑥	⑦	⑦	⑦	⑦	⑦	⑦	⑦

漢字	状	版	使	飛	差	通	黄	道	階	報	極	歌	薬
総画数	⑦	⑧	⑧	⑨	⑩	⑩	⑪	⑫	⑫	⑫	⑫	⑭	⑯

1 次の部首のなかまの漢字を一字以上使い、熟語を完成させなさい。

口（くち）
① ゴウドウ
② メイニチ
③ ヘイワ

田（た）
④ ジユウ
⑤ たはた
⑥ シンコク

刀（かたな） 刂（りっとう）
⑦ ブンダン
⑧ リエキ
⑨ ホウソク

目（め）
⑩ スなお
⑪ シンジツ
⑫ ソウダン

土（つち）
⑬ ドウドウ
⑭ ボチ
⑮ アツリョク

又（また）
⑯ シュトク
⑰ ハンタイ
⑱ ジュリ

力（ちから）
⑲ セイコウ
⑳ ロウドウ
㉑ ニンム

子（こ）
㉒ ガクシュウ
㉓ シキ
㉔ カンジ

2 次の漢字の部首と総画数を例にならい、書きなさい。

〈例〉寺（寸）部首　6 総画数

① 酒（　）
② 覚（　）
③ 集（　）
④ 冷（　）
⑤ 敗（　）
⑥ 常（　）
⑦ 鳴（　）
⑧ 栄（　）
⑨ 出（　）
⑩ 応（　）
⑪ 去（　）
⑫ 昼（　）
⑬ 夢（　）
⑭ 北（　）
⑮ 養（　）
⑯ 申（　）

3 次の語群に共通する部首を書きなさい。

部首

① {周・問・同・句}（　）
② {応・念・必・愛}（　）
③ {県・直・相・真}（　）
④ {労・務・勝・功}（　）
⑤ {副・則・利・前}（　）
⑥ {画・畑・由・男}（　）
⑦ {墓・報・圧・堂}（　）

4 次の語群には、部首が他と異なるものが一つあります。その漢字を書きなさい。

① {料・糖・粉・精}
② {開・聞・関・間}
③ {合・和・喜・加}
④ {岩・岸・炭・山}
⑤ {先・元・光・売}
⑥ {教・放・牧・数}
⑦ {屋・居・昼・局}

解答

1 ①合同 ②命日 ③平和 ④自由 ⑤田畑 ⑥申告 ⑦分断 ⑧利益 ⑨法則 ⑩素直 ⑪真実 ⑫相談 ⑬堂堂 ⑭墓地 ⑮圧力 ⑯取得 ⑰反対 ⑱受理 ⑲成功 ⑳労働 ㉑任務 ㉒学習 ㉓四季 ㉔漢字

2 ①酉 10 ②見 12 ③隹 12 ④冫 7 ⑤攵 11 ⑥巾 11 ⑦鳥 14 ⑧木 9 ⑨凵 5 ⑩心 7 ⑪ム 5 ⑫日 9 ⑬夕 13 ⑭ヒ 5 ⑮食 15 ⑯田 5

3 ①口 ②心 ③目 ④力 ⑤刂 ⑥田 ⑦土

4 ①料 ②聞 ③加 ④炭 ⑤売 ⑥牧 ⑦昼

5 次の漢字の筆順はア・イどちらですか。記号で答えなさい。

① 歌 ｛ア 𠮛 可 哥 哥 歌 ／ イ 一 丁 可 哥 哥 歌｝（　　）

② 車 ｛ア 一 𠔿 戸 亘 車 ／ イ 一 𠔿 戸 亘 亘 車｝（　　）

③ 薬 ｛ア 艹 艹 䒑 萛 薬 ／ イ 艹 艹 䒑 萛 薬｝（　　）

④ 何 ｛ア 亻 仁 仃 仃 何 何 ／ イ 亻 仁 仃 何 何 何｝（　　）

⑤ 赤 ｛ア 一 二 土 㚘 赤 赤 ／ イ 一 十 土 㚘 赤 赤｝（　　）

⑥ 化 ｛ア ノ イ 亻 化 ／ イ ノ イ 化 化｝（　　）

6 次の語群から画数の違う漢字を一つ選び（　）へ書きなさい。

① ｛男・出・赤｝（　　）

② ｛弓・牛・円｝（　　）

③ ｛年・会・何｝（　　）

④ ｛希・完・使｝（　　）

⑤ ｛車・再・足｝（　　）

⑥ ｛極・歌・道｝（　　）

⑦ ｛別・走・合｝（　　）

7 次の漢字の色の部分は何画目か。また総画数は何画か、算用数字で答えなさい。

何画目　総画数

① 希（　　）□

② 極（　　）□

③ 差（　　）□

④ 別（　　）□

⑤ 再（　　）□

⑥ 右（　　）□

⑦ 状（　　）□

⑧ 報（　　）□

⑨ 区（　　）□

⑩ 階（　　）□

⑪ 通（　　）□

⑫ 版（　　）□

⑬ 黄（　　）□

読み問題

次の——線部分の読みを平仮名で書きなさい。

① 法の**下**の平等

② 髪を**結**わえる

③ **気後**れする

④ **夏至**が近づく

⑤ **旅客**でにぎわう駅

⑥ **武者**人形を飾る

⑦ **悪寒**と発熱

⑧ **政**を行う

⑨ **速**やかに下校する

⑩ **率直**な気持ち

⑪ 休みに**田舎**に帰る

⑫ 真理を**究**める

⑬ 神の**化身**

⑭ **外科**に通院する

⑮ **類似**品が出回る

⑯ **最期**の時がきた

⑰ 寺院を**建立**する

⑱ 問題の解決を**図**る

⑲ **台風一過**の青空

⑳ **昔日**のおもかげ

㉑ 少しお金が**要**る

㉒ 費用を**折半**する

㉓ **細**かく説明する

㉔ **磁石**が北を示す

㉕ **久遠**のちかい

㉖ **幾何学**もよう

㉗ **雑木林**を散歩する

㉘ 貸し借りを**相殺**

㉙ お茶が**冷**める

㉚ あのころを**省**みる

㉛ お寺の**境内**で会う

㉜ ハワイは**常夏**の島

㉝ **上**り列車に乗る

㉞ **有無**を言わせない

㉟ うわさを**流布**する

㊱ 野菜を**出荷**する

解答

5 ①ア ②イ ③ア ④ア ⑤イ ⑥ア

6 ①出 ②弓 ③何 ④使 ⑤再 ⑥歌 ⑦合

7 ①3 7 ②6 12 ③7 10 ④4 7 ⑤2 6 ⑥1 5 ⑦1 7 ⑧9 12 ⑨4 4 ⑩8 12 ⑪7 10 ⑫2 8 ⑬7 11

読み問題 ①もと ②ゆ ③きおく ④げし ⑤りょかく ⑥むしゃ ⑦おかん ⑧まつりごと ⑨すみ ⑩そっちょく ⑪いなか ⑫きわ ⑬けしん ⑭げか ⑮るいじ ⑯さいご ⑰こんりゅう ⑱はか ⑲たいふういっか ⑳せきじつ ㉑い ㉒せっぱん ㉓こま ㉔じしゃく ㉕くおん ㉖きかがく ㉗ぞうきばやし ㉘そうさい ㉙さ ㉚かえり ㉛けいだい ㉜とこなつ ㉝のぼ ㉞うむ ㉟るふ ㊱しゅっか

書き問題 次の太字を漢字と送り仮名に直しなさい。

★間違えた漢字は□にチェックしよう！

① 魚を**あきなう**。 □
② 負け**いくさ**。 □
③ 食堂を**いとなむ**。 □
④ 活気のある**うおいちば**。 □
⑤ **おいたち**を語る。 □
⑥ 正月の**かきぞめ**。 □
⑦ **かざむき**を確かめる。 □
⑧ **かしらモジ**を書く。 □
⑨ **かどで**を祝う。 □
⑩ **カミハンキ**の決算。 □
⑪ 繭からとった**きいと**。 □
⑫ **キおくれ**する。 □
⑬ **けしイン**を見る。 □
⑭ **ケビョウ**をつかって休む。 □
⑮ **こがね**色の穂。 □
⑯ 危険な**こころみ**。 □
⑰ **こころよい**音楽。 □
⑱ 助けを**ことわる**。 □
⑲ **こわいろ**をまねる。 □
⑳ **コンジキ**に輝く。 □
㉑ 不幸中の**さいわい**。 □
㉒ 金銭**スイトウチョウ**。 □
㉓ **すけダチ**する。 □
㉔ 背中を**そる**。 □
㉕ 時間を**ついやす**。 □
㉖ **つどい**に参加する。 □
㉗ 山々が**つらなる**。 □
㉘ 神経を**とぎ**澄ます。 □
㉙ 心に**とめる**。 □
㉚ **トンヤ**から仕入れる。 □
㉛ 志**なかば**で倒れる。 □
㉜ 気持ちが**なごむ**。 □
㉝ 無駄を**はぶく**。 □
㉞ **はまべ**を散歩する。 □
㉟ 目にもとまらぬ**はやわざ**。 □
㊱ **フクイン**書を開く。 □
㊲ 多くの年月を**へる**。 □
㊳ 新時代の**マクあけ**。 □
㊴ **まさる**とも劣らない。 □
㊵ 恩に**むくいる**。 □
㊶ 一席**もうける**。 □
㊷ **やえ**咲きの桜。 □
㊸ 由緒ある**やしろ**。 □
㊹ **わざわい**転じて福となす。 □
㊺ 昔からの**わらべうた**。 □

解答

書き問題
①商う ②戦 ③営む ④魚市場 ⑤生い立ち ⑥書き初め ⑦風向き ⑧頭文字 ⑨門出 ⑩上半期 ⑪生糸 ⑫気後れ ⑬消印 ⑭仮病 ⑮黄金 ⑯試み ⑰快い ⑱断る ⑲声色 ⑳金色 ㉑幸い ㉒出納帳 ㉓助太刀 ㉔反る ㉕費やす ㉖集い ㉗連なる ㉘研ぎ ㉙留める ㉚問屋 ㉛半ば ㉜和む ㉝省く ㉞浜辺 ㉟早業 ㊱福音 ㊲経る ㊳幕開け ㊴勝る ㊵報いる ㊶設ける ㊷八重 ㊸社 ㊹災い ㊺童歌

5級 1/8回

力試し

次の**太字**を漢字に直しなさい。

① **ジンギ**を重んじる。 人として行うべき道徳
② 食事を**テイキョウ**する。 差し出す
③ 騒音を**スウチ**で示す。 測定して得た数
④ **ハイジン**の松尾芭蕉。 俳句をつくる人
⑤ **ドヒョウ**ですもうをとる。 すもうをとる場所
⑥ 人を**チュウショウ**しない。 他人の名誉を傷つける
⑦ **ユウレツ**つけがたい。 すぐれているものとおとっているもの
⑧ **ニュウジョウケン**を買う。 場内に入るためのきっぷ
⑨ 知識を**キュウシュウ**する。 取り入れて自分のものにする
⑩ 名前を**レンコ**する。 何度も繰り返して呼ぶ
⑪ **コウゴウ**陛下のお言葉。 天皇の妻
⑫ **アンピ**が気になる。 無事かどうか

24字 191字中

漢字	画数	部首	読み	用例
仁	④		ジン ニ	仁愛（ジンアイ） 仁術（ジンジュツ）
供	⑧		キョウ・ク そな(える) とも	供給（キョウキュウ） 子供（こども）
値	⑩		チ ね あたい	価値（カチ） 値段（ねダン）
俳	⑩		ハイ	俳句（ハイク） 俳優（ハイユウ）
俵	⑩		ヒョウ たわら	砂俵（すなだわら） 米俵（こめだわら）
傷	⑬		ショウ きず いた(む・める)	負傷（フショウ） 傷口（きずぐち）
優	⑰		ユウ やさ(しい) すぐ(れる)	優位（ユウイ） 優勝（ユウショウ）
券	⑧	刀	ケン	食券（ショッケン） 証券（ショウケン）
吸	⑥		キュウ す(う)	吸着（キュウチャク） 吸入（キュウニュウ）
呼	⑧		コ よ(ぶ)	呼吸（コキュウ） 点呼（テンコ）
后	⑥	口	コウ	后妃（コウヒ） 皇太后（コウタイゴウ）
否	⑦	口	ヒ いな	否定（ヒテイ） 可否（カヒ）

漢字の書き取り

2回練習しよう！

1.

2.

コラム

漢字のでき方は

漢字のでき方は「象形、指事、会意、形声、転注、仮借」の六つに分類され、これを「六書」といいます。

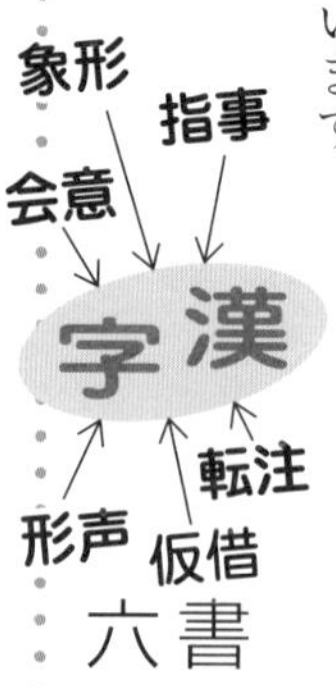

1 次の**太字**を漢字と送り仮名に直しなさい。

① 仏前に**そなえる**
② 果実が**いたむ**
③ 事実は**いなめない**
④ 水が**たれる**
⑤ 雨具を**わすれた**
⑥ **やさしい**笑顔
⑦ 指示に**したがう**
⑧ 息を**すう**
⑨ 参加を**よびかける**
⑩ 賞賛に**あたいする**

解答 力試し

①仁義 ②提供 ③数値 ④俳人 ⑤土俵 ⑥中傷 ⑦優劣 ⑧入場券 ⑨吸収 ⑩連呼 ⑪皇后 ⑫安否 ⑬善悪 ⑭流域 ⑮垂直 ⑯姿見 ⑰存分 ⑱孝行 ⑲幕 ⑳律儀 ㉑従来 ㉒忘却 ㉓忠実 ㉔謝恩

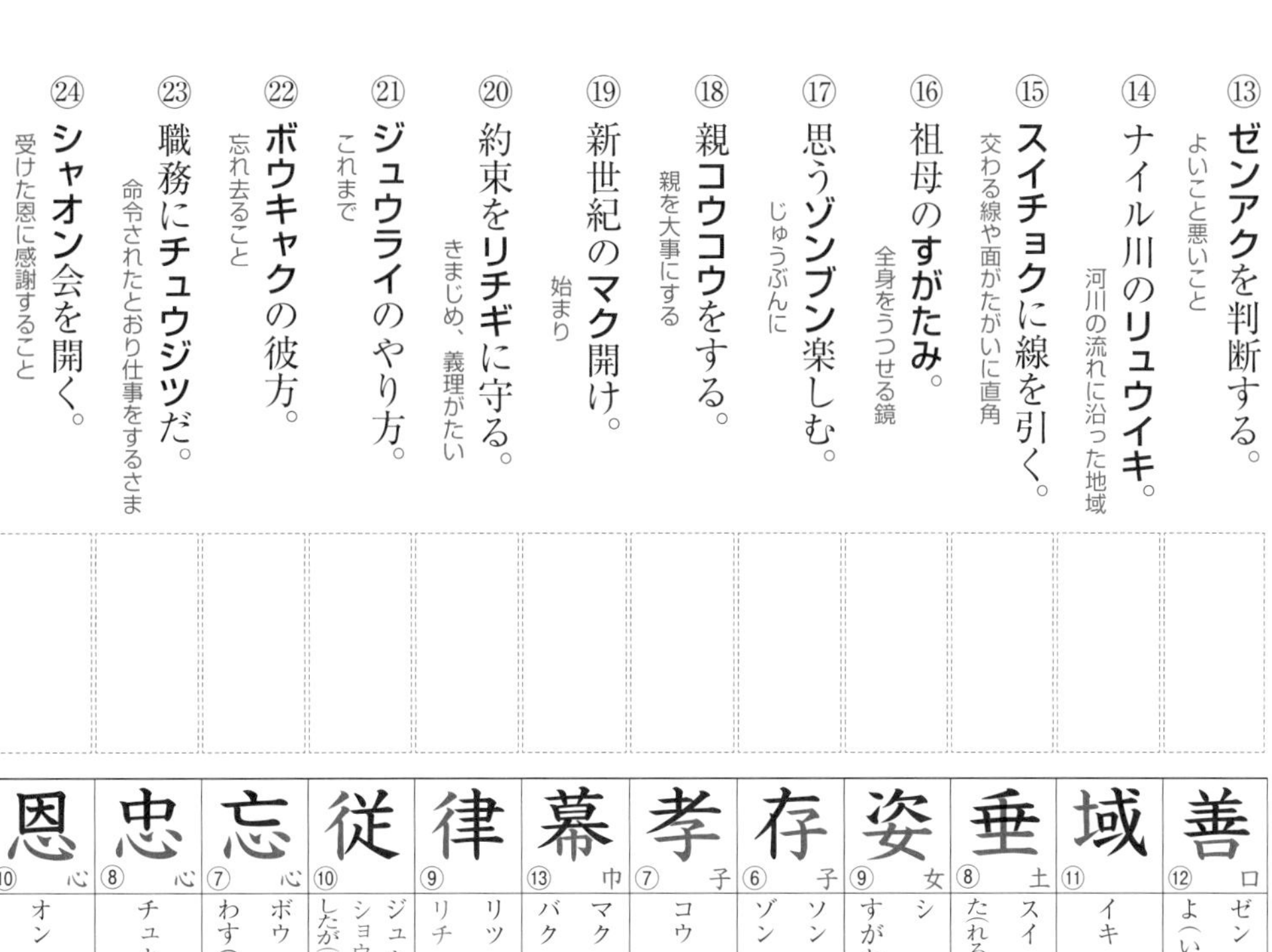

⑬ **ゼンアク**を判断する。（よいことと悪いこと）

⑭ ナイル川の**リュウイキ**。（河川の流れに沿った地域）

⑮ **スイチョク**に線を引く。（交わる線や面がたがいに直角）

⑯ 祖母の**すがたみ**。（全身をうつせる鏡）

⑰ 思う**ゾンブン**楽しむ。（じゅうぶんに）

⑱ 親**コウコウ**をする。（親を大事にする）

⑲ 新世紀の**マク**開け。（始まり）

⑳ 約束を**リチギ**に守る。（きまじめ、義理がたい）

㉑ **ジュウライ**のやり方。（これまで）

㉒ **ボウキャク**の彼方。（忘れ去ること）

㉓ 職務に**チュウジツ**だ。（命令されたとおり仕事をするさま）

㉔ **シャオン**会を開く。（受けた恩に感謝すること）

漢字	画数	部首	読み	用例
善	⑫	口	ゼン　よ(い)	善人（ゼンニン）　親善（シンゼン）
域	⑪		イキ	区域（クイキ）　地域（チイキ）
垂	⑧	土	スイ　た(れる・らす)	垂線（スイセン）　垂範（スイハン）
姿	⑨	女	シ　すがた	姿勢（シセイ）　容姿（ヨウシ）
存	⑥	子	ソン　ゾン	存在（ソンザイ）　保存（ホゾン）
孝	⑦	子	コウ	孝養（コウヨウ）　忠孝（チュウコウ）
幕	⑬	巾	マク　バク	開幕（カイマク）　幕府（バクフ）
律	⑨		リツ　リチ	規律（キリツ）　法律（ホウリツ）
従	⑩		ジュウ　ショウ・ジュ　したが(う・える)	従事（ジュウジ）　従容（ショウヨウ）
忘	⑦	心	ボウ　わす(れる)	忘年（ボウネン）　忘れ物（わすれもの）
忠	⑧	心	チュウ	忠告（チュウコク）　忠誠（チュウセイ）
恩	⑩	心	オン	恩義（オンギ）　恩恵（オンケイ）

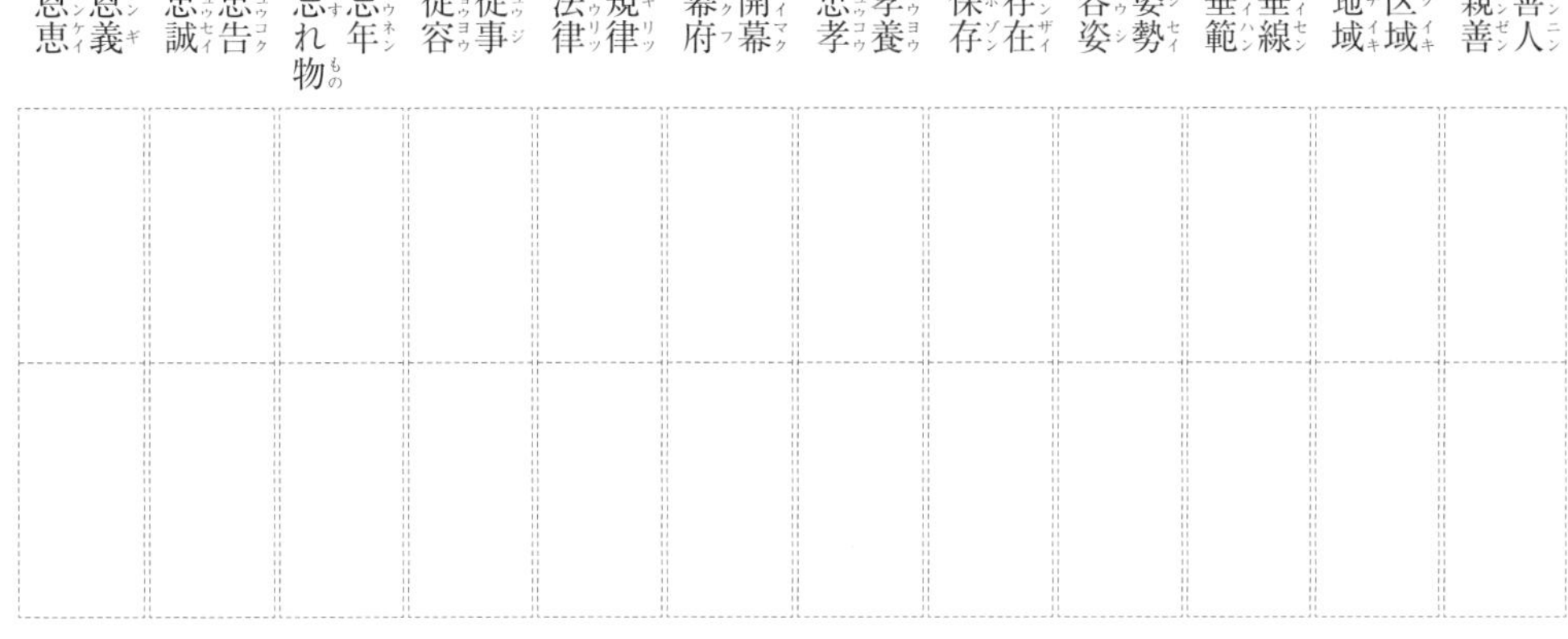

2 次の□に入る語を（　）から選び、漢字に直して対義語・類義語を完成させなさい。（5級の範囲）

（い・かん・きょう・げき・げ・ん・しゅう・ちょ・こう）

《対義語》

① 拾得 ↔ □失

② 寛容 ↔ □格

③ 上昇 ↔ 下□

④ 支出 ↔ □入

《類義語》

⑤ 手紙 ― 書□

⑥ 絶賛 ― □賞

⑦ 帰省 ― 帰□

⑧ 作者 ― □者

★読めるかな？

❶ 供養　❷ 従順　❸ 賛否　❹ 幕間　❺ 仁王

（答え）
❶くよう
❷じゅうじゅん
❸さんぴ
❹まくあい
❺におう

1 ①供える ②傷む ③否めない ④垂れる ⑤忘れた ⑥優しい ⑦従う ⑧吸う ⑨呼びかける ⑩値する
2 ①遺 ②厳 ③降 ④収 ⑤簡 ⑥激 ⑦郷 ⑧著

5級 2/8回

力試し

次の**太字**を漢字に直しなさい。

① 児童**ケンショウ**。（おきて）

② 小説を**ヒヒョウ**する。（評価する）

③ 文字を**カクダイ**する。（広げて大きくする）

④ **タンニン**の先生。（受け持ち）

⑤ お手を**ハイシャク**。（お借りする）

⑥ **シュシャ**選択する。（取る、取らない）

⑦ 活動を**スイシン**する。（おしすすめる）

⑧ 魚群を**タンチ**する。（さぐって知る）

⑨ 実力を**ハッキ**する。（もっている力を外へ出す）

⑩ **セッソウ**のある行動。（信念をかたく守った）

⑪ それは**ショウチ**している。（事情を知った上できき入れること）

⑫ **エンドウ**を花でかざる。（道ぞい）

漢字	画数・部首	読み	用例
憲	⑯ 心	ケン	憲法（ケンポウ） 立憲（リッケン）
批	⑦	ヒ	批准（ヒジュン） 批判（ヒハン）
拡	⑧	カク	拡散（カクサン） 拡張（カクチョウ）
担	⑧	タン かつ(ぐ) にな(う)	担当（タントウ） 分担（ブンタン）
拝	⑧	ハイ おが(む)	拝見（ハイケン） 参拝（サンパイ）
捨	⑪	シャ す(てる)	喜捨（キシャ） 捨て身（すてみ）
推	⑪	スイ お(す)	推測（スイソク） 推理（スイリ）
探	⑪	タン さが(す) さぐ(る)	探検（タンケン） 家探し（いえさがし）
揮	⑫	キ	揮発（キハツ） 指揮（シキ）
操	⑯	ソウ あやつ(る) みさお	操作（ソウサ） 体操（タイソウ）
承	⑧ 手	ショウ うけたまわ(る)	了承（リョウショウ） 承る（うけたまわる）
沿	⑧	エン そ(う)	沿岸（エンガン） 沿線（エンセン）

48字 191字中

漢字の書き取り

1. 2.

2回練習しよう！

コラム 象形文字とは

「羽」は鳥の両翼の形をかたどったもの。ものの形をかたどった文字を象形（しょうけい）文字といいます。ほかに山や川、雨、門などがあります。

羽

1 次の**太字**を漢字と送り仮名に直しなさい。

① **あやつり**人形

② **はげしい**争い

③ 食事を**すます**

④ **しお**の満ち引き

⑤ 一部を**のぞく**

⑥ 差し**さわり**がない

⑦ 朝日に山が**はえる**

⑧ バスを**おりる**

⑨ 次代の**になって**

⑩ 神仏を**おがむ**

解答 力試し

①憲章 ②批評 ③拡大 ④担任 ⑤拝借 ⑥取捨 ⑦推進 ⑧探知 ⑨発揮 ⑩節操 ⑪承知 ⑫沿道 ⑬洗顔 ⑭立派 ⑮救済 ⑯起源 ⑰風潮 ⑱感激 ⑲温泉 ⑳以降 ㉑駆除 ㉒陛下 ㉓故障 ㉔上映

⑬ **センガン**は毎朝の習慣。（顔を洗うこと）

⑭ **リッパ**な行動。（見事）

⑮ 被災者の**キュウサイ**。（救い助けること）

⑯ 人類の**キゲン**を調べる。（始まり、みなもと）

⑰ 最近の**フウチョウ**だ。（世の中の傾向）

⑱ **カンゲキ**にひたる。（気持ちがたかぶること）

⑲ **オンセン**地で保養する。（地中からわく湯）

⑳ 明日**イコウ**に行く。（それより後）

㉑ 害虫を**クジョ**する。（取り除く）

㉒ 女王**ヘイカ**がご臨席になる。（尊称のひとつ）

㉓ ブレーキが**コショウ**した。（機械などがこわれること）

㉔ 新作を**ジョウエイ**する。（映画をうつすこと）

漢字	画数	読み	用例
洗	⑨	セン／あら(う)	洗面（センメン）　水洗（スイセン）
派	⑨	ハ	派生（ハセイ）　流派（リュウハ）
済	⑪	サイ／す(む・ます)	返済（ヘンサイ）　経済（ケイザイ）
源	⑬	ゲン／みなもと	資源（シゲン）　水源（スイゲン）
潮	⑮	チョウ／しお	潮流（チョウリュウ）　黒潮（くろしお）
激	⑯	ゲキ／はげ(しい)	激動（ゲキドウ）　激励（ゲキレイ）
泉	⑨ 水	セン／いずみ	泉水（センスイ）　源泉（ゲンセン）
降	⑩	コウ／お(りる・ろす)　ふ(る)	降雨（コウウ）　雨降り（あめふり）
除	⑩	ジョ　ジ／のぞ(く)	除外（ジョガイ）　掃除（ソウジ）
陛	⑩	ヘイ	陛下（ヘイカ）
障	⑭	ショウ／さわ(る)	障害（ショウガイ）　保障（ホショウ）
映	⑨	エイ／うつ(る・す)　は(える)	映画（エイガ）　夕映え（ゆうばえ）

2 同じ読みでも意味が異なる漢字です。文に合う漢字を□に書きなさい。（5級の範囲）

《のぞむ》

① 準備万全で試験に□む。

② はるかに富士山を□む。

《うつす》

③ 書類を書き□す。

④ スクリーンに□す。

⑤ 違う棚へ□す。

《あらわす》

⑥ 姿を□す。

⑦ 小説を□す。

⑧ 感情を□す。

★読めるかな?

❶ 操縦　❷ 憲兵　❸ 派生　❹ 沿革　❺ 除名

（答え）
❶そうじゅう
❷けんぺい
❸はせい
❹えんかく
❺じょめい

1 ①操り ②激しい ③済ます ④潮 ⑤除く ⑥障り ⑦映える ⑧降りる ⑨担い手 ⑩拝む
2 ①臨 ②望 ③写 ④映 ⑤移 ⑥現 ⑦著 ⑧表

5級 3/8回

力試し

次の太字を漢字に直しなさい。

① **サクバン**は疲れた。（昨日の夜）
② 室内を**ダンボウ**する。（暖める）
③ **ハクボ**がせまる湖。（たそがれ、夕暮れ）
④ 家族にとって**ロウホウ**だ。（うれしい知らせ）
⑤ **シンパイ**機能を高める。（心臓と肺の働き）
⑥ **キョウチュウ**を察する。（心の中の思い）
⑦ **ノウリ**に焼きつく。（頭や心の中）
⑧ **ダンチョウ**の思い。（大変つらく悲しいこと）
⑨ **フクシン**の部下。（信頼できる）
⑩ **シンゾウ**の手術をする。（血液を送りだす臓器）
⑪ **イエキ**の分泌。（胃から出る消化液）
⑫ 物語の**ハイケイ**。（物事の後ろにある事情）

晩	暖	暮	朗	肺	胸	脳	腸	腹	臓	胃	背
⑫	⑬	⑭ 日	⑩ 月	⑨	⑩	⑪	⑬	⑬	⑲	⑨ 肉	⑨ 肉
バン	ダン あたた(か・かい) あたた(まる・める)	ボ く(れる・らす)	ロウ ほが(らか)	ハイ	キョウ むね むな	ノウ	チョウ	フク はら	ゾウ	イ	ハイ せ・せい そむ(く・ける)
晩秋(バンシュウ) 晩年(バンネン)	暖冬(ダントウ) 温暖(オンダン)	暮色(ボショク) 暮春(ボシュン)	朗読(ロウドク) 明朗(メイロウ)	肺炎(ハイエン) 肺病(ハイビョウ)	胸囲(キョウイ) 度胸(ドキョウ)	首脳(シュノウ) 頭脳(ズノウ)	大腸(ダイチョウ) 小腸(ショウチョウ)	空腹(クウフク) 中腹(チュウフク)	肝臓(カンゾウ) 内臓(ナイゾウ)	胃酸(イサン) 胃痛(イツウ)	背後(ハイゴ) 背中(せなか)

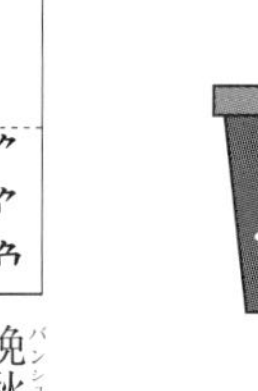

漢字の書き取り

1. 2. 2回練習しよう！

コラム 指事文字とは

「本」は木の下に一を加えて、木の下部、ねもとを意味しています。形で表せないものを点や線を使って表した文字を指事文字といいます。

木＋一＝本

1 次の太字を漢字と送り仮名に直しなさい。

① 目を**そむける**
② 柿の実が**うれる**
③ **ほがらか**な友人
④ 煙が目に**しみる**
⑤ 夕日が空を**そめる**
⑥ 今日は**あたたかい**
⑦ 日が**くれる**
⑧ **むね**が痛い
⑨ **はら**を抱えて笑う
⑩ 室内を**あたためる**

解答 力試し

①昨晩 ②暖房 ③薄暮 ④朗報 ⑤心肺 ⑥胸中 ⑦脳裏 ⑧断腸 ⑨腹心 ⑩心臓 ⑪胃液 ⑫背景 ⑬机上 ⑭枚挙 ⑮古株 ⑯棒大 ⑰規模 ⑱権化 ⑲樹立 ⑳感染 ㉑熟考 ㉒灰色 ㉓破片 ㉔班長

⑬ キジョウの空論をさける。（頭で考えただけの役立たない考え）

⑭ マイキョにいとまがない。（たくさん例がある）

⑮ この町ではふるかぶの家。（昔からの住人）

⑯ 針小ボウダイに言う。（おおげさ）

⑰ キボを広げる。（大きさ）

⑱ 仏のゴンゲ。（神仏の化身）

⑲ 世界記録をジュリツする。（うち立てる）

⑳ ウイルスにカンセンした。（病原体が身体に入ること）

㉑ 進路をジュッコウする。（十分に考える）

㉒ はいいろの空をあおぐ。（黒みをおびた白色）

㉓ 土器のハヘンが見つかる。（壊れたかけら）

㉔ ハンチョウを選ぶ。（班の長）

漢字	画数・部首	読み	筆順	用例
机	⑥ 木	キ / つくえ	一 十 才 木 杉 机	机下（キカ）/ 勉強机（ベンキョウづくえ）
枚	⑧ 木	マイ	木 木 杉 杉 朽 枚	枚数（マイスウ）/ 大枚（タイマイ）
株	⑩ 木	かぶ	木 木 杧 杵 枠 株	株価（かぶカ）/ 株式（かぶシキ）
棒	⑫ 木	ボウ	木 杆 梼 栋 椿 棒	鉄棒（テツボウ）/ 相棒（あいボウ）
模	⑭ 木	モ / ボ	杧 栉 桝 档 槙 模	模型（モケイ）/ 模様（モヨウ）
権	⑮ 木	ケン / ゴン	木 杧 柞 枠 柠 権	権利（ケンリ）/ 人権（ジンケン）
樹	⑯ 木	ジュ	木 桔 桔 植 桔 樹	樹海（ジュカイ）/ 植樹（ショクジュ）
染	⑨ 木	セン / そ(める・まる) / し(みる・み)	氵 氵 汍 氿 染 染	染料（センリョウ）/ 汚染（オセン）
熟	⑮ 灬	ジュク / う(れる)	亠 亨 郭 孰 孰 熟	熟読（ジュクドク）/ 成熟（セイジュク）
灰	⑥ 火	カイ / はい	一 厂 厂 戸 戸 灰	石灰（セッカイ）/ 灰皿（はいざら）
片	④ 片	ヘン / かた	ノ 丿 片 片	断片（ダンペン）/ 片道（かたみち）
班	⑩ 王	ハン	丅 王 玉 玑 班 班	班別（ハンベツ）/ 救護班（キュウゴハン）

2 次のカタカナを漢字に直して、四字熟語を完成させなさい。（5級の範囲）

① 開□（マク）試合
② 海底□（タン）査
③ 政治改□（カク）
④ 一□（コク）千金
⑤ 人権□（セン）言
⑥ □（ザ）席指定
⑦ □（ホ）正予算
⑧ 朝令□（ボ）改
⑨ 同時通□（ヤク）
⑩ 賛□（ピ）両論

★読めるかな？
❶ 違背　❷ 断片
❸ 大樹　❹ 模造品

（答え）
❶いはい
❷だんぺん
❸たいじゅ
❹もぞうひん

1 ①背ける ②熟れる ③朗らかな ④染みる ⑤染める ⑥暖かい ⑦暮れる ⑧胸 ⑨腹 ⑩暖める
2 ①幕 ②探 ③革 ④刻 ⑤宣 ⑥座 ⑦補 ⑧暮 ⑨訳 ⑩否

5級　4/8回

96字 / 191字中

力試し

次の**太字**を漢字に直しなさい。

① **イギ**を唱える。（ちがった意見）
② 半信**ハンギ**。（なかば信じ、なかばうたがう）
③ 病人の**カンゴ**をする。（手当て、世話をする）
④ 鳥取**サキュウ**を見物する。（風で運ばれた砂でできた丘）
⑤ **ジシャク**が北を指す。（方向を教える道具）
⑥ **わたくしごと**で恐縮です。（個人的なこと）
⑦ **ヒミツ**の行動。（人に知らせない）
⑧ **コクモツ**を収穫する。（米、麦など主食となる作物）
⑨ 水分**ホキュウ**をする。（足りない分をおぎなう）
⑩ **ヨウサイ**が得意な人。（服をつくること）
⑪ 舞台**イショウ**をあつらえる。（出演者が着る衣服）
⑫ **うらぐち**から出る。（正面ではない出口）

漢字	画数	部首	音読み	訓読み	用例
異	⑪	田	イ	こと	異常（イジョウ）　差異（サイ）
疑	⑭	疋	ギ	うたが(う)	疑念（ギネン）　疑問（ギモン）
看	⑨	目	カン		看板（カンバン）　看病（カンビョウ）
砂	⑨		サ　シャ	すな	土砂（ドシャ）　砂場（すなば）
磁	⑭		ジ		磁器（ジキ）　磁力（ジリョク）
私	⑦		シ	わたくし　わたし	私語（シゴ）　私財（シザイ）
秘	⑩		ヒ	ひ(める)	秘境（ヒキョウ）　神秘（シンピ）
穀	⑭	禾	コク		穀類（コクルイ）　雑穀（ザッコク）
補	⑫		ホ	おぎな(う)	補欠（ホケツ）　候補（コウホ）
裁	⑫	衣	サイ	た(つ)　さば(く)	裁判（サイバン）　決裁（ケッサイ）
装	⑫		ショウ　ソウ	よそお(う)	仮装（カソウ）　包装（ホウソウ）
裏	⑬	衣	リ	うら	裏面（リメン）　裏目（うらめ）

漢字の書き取り

2回練習しよう！

コラム　会意文字とは

「日」と「月」を合わせて「明」。二つ以上の漢字を組み合わせて、新しい意味を表した文字が会意文字です。

日　月　明

1 次の**太字**を漢字と送り仮名に直しなさい。

① **くれない**色に染める
② **たてがき**の本
③ **セイチ**エルサレム
④ 不足分を**おぎなう**
⑤ 布地を**たつ**
⑥ 美しく**よそおう**
⑦ 言い訳を**うたがう**
⑧ 税金を**おさめる**
⑨ 時間を**ちぢめる**
⑩ 春の**おとずれ**

解答

力試し　①異議　②半疑　③看護　④砂丘　⑤磁石　⑥私事　⑦秘密　⑧穀物　⑨補給　⑩洋裁　⑪衣装　⑫裏口　⑬糖分　⑭真紅　⑮純真　⑯納得　⑰正絹　⑱操縦　⑲縮図　⑳体系　㉑神聖　㉒養蚕　㉓検討　㉔訪問

⑬ **トウブン**の摂取を控える。　砂糖など甘いもの

⑭ **シンク**のばらの花。　まっか

⑮ **ジュンシン**な心の持ち主。　清らかな

⑯ **ナットク**のいく説明。　理解して承知する

⑰ **ショウケン**のスカーフ。　まじりもののない絹

⑱ 飛行機の**ソウジュウ**。　機械をあやつる

⑲ 人生の**シュクズ**。　小さくして示したもの

⑳ 学問の**タイケイ**。　順序づけてまとめたもの

㉑ 教会は**シンセイ**な場所だ。　けがれない

㉒ **ヨウサン**農家。　かいこを育てる

㉓ よく**ケントウ**して決める。　調べ考える

㉔ 家庭**ホウモン**の日。　訪ねる

漢字	画数	部首	読み	用例
糖	⑯		トウ	砂糖（サトウ）　製糖（セイトウ）
紅	⑨		コウ・ク　べに　くれない	紅白（コウハク）　口紅（くちべに）
純	⑩		ジュン	純情（ジュンジョウ）　単純（タンジュン）
納	⑩		ノウ・ナッ　ナ・ナン・トウ　おさ(める)　おさ(まる)	納品（ノウヒン）　納戸（ナンど）
絹	⑬		ケン　きぬ	人絹（ジンケン）　絹織物（きぬおりもの）
縦	⑯		ジュウ　たて	縦横（ジュウオウ）　縦断（ジュウダン）
縮	⑰		シュク　ちぢ(む・まる)　ちぢ(める・れる)　ちぢ(らす)	収縮（シュウシュク）　短縮（タンシュク）
系	⑦	糸	ケイ	系統（ケイトウ）　家系（カケイ）
聖	⑬	耳	セイ	聖火（セイカ）　聖人（セイジン）
蚕	⑩	虫	サン　かいこ	蚕業（サンギョウ）　蚕の糸（かいこのいと）
討	⑩		トウ　う(つ)	討論（トウロン）　追討（ツイトウ）
訪	⑪		ホウ　たず(ねる)　おとず(れる)	訪米（ホウベイ）　来訪（ライホウ）

2 次の漢字の部首を［　］に、総画数を（　）に書きなさい。（5級の範囲）

① 宇［　］（　）
② 劇［　］（　）
③ 郷［　］（　）
④ 奮［　］（　）
⑤ 域［　］（　）
⑥ 卵［　］（　）
⑦ 蒸［　］（　）
⑧ 映［　］（　）
⑨ 視［　］（　）
⑩ 延［　］（　）

★読めるかな？

❶ 出納　❷ 縮小　❸ 絹布
❹ 異口同音　❺ 脳裏

（答え）
❶すいとう
❷しゅくしょう
❸けんぷ
❹いくどうおん
❺のうり

1 ①紅　②縦書き　③聖地　④補う　⑤裁つ　⑥装う　⑦疑う　⑧納める　⑨縮める　⑩訪れ

2 ①宀 6　②刂 15　③阝 11　④大 16　⑤土 11　⑥卩 7　⑦艹 13　⑧日 9　⑨見 11　⑩廴 8

5級 5/8回

120字 / 191字中

力試し

次の**太字**を漢字に直しなさい。

① 英文を**ワヤク**する。（日本語に直す）
② 英語の**ヒンシ**を覚える。（単語の種別）
③ **セイイ**のある対応。（まごころ）
④ 時代**サクゴ**だ。（思い誤ること）
⑤ **ニッシ**をつける。（毎日の出来事等の記録）
⑥ 出席を**カクニン**する。（確かめる）
⑦ **ショコク**を旅する。（多くの国）
⑧ **タンジョウ**日を祝う。（生まれた日）
⑨ 学者間の**ロンソウ**になった。（意見をたたかわせる）
⑩ **ケイコク**を発する。（注意をうながす）
⑪ **キチョウ**な体験をする。（非常に大切で得がたい）
⑫ 電車の**ウンチン**。（乗車料金）

1. 漢字の書き取り 2回練習しよう！

訳	詞	誠	誤	誌	認	諸	誕	論	警	貴	賃
⑪	⑫	⑬	⑭	⑭	⑭	⑮	⑮	⑮	⑲	⑫	⑬ 貝
ヤク わけ	シ	セイ まこと	ゴ あやま(る)	シ	ニン みと(める)	ショ	タン	ロン	ケイ	キ たっと(い・ぶ) とうと(い・ぶ)	チン
訳書（ヤクショ） 通訳（ツウヤク）	作詞（サクシ） 動詞（ドウシ）	誠実（セイジツ） 至誠（シセイ）	誤解（ゴカイ） 誤読（ゴドク）	誌上（シジョウ） 雑誌（ザッシ）	認識（ニンシキ） 承認（ショウニン）	諸君（ショクン） 諸説（ショセツ）	降誕（コウタン） 生誕（セイタン）	論文（ロンブン） 理論（リロン）	警官（ケイカン） 警報（ケイホウ）	貴金属（キキンゾク） 高貴（コウキ）	賃金（チンギン） 賃貸（チンタイ）

コラム 形声文字とは

意味の部分と音の部分を組み合わせてつくったのが形声（けいせい）文字です。「河」は水を表すさんずいと「カ」という音を表す部分でできています。

氵（水）＋可（カ）→ 河（カ・かわ）

1 次の**太字**を漢字と送り仮名に直しなさい。

① 遅刻の**いいわけ**
② **あやまり**を正す
③ **とうとい**体験
④ 時間を**さく**
⑤ **こきざみ**に震える
⑥ 主張を**みとめる**
⑦ うそからでた**まこと**
⑧ **はり**に糸を通す
⑨ 列が**みだれる**
⑩ 会社を**つくる**

解答

力試し ①和訳 ②品詞 ③誠意 ④錯誤 ⑤日誌 ⑥確認 ⑦諸国 ⑧誕生 ⑨論争 ⑩警告 ⑪貴重 ⑫運賃 ⑬方針 ⑭小銭 ⑮鋼鉄 ⑯改革 ⑰骨子 ⑱不乱 ⑲乳牛 ⑳時刻 ㉑割愛 ㉒創意 ㉓劇的 ㉔故郷

1 ①言い訳 ②誤り ③貴い ④割く ⑤小刻み ⑥認める ⑦誠 ⑧針 ⑨乱れる ⑩創る

⑬ 経営の**ホウシン**を示す。　行動、処置の方向

⑭ **こぜに**を用意する。　小さい単位のお金

⑮ **コウテツ**で船を造る。　はがね

⑯ 制度を**カイカク**する。　あらためかえること

⑰ **コッシ**をまとめる。　中心となる内容

⑱ 一心**フラン**に勉強する。　集中して必死に取り組む

⑲ **ニュウギュウ**を飼う。　乳をとるための牛

⑳ **ジコク**をたずねる。　時間の中のある瞬間

㉑ 話を**カツアイ**する。　惜しいと思いながらはぶく

㉒ **ソウイ**工夫をする。　新しく手段などを発案する

㉓ **ゲキテキ**な出会い。　感動や緊張をするような

㉔ **コキョウ**へ帰る。　ふるさと

漢字	画数・部首	読み	用例
針	⑩	シン　はり	針葉樹（シンヨウジュ）　指針（シシン）
銭	⑭	セン　ぜに	金銭（キンセン）　銭湯（セントウ）
鋼	⑯	コウ　はがね	鋼材（コウザイ）　鉄鋼（テッコウ）
革	⑨ 革	カク　かわ	革新（カクシン）　革ぐつ（かわぐつ）
骨	⑩ 骨	コツ　ほね	骨折（コッセツ）　筋骨（キンコツ）
乱	⑦	ラン　みだ(れる・す)	乱戦（ランセン）　混乱（コンラン）
乳	⑧ 乚	ニュウ　ちち　ち	乳歯（ニュウシ）　牛乳（ギュウニュウ）
刻	⑧	コク　きざ(む)	刻印（コクイン）　深刻（シンコク）
割	⑫	カツ　わり　わ(る・れる)　さ(く)	分割（ブンカツ）　割合（わりあい）
創	⑫	ソウ　つく(る)	創立（ソウリツ）　独創（ドクソウ）
劇	⑮	ゲキ	劇場（ゲキジョウ）　演劇（エンゲキ）
郷	⑪ 阝	キョウ　ゴウ	郷土（キョウド）　望郷（ボウキョウ）

2 次の漢字を使って熟語を三つずつつくりなさい。（5級の範囲）

① 権　② 収　③ 存　④ 従　⑤ 難　⑥ 処　⑦ 宣　⑧ 降　⑨ 覧　⑩ 論

★読めるかな？

❶ 論破　❷ 刻苦　❸ 夜警
❹ 骨身　❺ 郷里　❻ 皮革

（答え）
❶ろんぱ
❷こっく
❸やけい
❹ほねみ
❺きょうり
❻ひかく

2 ①権利・権力・権威・実権・主権など　②収入・収穫・収集・吸収・没収など　③存在・保存・生存・存続・温存など　④従来・主従・従軍・従事・従順など　⑤困難・難解・難関・難点・苦難など　⑥処理・処分・処置・処罰・対処など　⑦宣言・宣誓・宣伝・宣告・宣教など　⑧降雨・降伏・降参・以降・昇降など　⑨観覧・閲覧・総覧・博覧・便覧など　⑩論理・論議・論争・結論・世論など

力試し

次の**太字**を漢字に直しなさい。

① 手紙を**ユウソウ**する。（郵便で送る）
② 四番打者を**ケイエン**する。（意識的に避ける）
③ 彼はいつも**かたきヤク**だ。（うらまれる役目の人）
④ **カクダン**の進歩。（大きく、とても）
⑤ 山の**チョウジョウ**に立つ。（一番高い所）
⑥ 銀行に**ヨキン**する。（金融機関にお金をあずけること）
⑦ 他国へ**ボウメイ**する。（外国へ逃げる）
⑧ **キウ**壮大な計画。（考え方や気持ちが大きく広い）
⑨ **ジタク**にもどる。（自分の家）
⑩ 茶道の**ソウショウ**。（技芸の先生）
⑪ **ウチュウ**開発の進歩。（天や空、無限の空間）
⑫ 本は知識の**ホウコ**だ。（多くの宝を納めている）

郵	敬	敵	段	頂	預	亡	宇	宅	宗	宙	宝
⑪	⑫	⑮	⑨ 殳	⑪ 頁	⑬ 頁	③ 亠	⑥	⑥	⑧	⑧	⑧
ユウ	ケイ うやま(う)	テキ かたき	ダン	チョウ いただき いただ(く)	ヨ あず(ける) あず(かる)	ボウ モウ な(い)	ウ	タク	シュウ ソウ	チュウ	ホウ たから
郵券（ユウケン） 郵便（ユウビン）	敬愛（ケイアイ） 敬意（ケイイ）	無敵（ムテキ） 強敵（キョウテキ）	階段（カイダン） 手段（シュダン）	頂点（チョウテン） 絶頂（ゼッチョウ）	預言（ヨゲン） 預ける（あず）	死亡（シボウ） 逃亡（トウボウ）	宇宙（ウチュウ） 堂宇（ドウウ）	宅配便（タクハイビン） 帰宅（キタク）	宗教（シュウキョウ） 宗派（シュウハ）	宙返り（チュウがえ） 宙づり（チュウ）	宝石（ホウセキ） 家宝（カホウ）

漢字の書き取り

2回練習しよう！

1.
2.

コラム 転注とは

転注（てんちゅう）は長い間使われているうちに、もとの意味が変化して、別の意味に使われるようになった漢字です。

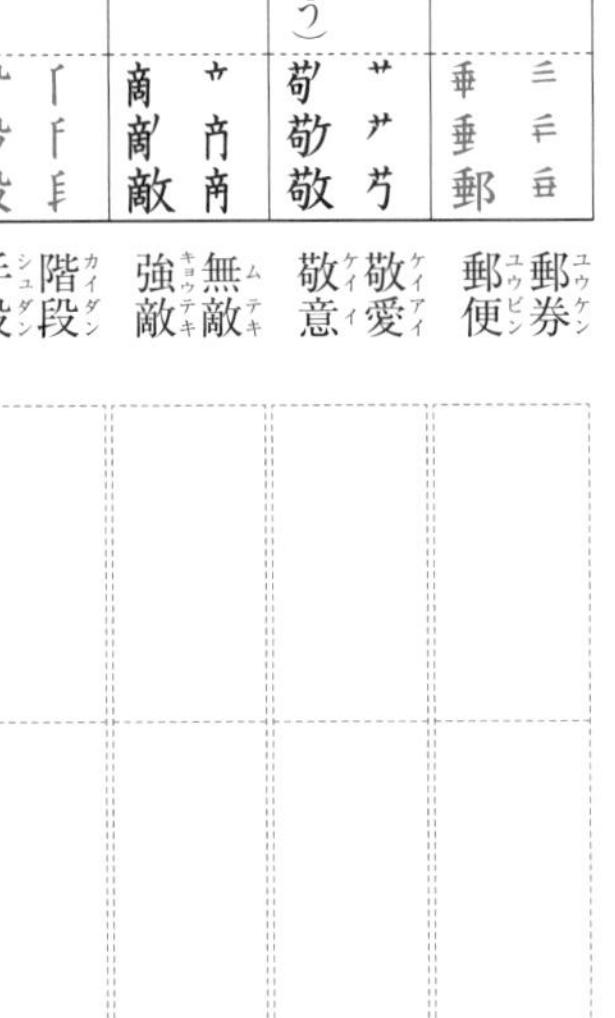

1 次の**太字**を漢字と送り仮名に直しなさい。

① **おごそか**な結婚式
② 両親を**うやまう**
③ **いちじるしい**進歩
④ **なき**人をしのぶ
⑤ 朝、**もしくは**夜
⑥ 山の**いただき**
⑦ 赤飯を**むす**
⑧ **かたき**を討つ
⑨ お金を**あずける**
⑩ **すじ**の通った話

解答 力試し

①郵送 ②敬遠 ③敵役 ④格段 ⑤頂上 ⑥預金 ⑦亡命 ⑧気宇 ⑨自宅 ⑩宗匠 ⑪宇宙 ⑫宝庫 ⑬宣誓 ⑭密集 ⑮荘厳 ⑯若干 ⑰著名 ⑱蒸発 ⑲所蔵 ⑳同窓 ㉑墓穴 ㉒署名 ㉓筋道 ㉔散策

⑬ 選手**センセイ**をする。（誓いの言葉を述べる）
⑭ 虫が**ミッシュウ**している。（すきまなく集まる）
⑮ **ソウゴン**な建築物。（重々しく、おごそかな）
⑯ **ジャッカン**数の合格。（それほど多くない）
⑰ **チョメイ**な画家。（名前が知られている）
⑱ 液体が**ジョウハツ**する。（気化する）
⑲ 名画を**ショゾウ**する。（しまって持っている）
⑳ **ドウソウ**会を開催する。（同じ学校や先生に学んだ仲間）
㉑ 自ら**ボケツ**をほる。（自分で自分の身をほろぼす）
㉒ 文書に**ショメイ**する。（自分の姓名を書く）
㉓ **すじみち**を立てて話す。（物事の順序）
㉔ 森を**サンサク**する。（気ままにぶらぶら歩く）

漢字	画数	部首	読み	用例
宣	⑨		セン	宣告（センコク） 宣伝（センデン）
密	⑪		ミツ	密度（ミツド） 親密（シンミツ）
厳	⑰	⺍	ゲン・ゴン きび(しい) おごそ(か)	厳守（ゲンシュ） 尊厳（ソンゲン）
若	⑧		ジャク・ニャク わか(い) も(しくは)	若年（ジャクネン） 老若（ロウニャク）
著	⑪		チョ あらわ(す) いちじる(しい)	著者（チョシャ） 著書（チョショ）
蒸	⑬	艹	ジョウ む(す・れる) む(らす)	蒸気（ジョウキ） 蒸留（ジョウリュウ）
蔵	⑮		ゾウ くら	蔵書（ゾウショ） 貯蔵（チョゾウ）
窓	⑪	穴	ソウ まど	車窓（シャソウ） 出窓（でまど）
穴	⑤	穴	ケツ あな	洞穴（ドウケツ） 穴場（あなば）
署	⑬		ショ	署長（ショチョウ） 部署（ブショ）
筋	⑫		キン すじ	筋肉（キンにく） 鉄筋（テッキン）
策	⑫		サク	策略（サクリャク） 対策（タイサク）

2 次の**カタカナ**を漢字に直して書きなさい。（5級の範囲）

① **タイソウ**教室
② **ヒゾウ**のお宝
③ **ユウビンキョク**
④ **チュウ**返り
⑤ **ゲキヤク**を扱う
⑥ **ゴカイ**をされる
⑦ **ザッシ**を読む
⑧ **ショウボウショ**
⑨ **カンマツ**記事
⑩ **コウチャ**をいれる

★読めるかな？

❶ 蔵元　❷ 亡者
❸ 窓際　❹ 宣布
❺ 宗家　❻ 筋金

（答え）
❶くらもと
❷もうじゃ
❸まどぎわ
❹せんぷ
❺そうけ〔そうか〕
❻すじがね

1 ①厳かな ②敬う ③著しい ④亡き ⑤若しくは ⑥頂 ⑦蒸す ⑧敵 ⑨預ける ⑩筋
2 ①体操 ②秘蔵 ③郵便局 ④宙 ⑤劇薬 ⑥誤解 ⑦雑誌 ⑧消防署 ⑨巻末 ⑩紅茶

168字／191字中

力試し

次の**太字**を漢字に直しなさい。

① **カンケツ**に話す。（要領よくまとめる）
② 物を見る**シャクド**が違う。（判断の基準）
③ 荷物が**とど**く。（着く）
④ 大事件に**ハッテン**する。（広がる）
⑤ **イッソウ**努力する。（それまでよりもさらに）
⑥ 市の**チョウシャ**を建設する。（官公庁の建物）
⑦ **ザダン**会に出席する。（その場での話）
⑧ 苦労を**ツウカン**した。（しみじみと思う）
⑨ 時間を**エンチョウ**する。（予定より長くのばす）
⑩ 立候補(ほ)を**ジタイ**する。（断って身をひくこと）
⑪ **イシツ**物を預かる。（忘れ物、落とし物）
⑫ **タンザク**に句をしたためる。（字を書くための細長い紙）

漢字の書き取り

2回練習しよう！

漢字	画数	部首	読み	用例
簡	⑱		カン	簡素(カンソ)　簡単(カンタン)
尺	④	尸	シャク	尺八(シャクハチ)　縮尺(シュクシャク)
届	⑧		とど(ける・く)	届け先(とどけさき)　出生届(シュッショウとどけ)
展	⑩		テン	展示(テンジ)　展望(テンボウ)
層	⑭	尸	ソウ	高層(コウソウ)　断層(ダンソウ)
庁	⑤		チョウ	気象庁(キショウチョウ)　県庁(ケンチョウ)
座	⑩		ザ　すわ(る)	座席(ザセキ)　口座(コウザ)
痛	⑫		ツウ　いた(い・む)　いた(める)	痛快(ツウカイ)　苦痛(クツウ)
延	⑧		エン　の(びる・べる)　の(ばす)	延期(エンキ)　順延(ジュンエン)
退	⑨		タイ　しりぞ(く)　しりぞ(ける)	退場(タイジョウ)　退く(しりぞく)
遺	⑮		イ　ユイ	遺産(イサン)　遺跡(イセキ)
冊	⑤	冂	サツ　サク	冊子(サッシ)　別冊(ベッサツ)

コラム　身体に関係のある部首

「にくづき」は身体に関係のある字につくことが多い。「にくづき」は「肉」が偏になったときの形である。

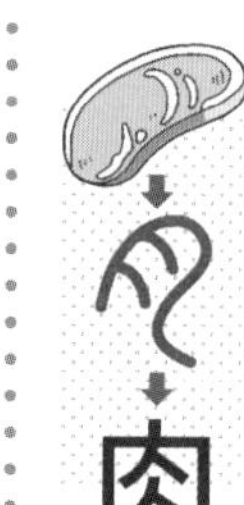

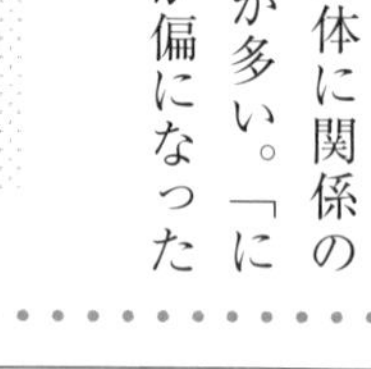

1

次の**太字**を漢字と送り仮名に直しなさい。

① **まきジャク**で測る
② 料理を**ならべる**
③ 商社に**つとめる**
④ 学者の**たまご**
⑤ **あやうく**助かる
⑥ 窓辺に**すわる**
⑦ 楽器を**かなでる**
⑧ **ショカン**をかわす
⑨ ドアを**しめる**
⑩ 雨で予定が**のびる**

解答　力試し

①簡潔　②尺度　③届　④発展　⑤一層　⑥庁舎　⑦座談　⑧痛感　⑨延長　⑩辞退　⑪遺失　⑫短冊　⑬貧困　⑭密閉　⑮内閣　⑯並列　⑰徒党　⑱処遇　⑲欠勤　⑳産卵　㉑危険　㉒巻頭　㉓収穫　㉔上奏

⑬ **ヒンコン**に負けない。（貧乏なこと）

⑭ **ミッペイ**容器に保存する。（すきまなく閉じる）

⑮ **ナイカク**総理大臣。（行政権をもつ最高機関の長）

⑯ 電池を**ヘイレツ**につなぐ。（横に並べる）

⑰ **トトウ**を組む。（なかま、くみ）

⑱ 手厚い**ショグウ**。（あつかい）

⑲ 病気のため**ケッキン**する。（仕事を休む）

⑳ 魚の**サンラン**を観察する。（たまごを産むこと）

㉑ **キケン**な運転をする。（あぶない）

㉒ 雑誌の**カントウ**を飾る。（書物の初めの部分）

㉓ みかんの**シュウカク**。（農作物の取り入れ）

㉔ 天皇に**ジョウソウ**する。（意見等を天皇に申しあげる）

漢字	画数	部首	読み	筆順	用例
困	⑦		コン / こま(る)	丨 冂 闩 用 困 困	困難（コンナン） 困り者（こまりもの）
閉	⑪		ヘイ / と(じる・ざす) / し(める・まる)	𠃊 門 門 門 閉 閉	閉会（ヘイカイ） 閉口（ヘイコウ）
閣	⑭		カク	𠃊 門 門 閉 閣 閣	閣議（カクギ） 天守閣（テンシュカク）
並	⑧	一	ヘイ / なみ / なら(ぶ・べる) / なら(びに)	丷 丷 䒑 並 並 並	並行（ヘイコウ） 並木（なみき）
党	⑩	儿	トウ	丨 ⺌ 尚 尚 尚 党	政党（セイトウ） 与党（ヨトウ）
処	⑤	几	ショ	ノ ク 夂 処 処	処理（ショリ） 対処（タイショ）
勤	⑫		キン / ゴン / つと(める・まる)	艹 苎 革 堇 堇 勤	勤勉（キンベン） 勤務（キンム）
卵	⑦	卩	ラン / たまご	𠃊 𠂎 卵 卵 卵 卵	卵黄（ランオウ） 卵子（ランシ）
危	⑥	㔾	キ / あぶ(ない) / あや(うい・ぶむ)	ノ ク 产 产 危 危	危害（キガイ） 危機（キキ）
巻	⑨	㔾	カン / ま(く) / まき	丷 丷 龹 巻 巻 巻	圧巻（アッカン） 全巻（ゼンカン）
収	④		シュウ / おさ(める・まる)	丨 丩 収 収	収集（シュウシュウ） 回収（カイシュウ）
奏	⑨	大	ソウ / かな(でる)	三 夫 夫 夫 奏 奏	合奏（ガッソウ） 伴奏（バンソウ）

2 次の熟語の読みは、どんな組み合わせになっていますか。□から選び、記号で答えなさい。（5級の範囲）

① 延長（　　）　② 若気（　　）

③ 味方（　　）　④ 背中（　　）

⑤ 石段（　　）　⑥ 土手（　　）

⑦ 組曲（　　）　⑧ 納入（　　）

⑨ 派手（　　）　⑩ 新型（　　）

⑪ 針金（　　）　⑫ 裏地（　　）

⑬ 遺産（　　）　⑭ 厚着（　　）

⑮ 口紅（　　）　⑯ 宇宙（　　）

⑰ 包装（　　）　⑱ 図星（　　）

⑲ 灰皿（　　）　⑳ 絹製（　　）

ア 音と音　イ 音と訓　ウ 訓と訓　エ 訓と音

★読めるかな?

❶ 困惑　❷ 勤行

❸ 累卵　❹ 延滞

❺ 閉戸　❻ 遺言

（答え）
❶こんわく
❷ごんぎょう
❸るいらん
❹えんたい
❺へいこ
❻ゆいごん〔いごん〕

1 ①巻き尺 ②並べる ③勤める ④卵 ⑤危うく ⑥座る ⑦奏でる ⑧書簡 ⑨閉める ⑩延びる

2 ①ア ②エ ③イ ④ウ ⑤エ ⑥イ ⑦エ ⑧ア ⑨イ ⑩イ ⑪ウ ⑫エ ⑬ア ⑭ウ ⑮ウ ⑯ア ⑰ア ⑱イ ⑲ウ ⑳エ

力試し

次の**太字**を漢字に直しなさい。

① **コウフン**が冷めない。（感情の高ぶり）

② 洋服の**スンポウ**を測る。（サイズ、大きさ）

③ 学業に**センネン**する。（一つのことに集中する）

④ **シャゲキ**の名人。（鉄砲でうつこと）

⑤ **ショウライ**の計画。（これから先）

⑥ **ソンダイ**な態度をとる。（高ぶって偉そうにする）

⑦ 社長に**シュウニン**する。（任務や役職につく）

⑧ **ジコ**をあざむく。（自分自身）

⑨ **カンショウ**はしない。（口出し）

⑩ **ヨウショウ**のころ。（小さいとき）

⑪ **ガリュウ**の編物。（自己流）

⑫ 研究に**イヨク**を燃やす。（積極的に何かをやろうという気持ち）

漢字	画数	部首	読み	用例
奮	⑯	大	フン、ふる(う)	奮戦(フンセン)、発奮(ハップン)
寸	③		スン	寸断(スンダン)、寸分(スンブン)
専	⑨	寸	セン、もっぱ(ら)	専業(センギョウ)、専従(センジュウ)
射	⑩	寸	シャ、い(る)	照射(ショウシャ)、注射(チュウシャ)
将	⑩	寸	ショウ	将軍(ショウグン)、主将(シュショウ)
尊	⑫	寸	ソン、たっと(い・ぶ)、とうと(い・ぶ)	尊敬(ソンケイ)、尊重(ソンチョウ)
就	⑫	尢	シュウ、ジュ、つ(く・ける)	就職(シュウショク)、就寝(シュウシン)
己	③	己	キ、コ、おのれ	克己(コッキ)、利己(リコ)
干	③	干	カン、ほ(す)、ひ(る)	干害(カンガイ)、干物(ひもの)
幼	⑤	幺	ヨウ、おさな(い)	幼児(ヨウジ)、幼年(ヨウネン)
我	⑦	戈	ガ、われ、わ	自我(ジガ)、我が国(わがくに)
欲	⑪	欠	ヨク、ほ(しい)、ほっ(する)	欲望(ヨクボウ)、食欲(ショクヨク)

水仙(すいせん)

191字
191字中

漢字の書き取り

2回練習しよう！

1.

2.

コラム 仮借とは

「豆」は「うつわ」の意味でしたが、「トウ」という発音を借りて「まめ」の意味につかわれるようになりました。その漢字の意味には関係なく、発音だけを借りてつくったのが仮借(かしゃ)です。

まめ
豆 トウ

1 次の**太字**を漢字と送り仮名に直しなさい。

① 潮が**ひる**のを待つ

② **おさない**女の子

③ 職に**つく**

④ 大会が**もりあがる**

⑤ **とうとい**教え

⑥ **おのれ**の信念

⑦ 勇気を**ふるう**

⑧ **もっぱら**遊ぶ

⑨ 有(あ)り**がたい**説教

⑩ 開会式に**のぞむ**

解答

力試し ① 興奮 ② 寸法 ③ 専念 ④ 射撃 ⑤ 将来 ⑥ 尊大 ⑦ 就任 ⑧ 自己 ⑨ 干渉 ⑩ 幼少 ⑪ 我流 ⑫ 意欲 ⑬ 皇居 ⑭ 盛大 ⑮ 加盟 ⑯ 翌日 ⑰ 至急 ⑱ 舌打ち ⑲ 衆人 ⑳ 視線 ㉑ 回覧 ㉒ 臨時 ㉓ 苦難

⑬ **コウキョ**のお堀。（天皇の住まい）

⑭ **セイダイ**に祝う。（きわめてさかん）

⑮ 国連に**カメイ**する。（加わる）

⑯ **ヨクジツ**の予定。（次の日）

⑰ **シキュウ**連絡する。（大急ぎで）

⑱ 失敗して**したうち**をする。（舌を鳴らすこと）

⑲ **シュウジン**の注目を集める。（多くの人）

⑳ **シセン**をそらす。（見る方向）

㉑ 書類を**カイラン**する。（順にまわして読む）

㉒ **リンジ**の窓口。（そのときだけ特別に）

㉓ **クナン**を乗りこえる。（苦しみ）

漢字	画数	部首	読み	筆順	用例
皇	⑨	白	コウ／オウ	白 白 白 皇 皇 皇	皇室（コウシツ）　天皇（テンノウ）
盛	⑪	皿	セイ・ジョウ／も（る）／さか（る・ん）	ノ 厂 成 成 成 盛	盛況（セイキョウ）　全盛（ゼンセイ）
盟	⑬	皿	メイ	明 明 明 盟 盟 盟	同盟（ドウメイ）　連盟（レンメイ）
翌	⑪	羽	ヨク	刁 羽 羽 翌 翌 翌	翌週（ヨクシュウ）　翌朝（ヨクチョウ）
至	⑧		シ／いた（る）	一 ㄊ 𠫔 至 至 至	冬至（トウジ）　必至（ヒッシ）
舌	⑥	舌	ゼツ／した	ノ 二 千 千 舌 舌	舌先（したさき）　弁舌（ベンゼツ）
衆	⑫	血	シュウ／シュ	血 血 血 衆 衆 衆	観衆（カンシュウ）　大衆（タイシュウ）
視	⑪	見	シ	ラ ネ ネ 礻 祖 視	視野（シヤ）　無視（ムシ）
覧	⑰	見	ラン	丨 Г Г 臣 臣 覧	展覧（テンラン）　遊覧（ユウラン）
臨	⑱	臣	リン／のぞ（む）	丨 Г 臣 臣 臨 臨	臨海（リンカイ）　君臨（クンリン）
難	⑱	隹	ナン／むずか（しい）／かた（い）	茧 英 歎 歎 歎 難	災難（サイナン）　避難（ヒナン）

2 次の熟語の構成は後のA〜Eのどれにあたるか、記号で答えなさい。（5級の範囲）

① 痛感（　　）　② 難易（　　）

③ 不純（　　）　④ 去来（　　）

⑤ 尊敬（　　）　⑥ 未納（　　）

⑦ 借金（　　）　⑧ 老若（　　）

A 同じような意味の漢字を重ねたもの。（例）…寒冷

B 反対または対応の意味を表す字を重ねたもの。（例）…強弱

C 上の字が下の字を修飾しているもの。（例）…緑色

D 下の字が上の字の目的語・補語になっているもの。（例）…登山

E 上の字が下の字の意味を打ち消しているもの。（例）…不信

1 ①干る　②幼い　③就く　④盛り上がる　⑤尊い　⑥己　⑦奮う　⑧専ら　⑨難い　⑩臨む

2 ①C　②B　③E　④B　⑤A　⑥E　⑦D　⑧B

★読めるかな？

❶ 繁盛　❷ 皇子

❸ 怪我　❹ 夏至

❺ 若衆　❻ 成就

（答え）
❶はんじょう
❷おうじ
❸けが
❹げし
❺わかしゅ
❻じょうじゅ

実力試験（5級）

P.6 ～ 21

1 次の——線の漢字の読みを平仮名で書きなさい。（1×10）

① 果物が傷む。
② 優れた才能の持ち主。
③ 危うくぶつかるところだった。
④ 日本の夏は蒸し暑い。
⑤ コスモスが咲き乱れる。
⑥ 縦じまのユニホーム。
⑦ 言いつけに背く。
⑧ 姿が見えない。
⑨ 両親を拝みたおす。
⑩ 洗いざらしのシーツ。

①	②	③	④	⑤

⑥	⑦	⑧	⑨	⑩

2 次の漢字の色字部分は筆順の何画目か、また、総画数は何画か算用数字で答えなさい。（1×10）

① 片　② 系　③ 我　④ 簡
⑤ 勤　⑥ 臓　⑦ 卵　⑧ 覧
⑨ 収　⑩ 衆

	③	④	⑤	⑥
何画目				
総画数				

	⑦	⑧	⑨	⑩
何画目				
総画数				

①	②

3 次の漢字の部首名と部首を□からそれぞれ一つ選び、記号で答えなさい。（1×10）

〈例〉聖

〈例〉	部首名	部首
	サ	サ

① 窓　② 難
③ 筋　④ 盛
⑤ 展　⑥ 討
⑦ 宅　⑧ 厳
⑨ 肺　⑩ 遺

ア ふるとり
イ かばね（しかばね）
ウ さら　エ たけかんむり
オ にくづき　カ うかんむり
キ ごんべん　ク つかんむり
ケ しんにゅう（しんにょう）
コ あなかんむり　サ みみ

ア 戸　イ 辶
ウ 月　エ 寸
オ ⺍　カ ⺮
キ 艹　ク 穴
ケ 宀　コ 厂
サ 耳　シ 皿
ス 隹　セ 言

	①	②	③	④	⑤
部首名					
部首					

	⑥	⑦	⑧	⑨	⑩
部首名					
部首					

4 次のカタカナを漢字と送り仮名に直しなさい。（1×10）

〈例〉できるかどうか、**ムズカシイ**。（難しい）

① **ウタガイ**のない事実だ。
② 偉人を**タットブ**。
③ 観光名所を**オトズレル**。
④ 法廷で**サバキ**を受ける。
⑤ 会議に**ノゾム**。
⑥ 休みが**ホシイ**。
⑦ **エガタイ**友情。
⑧ 書物を**アラワス**。
⑨ 空が赤く**ソマル**。
⑩ **アメフリ**の日が続く。

①	②	③	④	⑤

⑥	⑦	⑧	⑨	⑩

5 次のカタカナを漢字に直し、一字だけ書きなさい。（1×6）

① 針小**ボウ**大
② 朝三**ボ**四
③ 大器**バン**成
④ 表**リ**一体
⑤ 一心不**ラン**
⑥ 秘**ミツ**主義

①	②

③	④

⑤	⑥

1	2	3	4	5	6	7	8	9	10	11	計
/10	/10	/10	/10	/6	/12	/10	/10	/6	/8	/8	/100

6 次の空欄に入る語を□から選び、漢字に直して対義語・類義語を完成させなさい。（2×6）

〈対義語〉

① 悪意 ↔ □意
② 模倣（もほう） ↔ □造
③ 寒流 ↔ □流

〈類義語〉

④ 了解 ― □得
⑤ 雑然 ― □雑
⑥ 仲間 ― □棒

そう　なっ　らん　せい　ねつ　だん　ぜん　あい

7 □から漢字二字を選び、次の意味にあてはまる熟語を完成させなさい。（2×5）

① 人数を確かめること。
② とりはからうこと。
③ 体のかっこうや構え方。
④ 心がきれいなようす。
⑤ まっすぐに見ること。

勢・正・見・点・真・検・視
処・呼・座・置・姿・値・純

8 次の熟語の読みは、どんな組み合わせになっていますか。□から選び、記号で答えなさい。（2×5）

① 危害
② 磁場
③ 骨身
④ 納戸
⑤ 株式

ア 音と音　イ 音と訓　ウ 訓と訓　エ 訓と音

9 次のカタカナを漢字に直しなさい。（1×6）

① 計画を**ケントウ**する。
② **ケントウ**はずれの答え。
③ 道を**アヤマ**る。
④ 親に**アヤマ**る。
⑤ 新聞を**カイシュウ**する。
⑥ 道路の**カイシュウ**工事。

10 次の熟語の組み合わせは、左のア～オのどれにあたりますか。記号で答えなさい。（1×8）

① 敬意
② 無難
③ 激戦
④ 正誤
⑤ 延期
⑥ 訪問
⑦ 納税
⑧ 価値

ア 同じような意味の漢字を重ねたもの（例 身体）
イ 反対または対応の意味を表す字を重ねたもの（例 強弱）
ウ 上の字が下の字を修飾しているもの（例 赤色）
エ 下の字が上の字の目的語・補語になっているもの（例 登山）
オ 上の字が下の字の意味を打ち消しているもの（例 不明）

11 次のカタカナを漢字に直しなさい。（1×8）

① **ハラ**をわって話す。
② **ケンチョウ**所在地。
③ 木製の**ツクエ**。
④ **ユウビン**局に行く。
⑤ 商社に**キンム**する。
⑥ **シンピ**的な湖。
⑦ 世界文明の**ミナモト**。
⑧ **ザッシ**を読む。

①	②	③	④
⑤	⑥	⑦	⑧

解答

1
①いた　②すぐ
③あや　④む
⑤みだ　⑥たて
⑦そむ　⑧すがた
⑨おが　⑩あら

2
①2、4　②4、7
③6、7　④7、18
⑤7、12　⑥8、19
⑦4、7　⑧8、17
⑨2、4　⑩9、12

3
①コ・ク　②ア・ス
③エ・カ　④ウ・シ
⑤イ・ア　⑥キ・セ
⑦カ・ケ　⑧ク・オ
⑨オ・ウ　⑩ケ・イ

4
①疑い　②尊ぶ
③訪れる　④裁き
⑤臨む　⑥欲しい
⑦得難い　⑧著す
⑨染まる　⑩雨降り

5
①針小棒大
②朝三暮四
③大器晩成
④表裏一体
⑤一心不乱
⑥秘密主義

6
①善　②創　③暖
④納　⑤乱　⑥相

7
①点呼　②処置
③姿勢　④純真
⑤正視

8
①ア　②イ　③ウ
④イ　⑤エ

9
①検討　②見当
③誤　④謝
⑤回収　⑥改修

10
①ウ　②オ　③ウ
④イ　⑤エ　⑥ア
⑦エ　⑧ア

11
①腹　②県庁
③机　④郵便
⑤勤務　⑥神秘
⑦源　⑧雑誌

4級 1/13回

力試し

次の**太字**を漢字に直しなさい。

① 知らせに**ギョウテン**する。（びっくりすること）
② 宮中に**シコウ**する。（参上してご機嫌をうかがうこと）
③ 輸入に**イゾ（ソ）ン**する。（ほかのものに頼る）
④ 無断で**シンニュウ**する。（不法にはいること）
⑤ 明治時代の**フウゾク**。（生活上のならわし）
⑥ **テントウ**に注意する。（ころぶこと）
⑦ **イギョウ**を成しとげる。（すぐれた大きい事業）
⑧ 成りゆきを**ボウカン**する。（そばで見ていること）
⑨ **ケイシャ**の激しい道。（かたむき・こうばい）
⑩ **コウソウ**の話を聞く。（知徳のすぐれたお坊さん）
⑪ **レイギ**正しくふるまう。（敬意を表す作法）
⑫ けが人を**カイホウ**する。（世話をすること）

25字 313字中

漢字	画数	読み	筆順	用例
仰	⑥	ギョウ・コウ / あお(ぐ) / おお(せ)	ノ イ 亻 化 仰 仰	信仰（シンコウ） 仰向け（あおむけ）
伺	⑦	シ / うかが(う)	亻 们 们 伺 伺 伺	奉伺（ホウシ） お伺い（うかがい）
依	⑧	イ / エ	亻 亻 亻 依 依 依	依然（イゼン） 依頼（イライ）
侵	⑨	シン / おか(す)	亻 亻 亻 侵 侵 侵	侵害（シンガイ） 侵略（シンリャク）
俗	⑨	ゾク	亻 亻 亻 俗 俗 俗	俗物（ゾクブツ） 低俗（テイゾク）
倒	⑩	トウ / たお(れる) / たお(す)	亻 亻 亻 倒 倒 倒	倒産（トウサン） 打倒（ダトウ）
偉	⑫	イ / えら(い)	亻 亻 亻 偉 偉 偉	偉人（イジン） 偉大（イダイ）
傍	⑫	ボウ / かたわ(ら)	亻 亻 亻 傍 傍 傍	傍線（ボウセン） 傍聴（ボウチョウ）
傾	⑬	ケイ / かたむ(く) / かたむ(ける)	亻 亻 亻 傾 傾 傾	傾倒（ケイトウ） 左傾（サケイ）
僧	⑬	ソウ	亻 亻 亻 僧 僧 僧	僧坊（ソウボウ） 僧侶（ソウリョ）
儀	⑮	ギ	亻 亻 亻 儀 儀 儀	儀式（ギシキ） 威儀（イギ）
介	④ ヘ	カイ	ノ 人 介 介	介入（カイニュウ） 仲介（チュウカイ）

漢字の書き取り

2回練習しよう！

1.
2.

コラム 水がしたたる漢字？

「氵（さんずい）」はもともと「水」からできた部首です。だから、海、池、汽、流、波、湖など「水」に関係する字に多く見られます。

1 次の**太字**を漢字と送り仮名に直しなさい。

① 領土を**おかす**
② 電柱が**たおれる**
③ 自分の行動を**なげく**
④ 月が**かたむく**
⑤ 温泉が**ふき**出す
⑥ **ふくみ**笑いをする
⑦ どうぞ**めし**上がれ
⑧ テレビが**こわれる**
⑨ **かたわら**に本を置く
⑩ **えらい**人物に会う

解答 力試し ①仰天 ②伺候 ③依存 ④侵入 ⑤風俗 ⑥転倒 ⑦偉業 ⑧傍観 ⑨傾斜 ⑩高僧 ⑪礼儀 ⑫介抱 ⑬叫喚 ⑭吐露 ⑮吹奏 ⑯咲 ⑰驚嘆 ⑱噴煙 ⑲召集 ⑳含蓄 ㉑唐突 ㉒宿坊 ㉓堤防 ㉔塔 ㉕崩壊

⑬ 阿鼻(あび)キョウカンの光景。　非常にむごたらしい様子

⑭ 心情をトロする。　隠さずに全部述べること

⑮ スイソウ楽部に入る。　管楽器を演奏する音楽

⑯ 花がさいた。　開く

⑰ 美技にキョウタンする。　おどろいて感心すること

⑱ フンエンが上がる。　ふき上がるけむり

⑲ 国会をショウシュウする。　呼び集める

⑳ ガンチクのある言葉。　意味する内容が深く、味わいがある

㉑ トウトツな質問に困る。　だしぬけ・とつぜん

㉒ シュクボウに泊まる。　寺のやど

㉓ テイボウを築く。　土手

㉔ 金字トウを打ちたてる。　後世まで残る優れた事業

㉕ がけがホウカイする。　くずれこわれること

漢字	画数・部首	読み	用例
叫	⑥ 口	キョウ さけ(ぶ)	絶叫(ぜっきょう) 叫び声(さけびごえ)
吐	⑥ 口	ト は(く)	吐血(とけつ) 吐き気(はきけ)
吹	⑦ 口	スイ ふ(く)	吹鳴(すいめい) 鼓吹(こすい)
咲	⑨	さ(く)	咲き誇る(さきほこる) 遅咲き(おそざき)
嘆	⑬	タン なげ(く) なげ(かわしい)	詠嘆(えいたん) 感嘆(かんたん)
噴	⑮	フン ふ(く)	噴火(ふんか) 噴水(ふんすい)
召	⑤ 口	ショウ め(す)	応召(おうしょう) 思し召し(おぼしめし)
含	⑦ 口	ガン ふく(む・める)	含有(がんゆう) 包含(ほうがん)
唐	⑩ 口	トウ から	唐辛子(とうがらし) 唐草(からくさ)
坊	⑦	ボウ ボッ	坊主(ぼうず) 坊ちゃん(ぼっちゃん)
堤	⑫	テイ つつみ	防波堤(ぼうはてい) 堤瓦(つつみがわら)
塔	⑫	トウ	石塔(せきとう) 仏塔(ぶっとう)
壊	⑯	カイ こわ(す) こわ(れる)	壊滅(かいめつ) 破壊(はかい)

2 次の□に入る語を（　）から選び、漢字に直して対義語・類義語を完成させなさい。（4級の範囲）

（かん・けい・さい・しゃく・ぞく・だっ・どん・ぱん・みょう・きゅう）

《対義語》

① 鋭角 ↔ □角

② 雨期 ↔ □期

③ 特殊 ↔ 一□

④ 落第 ↔ □第

⑤ 起稿 ↔ □稿

《類義語》

⑥ 弁解 ― □明

⑦ 低劣 ― □悪

⑧ 続行 ― □続

⑨ 年末 ― □末

⑩ 名案 ― □案

1 ①侵す ②倒れる ③嘆く ④傾く ⑤噴き ⑥含み ⑦召し ⑧壊れる ⑨傍ら ⑩偉い
2 ①鈍 ②乾 ③般 ④及 ⑤脱 ⑥釈 ⑦俗 ⑧継 ⑨歳 ⑩妙

★読めるかな？

❶ 吹雪　❷ 帰依　❸ 地球儀
❹ 召還　❺ 反吐　❻ 吹聴

(答え)
❶ふぶき ❷きえ
❸ちきゅうぎ
❹しょうかん
❺へど
❻ふいちょう

力試し

次の**太字**を漢字に直しなさい。

① 自分の考えに**コシツ**する。（自分の考え、意見を曲げないこと）
② **ケンゴ**な城壁を築く。（しっかりしていて攻撃にまけないようす）
③ **ショウヘキ**を取り除く。（じゃまもの）
④ 金銭の**ドレイ**。（あるもののとりことなった人）
⑤ **ミョウアン**を思いつく。（よい思いつき）
⑥ **ドウセイ**同名の友だち。（同じ名字）
⑦ **むすめ**を迎えに行く。（女の子供）
⑧ **コンヤク**指輪。（けっこんのやくそく）
⑨ 台風が**モウイ**をふるう。（激しい勢いや力）
⑩ **トウゲ**の茶屋。（山道を登りつめたところ）
⑪ 八ヶ岳**レンポウ**を望む。（つらなり続く山々）
⑫ 経済界の**キョジン**。（優れた人物・偉人）

漢字	画数	部首	読み	用例
執	⑪	土	シツ シュウ と(る)	執事(シツジ) 執念(シュウネン)
堅	⑫	土	ケン かた(い)	堅持(ケンジ) 堅物(かたブツ)
壁	⑯	土	ヘキ かべ	壁画(ヘキガ) 壁掛け(かべかけ)
奴	⑤		ド	農奴(ノウド) 売国奴(バイコクド)
妙	⑦		ミョウ	巧妙(コウミョウ) 微妙(ビミョウ)
姓	⑧		セイ ショウ	姓名(セイメイ) 改姓(カイセイ)
娘	⑩		むすめ	娘心(むすめごころ) 娘盛り(むすめざかり)
婚	⑪		コン	結婚(ケッコン) 再婚(サイコン)
威	⑨	女	イ	威力(イリョク) 権威(ケンイ)
峠	⑨		とうげ	峠路(とうげジ) 峠道(とうげみち)
峰	⑩		ホウ みね	秀峰(シュウホウ) 峰続き(みねつづき)
巨	⑤	エ	キョ	巨額(キョガク) 巨漢(キョカン)

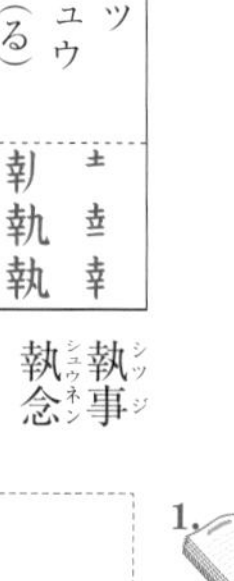

漢字の書き取り

2回練習しよう！

1.
2.

コラム　アクビする漢字

「欠(あくび)」のもとは人が大きな口を開いて「あくび」をしている形の象形文字です。歌、歓などは「口を大きく開く」という意味があります。

1 次の**太字**を漢字と送り仮名に直しなさい。

① **みじめ**な気持ち
② ボールが**はずむ**
③ ピアノを**ひく**
④ 進路を**なやむ**
⑤ 指揮を**とる**
⑥ 最近**いそがしい**
⑦ **かれ**は有名人だ
⑧ おばけを**こわがる**
⑨ 口が**かたい**人
⑩ 満員**おんレイ**

解答 力試し
①固執 ②堅固 ③障壁 ④奴隷 ⑤妙案 ⑥同姓 ⑦娘 ⑧婚約 ⑨猛威 ⑩峠 ⑪連峰 ⑫巨人 ⑬全幅 ⑭脱帽 ⑮弾圧 ⑯遠征 ⑰彼岸 ⑱制御 ⑲微笑 ⑳象徴 ㉑忙殺 ㉒恐怖 ㉓恒例 ㉔苦悩 ㉕惨敗

⑬ **ゼンプク**の信頼を寄せる。（あらん限り・最大限）
⑭ 彼の努力には**ダツボウ**する。（とてもかなわないと）敬意を表すること）
⑮ 民衆を**ダンアツ**する。（権力で押さえつけること）
⑯ **エンセイ**する。（闘うためにとおくまでいくこと）
⑰ **ヒガン**に墓参りにいく。（春分・秋分の日前後各三日間）
⑱ 感情を**セイギョ**する。（自分の思いどおりに支配すること）
⑲ **ビショウ**をうかべる。（ほほえみ）
⑳ 平和の**ショウチョウ**。（シンボル）
㉑ 仕事に**ボウサツ**される。（非常にいそがしいこと）
㉒ **キョウフ**で声も出ない。（こわがること）
㉓ 毎年**コウレイ**の運動会。（ならわしとなっている行事）
㉔ 人生に**クノウ**する。（なやむ）
㉕ 試合で**ザンパイ**する。（ひどくまけること）

漢字	画数	読み	用例
幅	⑫ 巾	フク / はば	振幅（シンプク）・肩幅（かたはば）
帽	⑫ 巾	ボウ	帽子（ボウシ）・制帽（セイボウ）
弾	⑫	ダン / ひ(く) / はず(む) / たま	弾丸（ダンガン）・連弾（レンダン）
征	⑧	セイ	征伐（セイバツ）・征服（セイフク）
彼	⑧	ヒ / かれ / かの	彼我（ヒガ）・彼女（かのジョ）
御	⑫	ギョ / ゴ / おん	御所（ゴショ）・御身（おんみ）
微	⑬	ビ	微妙（ビミョウ）・機微（キビ）
徴	⑭	チョウ	徴収（チョウシュウ）・特徴（トクチョウ）
忙	⑥	ボウ / いそが(しい)	忙事（ボウジ）・多忙（タボウ）
怖	⑧	フ / こわ(い)	恐怖（キョウフ）
恒	⑨	コウ	恒常（コウジョウ）・恒星（コウセイ）
悩	⑩	ノウ / なや(む) / なや(ます)	悩殺（ノウサツ）・煩悩（ボンノウ）
惨	⑪	サン / ザン / みじ(め)	惨事（サンジ）・悲惨（ヒサン）

2 上と下を正しくなるよう線で結びなさい。（4級の範囲）

● **送り仮名**

① 汚 ・　　・い
② 危 ・　　・ない
③ 少 ・
④ 幼 ・

● 「送る」と「贈る」《同訓異字》

⑤ 賞状を ・　　・送る
⑥ 友だちを ・　　・贈る
⑦ 手紙を ・
⑧ お歳暮を ・

● 「添う」と「沿う」《同訓異字》

⑨ 海岸に ・　　・添う
⑩ 病人に ・　　・沿う
⑪ 線路に ・
⑫ 期待に ・

1 ①惨め ②弾む ③弾く ④悩む ⑤執る ⑥忙しい ⑦彼 ⑧怖がる ⑨堅い ⑩御礼
2 ①い ②ない ③ない ④い ⑤贈る ⑥送る ⑦送る ⑧贈る ⑨沿う ⑩添う ⑪沿う ⑫添う

★読めるかな？

❶ 威厳　❷ 執筆
❸ 絶壁　❹ 守銭奴
❺ 生娘　❻ 怖気付く

（答え）
❶いげん
❷しっぴつ
❸ぜっぺき
❹しゅせんど
❺きむすめ
❻おじけづ（く）

4級 3/13回

力試し

次の**太字**を漢字に直しなさい。

① **シンチョウ**に取り扱う。（注意深いこと）
② 暑くて**ガマン**できない。（こらえること）
③ **キオク**力を養う。（物事をわすれずにおぼえていること）
④ 不正行為に**ゲキド**する。（はげしくおこること）
⑤ 歓迎に**キョウシュク**する。（身もちぢむほどもったいないと思う）
⑥ 平和の**オンケイ**に浴する。（めぐみ・なさけ）
⑦ 厚顔**ムチ**な振る舞い。（ずうずうしくてはじを知らない）
⑧ **レンアイ**感情を持つ。（互いにこいしたうこと）
⑨ **メイワク**電話に悩む。（いやな目にあって困ること）
⑩ **エンリョ**は無用だ。（ひかえめにすること）
⑪ 在庫品が**フッテイ**する。（非常にとぼしくなること）
⑫ 取り**あつか**い注意。（あつかい方、使い方）

漢字	画数	部首	読み	用例
慎	13		シン／つつし(む)	謹慎（キンシン）
慢	14		マン	慢性（マンセイ）、自慢（ジマン）
憶	16		オク	憶測（オクソク）、追憶（ツイオク）
怒	9	心	ド／いか(る)／おこ(る)	怒声（ドセイ）、神（かみ）の怒（いか）り
恐	10		キョウ／おそ(れる)／おそ(ろしい)	恐怖（キョウフ）
恵	10		ケイ・エ／めぐ(む)	知恵（チエ）、恵（めぐ）みの雨（あめ）
恥	10	心	チ・はじ／は(じらう)／は(じる)／は(ずかしい)	恥辱（チジョク）、恥（は）じ入（い）る
恋	10		レン・こい／こ(う)／こい(しい)	失恋（シツレン）、恋人（こいびと）
惑	12		ワク／まど(う)	誘惑（ユウワク）、戸惑（とまど）う
慮	15	心	リョ	考慮（コウリョ）、配慮（ハイリョ）
払	5		フツ／はら(う)	払拭（フッショク）、支払（しはら）い
扱	6		あつか(う)	客扱（キャクあつか）い

漢字の書き取り

2回練習しよう！

1.

2.

コラム　歩く漢字？

「辶（しんにょう）」のもとは「辵」で、「道路を歩行する」という意味があります。だから、遠、通、進など道路や歩くことと関係のある字が多数あります。

1 次の**太字**を漢字と送り仮名に直しなさい。

① よい印象を**いだく**
② 犯人を**とり**逃がす
③ **はずかしい**思い出
④ 歯が**ぬける**
⑤ 将来を思い**えがく**
⑥ 主導権を**にぎる**
⑦ かばんを**かかえる**
⑧ **おそろしい**体験
⑨ **おこる**と頭に血が上る
⑩ お金を**はらう**

解答　力試し

①慎重 ②我慢 ③記憶 ④激怒 ⑤恐縮 ⑥恩恵 ⑦無恥 ⑧恋愛 ⑨迷惑 ⑩遠慮 ⑪払底 ⑫扱 ⑬対抗 ⑭抜粋 ⑮押印 ⑯準拠 ⑰開拓 ⑱抵触 ⑲拍車 ⑳抱負 ㉑振動 ㉒捕獲 ㉓発掘 ㉔素描 ㉕把握

⑬ 家族**タイコウ**歌合戦。（競い合うこと）

⑭ 本からの**バッスイ**。（要所をぬきだすこと）

⑮ 契約書に**オウイン**する。（はんこを押す）

⑯ 規則に**ジュンキョ**する。（よりどころとすること）

⑰ 新規**カイタク**にはげむ。（きりひらくこと）

⑱ 法律に**テイショク**する。（決まりや制限にふれること）

⑲ **ハクシャ**をかける。（物事の進行に一段と力を加えること）

⑳ **ホウフ**を語り合う。（心に思っている計画や決意）

㉑ 空気が**シンドウ**する。（ゆれ動くこと）

㉒ 象の**ホカク**を禁止する。（いけどること）

㉓ 古墳を**ハックツ**する。（ほり出すこと）

㉔ 果物を**ソビョウ**する。（デッサン）

㉕ 質問を**ハアク**する。（よく理解する）

漢字	画数	読み	用例
抗	⑦	コウ	抗議（コウギ）　反抗（ハンコウ）
抜	⑦	バツ／ぬ(く・ける)　ぬ(かす・かる)	抜群（バツグン）　選抜（センバツ）
押	⑧	オウ／お(す)　お(さえる)	押収（オウシュウ）　後押し（あとおし）
拠	⑧	キョ　コ	根拠（コンキョ）　証拠（ショウコ）
拓	⑧	タク	干拓（カンタク）　魚拓（ギョタク）
抵	⑧	テイ	抵抗（テイコウ）　抵当（テイトウ）
拍	⑧	ハク　ヒョウ	拍手（ハクシュ）　拍子（ヒョウシ）
抱	⑧	ホウ／いだ(く)　かか(える)　だ(く)	介抱（カイホウ）　抱き込む（だきこむ）
振	⑩	シン／ふ(る・るう)　ふ(れる)	不振（フシン）　振り子（ふりこ）
捕	⑩	ホ／と(らえる)　と(らわれる)　つか(まえる)　つか(まる)	捕虜（ホリョ）　逮捕（タイホ）
掘	⑪	クツ／ほ(る)	掘削（クッサク）　採掘（サイクツ）
描	⑪	ビョウ／えが(く)　か(く)	描写（ビョウシャ）　点描（テンビョウ）
握	⑫	アク／にぎ(る)	握手（アクシュ）　握力（アクリョク）

2 次の**太字**を漢字に直しなさい。（4級の範囲）

① クラス対**コウ**戦。
② **コウ**水の匂い。
③ 明解な論**シ**。
④ 腹に**シ**肪がつく。
⑤ 八月下**ジュン**。
⑥ ビルを**ジュン**回する。
⑦ 真**ケン**な討論。
⑧ 兄と**ケン**用の机。
⑨ 台風の影**キョウ**。
⑩ 熱**キョウ**的なファン。
⑪ 真理を追**キュウ**する。
⑫ 責任を追**キュウ**する。
⑬ 利益を追**キュウ**する。

1 ①抱く ②捕り ③恥ずかしい ④抜ける ⑤描く ⑥握る ⑦抱える ⑧恐ろしい ⑨怒る ⑩払う
2 ①抗 ②香 ③旨 ④脂 ⑤旬 ⑥巡 ⑦剣 ⑧兼 ⑨響 ⑩狂 ⑪究 ⑫及 ⑬求

★読めるかな？

❶ 恐慌　❷ 拍子
❸ 抱擁　❹ 花押

（答え）
❶きょうこう
❷ひょうし
❸ほうよう
❹かおう

4級 4/13回

力試し

次の**太字**を漢字に直しなさい。

① **キュウエン**物資を送る。 すくい助ける
② 商品を**ハンニュウ**する。 運びいれること
③ 胃の**テキシュツ**手術。 つまみ出すこと
④ 九回裏の**コウゲキ**。 せめること
⑤ 海が**オセン**される。 よごれること
⑥ **カンガン**のいたり。 恥じて顔に汗をかくこと
⑦ **コウタク**のある布地。 物の表面のつや
⑧ **チンモク**を守る。 だまりこんで口をきかないこと
⑨ **セイキョウ**な会合。 にぎわっている様子
⑩ 美しい**コショウ**。 みずうみとぬま
⑪ 旅館に**シュクハク**する。 やどにとまること
⑫ 条例が**シントウ**する。 社会や人々にゆきわたること

援	搬	摘	撃	汚	汗	沢	沈	況	沼	泊	浸
⑫ 扌	⑬	⑭	⑮ 手	⑥	⑥	⑦	⑦	⑧	⑧	⑧	⑩
エン	ハン	テキ つ(む)	ゲキ う(つ)	オ・きたな(い) よご(す・れる) けが(す・れる) けが(らわしい)	カン あせ	タク さわ	チン しず(む) しず(める)	キョウ	ショウ ぬま	ハク と(まる) と(める)	シン ひた(す・る)
援助(エンジョ) 応援(オウエン)	搬出(ハンシュツ) 運搬(ウンパン)	摘発(テキハツ) 指摘(シテキ)	撃退(ゲキタイ) 電撃(デンゲキ)	汚点(オテン) 汚名(オメイ)	汗腺(カンセン) 発汗(ハッカン)	沼沢(ショウタク) 潤沢(ジュンタク)	沈没(チンボツ) 撃沈(ゲキチン)	状況(ジョウキョウ) 実況(ジッキョウ)	池沼(チショウ) 沼地(ぬまチ)	停泊(テイハク) 素泊まり(すどまり)	浸食(シンショク) 浸水(シンスイ)

漢字の書き取り

2回練習しよう!

1.

2.

コラム お金を分けると?

「貝」は、古代に貝がお金の役目をしていたことから、財などお金に関する字につくようになりました。「貧」は貝(お金)を分(わける)から。

1 次の**太字**を漢字と送り仮名に直しなさい。

① **きたない**手を洗う
② 言葉を**にごす**
③ 塩を**とかす**
④ 血が**したたる**
⑤ 手紙に絵を**そえる**
⑥ **ひやあせ**をかく
⑦ 船が**しずむ**
⑧ 水に**ひたす**
⑨ 友人を家に**とめる**
⑩ 服を**よごす**

解答

力試し ①救援 ②搬入 ③摘出 ④攻撃 ⑤汚染 ⑥汗顔 ⑦光沢 ⑧沈黙 ⑨盛況 ⑩湖沼 ⑪宿泊 ⑫浸透 ⑬海浜 ⑭浮遊 ⑮感涙 ⑯冷淡 ⑰添付 ⑱渡米 ⑲溶解 ⑳点滴 ㉑漫然 ㉒清澄 ㉓汚濁 ㉔濃厚

99字 313字中

⑬ **カイヒン**公園を散歩する。（うみべ）

⑭ 宇宙に**フユウ**する物体。（ういてただようこと）

⑮ **カンルイ**にむせぶ。（かんげきして流すなみだ）

⑯ **レイタン**な態度をとる。（思いやりのないさま）

⑰ 地図を**テンプ**する。（参考となるものをそえること）

⑱ 船で**トベイ**する。（アメリカへわたること）

⑲ 金属を**ヨウカイ**する。（とかすこと）

⑳ 病院で**テンテキ**をした。（少しずつ薬を注入する注射）

㉑ **マンゼン**と時を過ごす。（ぼんやりと）

㉒ **セイチョウ**な川の流れ。（きれいにすみきっているさま）

㉓ 水質**オダク**をくい止める。（よごれてにごること）

㉔ **ノウコウ**な味のケーキ。（こってりしている）

漢字	画数	読み	用例
浜	⑩	ヒン / はま	海浜（カイヒン）・砂浜（すなはま）
浮	⑩	フ / う（く・かぶ）・う（かべる）・う（かれる）	浮沈（フチン）・浮力（フリョク）
涙	⑩	ルイ / なみだ	声涙（セイルイ）・落涙（ラクルイ）
淡	⑪	タン / あわ（い）	淡泊（タンパク）・濃淡（ノウタン）
添	⑪	テン / そ（える・う）	添加（テンカ）・添え物（そえもの）
渡	⑫	ト / わた（る・す）	渡航（トコウ）・譲渡（ジョウト）
溶	⑬	ヨウ / と（ける）・と（かす・く）	溶岩（ヨウガン）・水溶（スイヨウ）
滴	⑭	テキ / しずく・したた（る）	滴下（テキカ）・水滴（スイテキ）
漫	⑭	マン	漫画（マンガ）・散漫（サンマン）
澄	⑮	チョウ / す（む・ます）	澄明（チョウメイ）・上澄み（うわずみ）
濁	⑯	ダク / にご（る・す）	濁流（ダクリュウ）・白濁（ハクダク）
濃	⑯	ノウ / こ（い）	濃度（ノウド）・濃霧（ノウム）

2 次の熟語の構成は後のA～Eのどれにあたるか、記号で答えなさい。（4級の範囲）

① 病床（　）　② 贈答（　）
③ 微細（　）　④ 不屈（　）
⑤ 処罰（　）　⑥ 闘争（　）
⑦ 無縁（　）　⑧ 攻守（　）
⑨ 遅刻（　）　⑩ 猛獣（　）

A 同じような意味の漢字を重ねたもの。（例）…寒冷
B 反対または対応の意味を表す字を重ねたもの。（例）…強弱
C 上の字が下の字を修飾しているもの。（例）…緑色
D 下の字が上の字の目的語・補語になっているもの。（例）…登山
E 上の字が下の字の意味を打ち消しているもの。（例）…不信

★読めるかな？
❶ 滴　❷ 沢山　❸ 浮世絵
❹ 添乗員　❺ 沈痛　❻ 制汗

（答え）
❶しずく〔てき〕
❷たくさん
❸うきよえ
❹てんじょういん
❺ちんつう
❻せいかん

1 ①汚い ②濁す ③溶かす ④滴る ⑤添える ⑥冷や汗 ⑦沈む ⑧浸す ⑨泊める ⑩汚す
2 ①C ②B ③A ④E ⑤D ⑥A ⑦E ⑧B ⑨D ⑩C

4級 5/13回

力試し

次の太字を漢字に直しなさい。

① **ネッキョウ**的な応援。（興奮し夢中になること）
② **キョウギ**の解釈をする。（意味する範囲がせまいこと）
③ **シュリョウ**民族。（野生の動物をつかまえること）
④ **モウレツ**な台風の勢い。（非常に激しいこと）
⑤ 逃げた猿を**ホカク**する。（いけどること）
⑥ **ジュウイ**にあこがれる。（おもに家畜・ペットなどの医者）
⑦ **エンジン**を組む。（丸く並ぶこと）
⑧ 服を**かげ**干しする。（日陰に干すこと）
⑨ 気楽な**インキョ**生活。（仕事等現役から退くこと）
⑩ 校舎に**リンセツ**する。（となりあってつづくこと）
⑪ **スンカ**を惜しんで勉強する。（ちょっとのひま）
⑫ 文章の**ヨウシ**をまとめる。（大意）

漢字の書き取り

2回練習しよう！

漢字	画数・部首	読み	筆順	用例
狂	⑦	キョウ／くる(う)／くる(おしい)	ノ 犭 犭 犭 犴 狂	狂気（キョウキ）　狂言（キョウゲン）
狭	⑨	キョウ／せま(い)／せば(める・まる)	ノ 犭 犭 犷 狭 狭	狭小（キョウショウ）　偏狭（ヘンキョウ）
狩	⑨	シュ／か(る・り)	犭 犭 犷 犷 狞 狩	潮干狩り（しおひがり）　山狩り（やまがり）
猛	⑪	モウ	犭 犭 犭 犭 狤 猛	猛威（モウイ）　勇猛（ユウモウ）
獲	⑯	カク／え(る)	犷 犷 犷 犷 獲 獲	獲得（カクトク）　獲物（えもの）
獣	⑯	ジュウ／けもの	丷 丷 兽 兽 獣 獣	猛獣（モウジュウ）　獣道（けものみち）
陣	⑩	ジン	阝 阝 阝 阝 陌 陣	陣地（ジンチ）　陣中（ジンチュウ）
陰	⑪ 阝	イン／かげ／かげ(る)	阝 阝 阝 阝 险 陰	陰険（インケン）　木陰（こかげ）
隠	⑭	イン／かく(す)／かく(れる)	阝 阝 阝 阝 隠 隠	隠匿（イントク）　隠忍（インニン）
隣	⑯	リン／とな(る)／となり	阝 阝 阝 阝 隣 隣	隣人（リンジン）　両隣（リョウどなり）
暇	⑬	カ／ひま	日 日 日 日 暇 暇	休暇（キュウカ）　余暇（ヨカ）
旨	⑥ 日	シ／むね	一 匕 匕 旨 旨 旨	主旨（シュシ）　その旨（むね）

コラム　連濁（れんだく）

熟語の下の漢字が濁音や半濁音に変化することを連濁（れんだく）といいます。

例　山＋桜（さくら）→山桜（ざくら）

山桜　ざくら

1 次の太字を漢字と送り仮名に直しなさい。

① **ひま**をもてあます
② 宝物を**かくす**
③ **かり**に出る
④ 空が**くもる**
⑤ 桜が**くるい**咲きする
⑥ 幅を**せばめる**
⑦ この部屋は**せまい**
⑧ 冬は早く日が**かげる**
⑨ 妹のために一肌**ぬぐ**
⑩ **あぶら**ぎった顔

解答

力試し　①熱狂 ②狭義 ③狩猟 ④猛烈 ⑤捕獲 ⑥獣医 ⑦円陣 ⑧陰 ⑨隠居 ⑩隣接 ⑪寸暇 ⑫要旨 ⑬上旬 ⑭是認 ⑮普請 ⑯旧暦 ⑰曇天 ⑱脂肪 ⑲脂身 ⑳胴着 ㉑失脚 ㉒脱出 ㉓手腕 ㉔腰痛

⑬ 十月**ジョウジュン**。 月はじめの十日間

⑭ 改定案を**ゼニン**する。 そうであるとみとめること

⑮ 屋根を**フシン**する。 建築・土木の工事

⑯ **キュウレキ**の正月を祝う。 太陰太陽暦のこと

⑰ **ドンテン**で気がめいる。 くもり空

⑱ ラードはぶたの**シボウ**。 豚の脂肪から精製した油

⑲ **あぶらみ**の少ない肉。 あぶらの部分

⑳ **ドウギ**を身につける。 上着とはだ着の間に着る防寒着

㉑ 大臣が**シッキャク**する。 地位や立場を失うこと

㉒ 素早く**ダッシュツ**する。 (危険な状況から)ぬけだす

㉓ **シュワン**を発揮する。 うでまえ

㉔ **ヨウツウ**で病院に行く。 こしのいたみ

漢字	画数・部首	読み	筆順	用例
旬	⑥ 日	ジュン シュン	ノ 勹 勹 旬 旬 旬	旬刊(ジュンカン) 旬日(ジュンジツ)
是	⑨ 日	ゼ	日 旦 早 早 昰 是	是正(ゼセイ) 是非(ゼヒ)
普	⑫ 日	フ	丷 䒑 並 並 普 普	普及(フキュウ) 普通(フツウ)
暦	⑭ 日	レキ こよみ	厂 厂 厤 厤 暦 暦	還暦(カンレキ) 花暦(はなごよみ)
曇	⑯ 日	ドン くも(る)	昙 旱 旱 曇 曇 曇	曇色(ドンショク) 曇り空(くもりぞら)
肪	⑧	ボウ	丿 月 月 肪 肪 肪	脂肪酸(シボウサン)
脂	⑩	シ あぶら	月 月 肸 脂 脂 脂	油脂(ユシ) 脂汗(あぶらあせ)
胴	⑩	ドウ	月 肌 胴 胴 胴 胴	胴体(ドウタイ) 胴上げ(ドウあげ)
脚	⑪	キャク キャ あし	月 肚 肚 脚 脚 脚	脚本(キャクホン) 脚立(きゃたつ)
脱	⑪	ダツ ぬ(ぐ・げる)	月 月 月 脱 脱 脱	脱退(ダッタイ) 脱落(ダツラク)
腕	⑫	ワン うで	月 月 腕 腕 腕 腕	腕力(ワンリョク) 腕前(うでまえ)
腰	⑬	ヨウ こし	月 肝 腰 腰 腰 腰	腰部(ヨウブ) 足腰(あしこし)

2 次の①～⑦の漢字の色の部分は筆順の何画めか、また、⑧～⑭の漢字の総画数は何画か、それぞれ算用数字で書きなさい。(4級の範囲)

① 淡 ② 振 ③ 訴 ④ 寝 ⑤ 幾 ⑥ 駆 ⑦ 巨

⑧ 震 ⑨ 朽 ⑩ 仰 ⑪ 誇 ⑫ 響 ⑬ 凶 ⑭ 扇

★読めるかな？

❶ 敏腕 ❷ 安普請 ❸ 国是 ❹ 脚立 ❺ 狭義 ❻ 曇天

(答え)
❶びんわん
❷やすぶしん
❸こくぜ
❹きゃたつ
❺きょうぎ
❻どんてん

1 ①暇 ②隠す ③狩り ④曇る ⑤狂い ⑥狭める ⑦狭い ⑧陰る ⑨脱ぐ ⑩脂

2 ①6 ②8 ③10 ④4 ⑤10 ⑥13 ⑦4 ⑧15 ⑨6 ⑩6 ⑪13 ⑫20 ⑬4 ⑭10

4級 6/13回

147字 313字中

力試し

次の**太字**を漢字に直しなさい。

① 名作に**ヒケン**する小説。（同等なこと）
② **フハイ**がすすむ。（くさること）
③ **カンプ**なくやられる。（徹底的に）
④ **フキュウ**の名作を読む。（優れていて後世までのこること）
⑤ **シュクハイ**をあげる。（祝いの酒を飲むさかずき）
⑥ 井戸の水が**コカツ**する。（物が尽きてなくなること）
⑦ **オウヘイ**な口のきき方。（おごりたかぶって無礼なこと）
⑧ 現代の**トウゲン**郷。（俗世間を離れた安楽な世界）
⑨ **ランガイ**に記入する。（所定のわくのそと）
⑩ **シュニク**を使う。（しゅ色のハンコ台）
⑪ **ニュウワ**な仏像の顔。（やさしくおだやか）
⑫ 雑草が**ハンショク**する。（どんどんふえること）

漢字の書き取り

2回練習しよう！

漢字	画数	部首	読み	用例
肩	8	肉	ケン／かた	双肩（ソウケン）、肩書き（かたがき）
腐	14	肉	フ／くさ(る・れる)／くさ(らす)	腐心（フシン）、豆腐（トウフ）
膚	15	肉	フ	肌膚（キフ）、皮膚（ヒフ）
朽	6		キュウ／く(ちる)	老朽（ロウキュウ）、腐朽（フキュウ）
杯	8		ハイ／さかずき	乾杯（カンパイ）、賜杯（シハイ）
枯	9		コ／か(れる)／か(らす)	栄枯（エイコ）、枯れ葉（かれは）
柄	9		ヘイ／がら・え	銘柄（メイがら）、花柄（はながら）
桃	10		トウ／もも	白桃（ハクトウ）、桃色（ももいろ）
欄	20		ラン	欄干（ランカン）、空欄（クウラン）
朱	6	木	シュ	朱筆（シュヒツ）、朱色（シュいろ）
柔	9	木	ジュウ／ニュウ／やわ(らか)／やわ(らかい)	柔道（ジュウドウ）、柔軟（ジュウナン）
殖	12		ショク／ふ(える)／ふ(やす)	生殖（セイショク）、養殖（ヨウショク）

コラム 連声（れんじょう）

熟語の下の漢字の読み方が、上の漢字の読み方の影響で変わることを連声（れんじょう）といいます。

例　反＋応（オウ）→反応（ノウ）

反応　○のう　×おう

1 次の**太字**を漢字と送り仮名に直しなさい。

① **めずらしい**動物
② 星が**またたく**
③ 無事を**いのる**
④ 雨に**けむる**山々
⑤ すやすや**ねむる**
⑥ 魚を**ふやす**
⑦ 木が**くち**果てる
⑧ 植木が**かれた**
⑨ 手触りが**やわらかい**
⑩ 物を**くさらす**

解答

力試し　①比肩　②腐敗　③完膚　④不朽　⑤祝杯　⑥枯渇　⑦横柄　⑧桃源　⑨欄外　⑩朱肉　⑪柔和　⑫繁殖　⑬禁煙　⑭焦燥　⑮爆笑　⑯行為　⑰壮烈　⑱煮沸　⑲珍事　⑳環境　㉑祈願　㉒半畳　㉓安眠　㉔瞬間

⑬ 健康のため**キンエン**する。（タバコをやめる）
⑭ **ショウソウ**感にかられる。（いらだつこと）
⑮ 友人たちを**バクショウ**させる。（勢いよくわらうこと）
⑯ 勇気ある**コウイ**。（おこない）
⑰ **ソウレツ**な死をとげる。（勇敢で激しいこと）
⑱ ふきんを**シャフツ**消毒する。（水などを火にかけて、にたたせること）
⑲ 前代未聞の**チンジ**。（めずらしいできごと）
⑳ **カンキョウ**を考える。（身の回りのこと）
㉑ 合格**キガン**のお守り。（神や仏に、願うこと）
㉒ **ハンジョウ**の広さ。（たたみ半分）
㉓ 静かで**アンミン**できる。（やすらかにねむること）
㉔ 勝利の**シュンカン**。（ごく短い時間）

漢字	画数	部首	読み	用例
煙	⑬	火	エン／けむり／けむ(る・い)	煙突（エントツ）・煙幕（エンマク）
燥	⑰		ソウ	乾燥（カンソウ）・高燥（コウソウ）
爆	⑲		バク	爆弾（バクダン）・爆風（バクフウ）
為	⑨	灬	イ	作為（サクイ）・人為（ジンイ）
烈	⑩		レツ	烈火（レッカ）・熱烈（ネツレツ）
煮	⑫		シャ／に(る・える)／に(やす)	煮物（にもの）・雑煮（ゾウに）
珍	⑨		チン／めずら(しい)	珍味（チンミ）・珍妙（チンミョウ）
環	⑰		カン	環状（カンジョウ）・循環（ジュンカン）
祈	⑧		キ／いの(る)	祈念（キネン）
畳	⑫	田	ジョウ／たた(む)／たたみ	畳語（ジョウゴ）・青畳（あおだたみ）
眠	⑩		ミン／ねむ(る・い)	睡眠（スイミン）・眠気（ねむケ）
瞬	⑱		シュン／またた(く)	瞬時（シュンジ）・一瞬（イッシュン）

2 次の漢字の間違いを探して正しく書き直しなさい。（4級の範囲）

① 畜積された知識
② 厚顔無知
③ 徴妙な違い
④ 圧到的多数
⑤ 摘切な判断
⑥ 臣大彗（すい）星
⑦ 挟い部屋
⑧ お小遺い
⑨ 驚察官
⑩ 四輪駒動車
⑪ 再拠理工場
⑫ 準備体繰
⑬ 送仰バス

★読めるかな？

❶ 朽ち木 ❷ 無為 ❸ 噴煙
❹ 珍重 ❺ 強肩 ❻ 懐柔

（答え）
❶く(ち)き
❷むい
❸ふんえん
❹ちんちょう
❺きょうけん
❻かいじゅう

1 ①珍しい ②瞬く ③祈る ④煙る ⑤眠る ⑥殖やす ⑦朽ち ⑧枯れた ⑨柔らか い ⑩腐らす
2 ①畜→蓄 ②知→恥 ③徴→微 ④到→倒 ⑤摘→適 ⑥臣→巨 ⑦挟→狭 ⑧遺→遣 ⑨驚→警 ⑩駒→駆 ⑪拠→処 ⑫繰→操 ⑬仰→迎

4級 7/13回

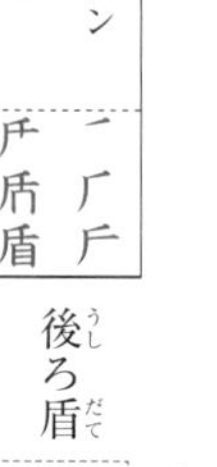

力試し

次の**太字**を漢字に直しなさい。

① 相手の**ムジュン**をつく。（つじつまがあわないこと）

② **ホウガン**投げの大会。（陸上競技の一つ）

③ **アイショウ**をつける。（ニックネーム）

④ **リクトウ**を栽培する。（畑につくるいね）

⑤ 著名作家の**イコウ**。（死後に発見されたげんこう）

⑥ **ユウシュウ**な選手たち。（すぐれていること）

⑦ **センタン**技術を学ぶ。（時代のさきがけ）

⑧ **ヒフク**の授業。（着るもの）

⑨ 敵の**シュウゲキ**にあう。（いきなりおそうこと）

⑩ **リュウシ**が荒い写真。（物質を構成する微細なつぶ）

⑪ 両手の**シモン**を照合する。（ゆび先にある曲線状のもよう）

⑫ 友人を**ショウカイ**する。（引き合わせること）

漢字の書き取り

2回練習しよう！

漢字	画数	部首	読み	筆順	用例
盾	9	目	ジュン／たて	一 厂 𠂆 𠂆 盾 盾	後ろ盾（うしろだて）
砲	10		ホウ	石 石 矽 矽 砲 砲	砲弾（ホウダン）、大砲（タイホウ）
称	10		ショウ	千 禾 秆 秆 称 称	称賛（ショウサン）、対称（タイショウ）
稲	14		トウ／いね・いな	秆 秤 稲 稲 稲 稲	水稲（スイトウ）、稲穂（いなほ）
稿	15		コウ	禾 秆 稿 稿 稿 稿	寄稿（キコウ）、原稿（ゲンコウ）
秀	7	禾	シュウ／ひい（でる）	二 千 禾 禾 秀 秀	秀逸（シュウイツ）、秀才（シュウサイ）
端	14	立	タン／はし・はた／は	立 立 立 端 端 端	極端（キョクタン）、道端（みちばた）
被	10		ヒ／こうむ（る）	衤 衤 衤 衤 被 被	被害（ヒガイ）、被写体（ヒシャタイ）
襲	22	衣	シュウ／おそ（う）	音 龍 龍 龍 龍 襲	襲来（シュウライ）、強襲（キョウシュウ）
粒	11		リュウ／つぶ	半 米 米 粒 粒 粒	微粒（ビリュウ）、豆粒（まめつぶ）
紋	10		モン	糸 糸 糸 紋 紋 紋	紋章（モンショウ）、波紋（ハモン）
紹	11		ショウ	糸 紹 紹 紹 紹 紹	紹興酒（ショウコウシュ）

1.

2.

1 次の**太字**を漢字と送り仮名に直しなさい。

① 一芸に**ひいでる**

② 糸を**くる**

③ 核心に**ふれる**

④ 損害を**こうむる**

⑤ 糸が**からまる**

⑥ 台風が町を**おそう**

⑦ 手で**さわる**

⑧ 金が**からんだ**事件

⑨ **むらさき**色の花

⑩ 旅館を**つぐ**

コラム 形は似てるが…

「ネ」（しめすへん）は「示」で神の意味があるから、社、祈など。「衤」（ころもへん）は「衣」で衣服の意味があるから、被、裸など。意味の違いをおぼえて迷わないようにしましょう。

示 衣

解答

力試し ①矛盾 ②砲丸 ③愛称 ④陸稲 ⑤遺稿 ⑥優秀 ⑦先端 ⑧被服 ⑨襲撃 ⑩粒子 ⑪指紋 ⑫紹介 ⑬脈絡 ⑭継続 ⑮維持 ⑯網膜 ⑰縁故 ⑱経緯 ⑲繰 ⑳紫煙 ㉑繁盛 ㉒一般 ㉓舟行 ㉔一触

⑬ **ミャクラク**のない話。（物事のすじみち）

⑭ **ケイゾク**は力なり。（つづけること）

⑮ 健康を**イジ**する。（たもつ）

⑯ **モウマク**に傷がつく。（視神経の分布しているまく）

⑰ 親の**エンコ**で就職。（かかわり、つながり）

⑱ 独立までの**ケイイ**。（物事のいきさつ）

⑲ **く**り返し答える。（何度も）

⑳ **シエン**をくゆらす。（タバコのけむり）

㉑ 商売**ハンジョウ**を願う。（商売がにぎわい栄えること）

㉒ 理論を**イッパン**化する。（全体にいきわたっていること）

㉓ **シュウコウ**する。（ふねにのっていくこと）

㉔ **イッショク**即発の事態。（少しのことで大事に至る）

漢字	画数・部首	読み	用例
絡	⑫	ラク　から(む)　から(まる・める)	短絡（タンラク）　連絡（レンラク）
継	⑬	ケイ　つ(ぐ)	後継（コウケイ）　跡継ぎ（あとつぎ）
維	⑭	イ	維新（イシン）　繊維（センイ）
網	⑭	モウ　あみ	網羅（モウラ）　網戸（あみど）
縁	⑮	エン　ふち	縁起（エンギ）　額縁（がくぶち）
緯	⑯	イ	緯度（イド）　北緯（ホクイ）
繰	⑲	く(る)	繰り延べ（くりのべ）
紫	⑫ 糸	シ　むらさき	紫雲（シウン）　紫外線（シガイセン）
繁	⑯ 糸	ハン	繁栄（ハンエイ）　繁殖（ハンショク）
般	⑩	ハン	諸般（ショハン）　全般（ゼンパン）
舟	⑥	シュウ　ふね・ふな	舟運（シュウウン）　舟歌（ふなうた）
触	⑬	ショク　ふ(れる)　さわ(る)	感触（カンショク）　接触（セッショク）

2 次の各組の□に共通する漢字を左の（　）から選び、記号で答えなさい。（4級の範囲）

① □案　奇□　巧□（　）

② 遠□　考□　配□（　）

③ □骨　暴□　吐□（　）

④ □大　□人　□額（　）

⑤ 接□　□感　□発（　）

⑥ 文□　□雨　□遊（　）

⑦ □台　□踏　□踊（　）

⑧ □読　沈□　暗□（　）

⑨ □力　手□　□章（　）

⑩ □画　□然　散□（　）

（ア漫　イ妙　ウ黙　エ誉　オ慮　カ露　キ腕　ク舞　ケ豪　コ丈　サ距　シ触　ス巨）

★読めるかな？

❶世襲　❷因縁　❸触覚　❹端数　❺粒粒辛苦

（答え）
❶せしゅう
❷いんねん
❸しょっかく
❹はすう
❺りゅうりゅうしんく

1 ①秀でる　②繰る　③触れる　④被る　⑤絡まる　⑥襲う　⑦触る　⑧絡んだ　⑨紫　⑩継ぐ
2 ①イ　②オ　③カ　④ス　⑤シ　⑥ケ　⑦ク　⑧ウ　⑨キ　⑩ア

4級

8/13回

力試し

次の**太字**を漢字に直しなさい。

① **ハイソ**の判決。（裁判で負けること）
② 大声で**ナンキツ**される。（欠点をあげてせめること）
③ **コチョウ**した表現。（おおげさに言うこと）
④ 作者**ミショウ**の歌。（はっきりわからないこと）
⑤ **ドウヨウ**を口ずさむ。（子供のためにつくられた歌）
⑥ 大変**メイヨ**なことだ。（優れたものとして評価されるさま）
⑦ 通信**ハンバイ**のカタログ。（商品を売りさばくこと）
⑧ **ゲップ**でテレビを買う。（月割りのローン）
⑨ 作品を**キゾウ**する。（物をおくること）
⑩ 地球から月までの**キョリ**。（へだたり）
⑪ 犯人を**ツイセキ**する。（あとをつける）
⑫ **チョウヤク**力の測定。（とび上がること）

195字／313字中

漢字の書き取り

2回練習しよう！

訴	詰	誇	詳	謡	誉	販	賦	贈	距	跡	跳
⑫	⑬	⑬	⑬	⑯	⑬ 言	⑪	⑮	⑱	⑫	⑬	⑬
ソ うった(える)	キツ つ(める) つ(まる・む)	コ ほこ(る)	ショウ くわ(しい)	ヨウ うたい うた(う)	ヨ ほま(れ)	ハン	フ	ゾウ ソウ おく(る)	キョ	セキ あと	チョウ は(ねる) と(ぶ)
起訴(キソ) 勝訴(ショウソ)	詰問(キツモン) 面詰(メンキツ)	誇示(コジ) 誇大(コダイ)	詳細(ショウサイ) 詳述(ショウジュツ)	謡曲(ヨウキョク) 歌謡(カヨウ)	誉望(ヨボウ) 栄誉(エイヨ)	販路(ハンロ) 市販(シハン)	賦与(フヨ) 天賦(テンプ)	贈呈(ゾウテイ) 贈答(ゾウトウ)	測距儀(ソッキョギ)	遺跡(イセキ) 足跡(ソクセキ)	跳馬(チョウバ) 跳び箱(とびばこ)

コラム　左の阝は高さに関係

「阝(こざとへん)」は「へん」なので漢字の左に位置し、「高地」「高台」「積み上げた土」「階段」などに関係する字に含まれています。院、階、陸、陵など。

1 次の**太字**を漢字と送り仮名に直しなさい。

① 果物の**つめ**合わせ
② 動きが**にぶい**
③ **おどり**疲れる
④ **くわしく**説明する
⑤ ガムを**ふむ**
⑥ 彼は国の**ほこり**だ
⑦ 新聞に**のる**
⑧ トップに**おどり**出る
⑨ 星が**かがやく**
⑩ バッタが**はねた**

解答　力試し
①敗訴 ②難詰 ③誇張 ④未詳 ⑤童謡 ⑥名誉 ⑦販売 ⑧月賦 ⑨寄贈 ⑩距離 ⑪追跡 ⑫跳躍 ⑬舞踊 ⑭雑踏 ⑮一躍 ⑯一軒 ⑰較差 ⑱連載 ⑲輝度 ⑳後輩 ㉑解釈 ㉒鈍感 ㉓鉛筆 ㉔鋭利

⑬ 日本**ブヨウ**を習う。（おどり）

⑭ **ザットウ**で母を見失う。（多人数でこみあっている）

⑮ **イチヤク**有名になる。（ひととびに）

⑯ 山奥の**イッケン**家。（周囲の家からはなれて一つだけある）

⑰ 気温の年間**カクサ**。（二つ以上の事物を比べた場合の相互の差）

⑱ **レンサイ**小説を読む。（つづきものとしてのせること）

⑲ 画面の**キド**を調節する。（明るさ）

⑳ **コウハイ**を指導する。（あとから入った仲間）

㉑ 古文を**カイシャク**する。（言葉や物事の意味を理解すること）

㉒ **ドンカン**な人。（かんじ方がにぶい）

㉓ **エンピツ**と消しゴム。（筆記用具のひとつ）

㉔ **エイリ**な刃物。（よく切れること）

漢字	画数	部首	読み	用例
踊	⑭		ヨウ / おど(る・り)	踊り場（おどりば）
踏	⑮		トウ / ふ(む) / ふ(まえる)	踏襲（トウシュウ） 足踏み（あしぶみ）
躍	㉑		ヤク / おど(る)	躍動（ヤクドウ） 跳躍（チョウヤク）
軒	⑩	車	ケン / のき	軒数（ケンスウ） 軒並み（のきなみ）
較	⑬		カク	比較（ヒカク）
載	⑬	車	サイ / の(せる・る)	掲載（ケイサイ） 満載（マンサイ）
輝	⑮	車	キ / かがや(く)	輝石（キセキ） 光輝（コウキ）
輩	⑮	車	ハイ	輩出（ハイシュツ） 若輩（ジャクハイ）
釈	⑪		シャク	釈放（シャクホウ） 釈明（シャクメイ）
鈍	⑫		ドン / にぶ(い・る)	鈍行（ドンコウ） 愚鈍（グドン）
鉛	⑬		エン / なまり	亜鉛（アエン） 鉛色（なまりいろ）
鋭	⑮		エイ / するど(い)	鋭敏（エイビン） 精鋭（セイエイ）

2 次の太字の読みを平仮名で書きなさい。（4級の範囲）

① 免許証の**更新**。

② **今更**しかたがない。

③ **狭**い道を通る。

④ 先頭との差を**狭**める。

⑤ **瞬間**の出来事。

⑥ 星が**瞬**く。

⑦ 自伝を**執筆**する。

⑧ **執念**を燃やす。

⑨ **御**無事で安心です。

⑩ ○○株式会社**御中**。

⑪ **目撃者**を探す。

⑫ 敵を迎え**撃**つ。

★読めるかな？

❶ 会釈　❷ 謡う　❸ 誉れ

❹ 鈍器　❺ 直訴　❻ 未踏

（答え）
❶えしゃく
❷うた（う）
❸ほま（れ）
❹どんき
❺じきそ
❻みとう

1 ①詰め ②鈍い ③踊り ④詳しく ⑤踏む ⑥誇り ⑦載る ⑧躍り ⑨輝く ⑩跳ねた

2 ①こうしん ②いまさら ③せま ④せば ⑤しゅんかん ⑥またた ⑦しっぴつ ⑧しゅうねん ⑨ご ⑩おんちゅう ⑪もくげきしゃ ⑫う

4級 9/13回

219字 / 313字中

力試し

次の**太字**を漢字に直しなさい。

① 工場が**ヘイサ**される。（とじて出入りのできないこと）
② 刀を**カンテイ**する。（真偽・良否などを見定めること）
③ 豪華な**ソウショク**品。（かざり）
④ 三か国語を**クシ**する。（思いのままにつかいこなすこと）
⑤ **ソウオン**に悩まされる。（さわがしいおと）
⑥ 人々を**キョウタン**させる技。（おどろき感心すること）
⑦ **センド**のよい野菜。（新鮮さの度合い）
⑧ **ジュレイ**千年の大木。（木のとし）
⑨ 空気が**カンソウ**している。（湿気や水分がないこと）
⑩ 稲**か**りを手伝う。（農作業の一部）
⑪ **フウシ**まんがを描く。（遠回しに社会・悪習などを批判すること）
⑫ 申し込みが**サットウ**する。（一時に押し寄せること）

漢字	画数	部首	音読み	訓読み	用例
鎖	⑱		サ	くさり	鎖国（サコク）、連鎖（レンサ）
鑑	㉓		カン	かんが（みる）	鑑賞（カンショウ）、年鑑（ネンカン）
飾	⑬		ショク	かざ（る）	服飾（フクショク）、着飾（きかざ）る
駆	⑭	馬	ク	か（ける・る）	駆除（クジョ）、先駆（さきが）け
騒	⑱		ソウ	さわ（ぐ）	騒動（ソウドウ）、胸騒（むなさわ）ぎ
驚	㉒	馬	キョウ	おどろ（く） おどろ（かす）	驚異（キョウイ）、一驚（イッキョウ）
鮮	⑰		セン	あざ（やか）	鮮烈（センレツ）、新鮮（シンセン）
齢	⑰	歯	レイ		妙齢（ミョウレイ）、老齢（ロウレイ）
乾	⑪	乙	カン	かわ（く・かす）	乾季（カンキ）、乾杯（カンパイ）
刈	④	刂		か（る）	刈（か）り上（あ）げ、芝刈（しばか）り
刺	⑧		シ	さ（す・さる）	刺激（シゲキ）、名刺（メイシ）
到	⑧		トウ		到着（トウチャク）、周到（シュウトウ）

漢字の書き取り

2回練習しよう！

1.
2.

コラム 右の阝は場所に関係

「阝（おおざと）」は右につき、「地名」「人のいる場所」に関係する字に含まれています。部、都、郡、郵、郷、郊など。さて、あなたの家の住所を見てみると……？

1 次の**太字**を漢字と送り仮名に直しなさい。

① **あざやか**な色
② 美しい**いろどり**の布
③ 大勢が**さわい**でいる
④ 人を**おどろかす**
⑤ 座布団を**しく**
⑥ 寺を**めぐる**
⑦ 野山を**かける**
⑧ ハチに**さされた**
⑨ 服を**かわかす**
⑩ 部屋を**かざる**

解答 力試し

①閉鎖 ②鑑定 ③装飾 ④駆使 ⑤騒音 ⑥驚嘆 ⑦鮮度 ⑧樹齢 ⑨乾燥 ⑩刈 ⑪風刺 ⑫殺到 ⑬真剣 ⑭薬剤 ⑮巡視 ⑯色彩 ⑰撮影 ⑱新郎 ⑲攻略 ⑳機敏 ㉑敷設 ㉒御殿 ㉓奴隷 ㉔事項

⑬ **シンケン**なまなざし。
本気

⑭ **ヤクザイ**師を目指す。
くすりを調合する人

⑮ 海軍の**ジュンシ**船。
見てまわること

⑯ 明るい**シキサイ**の家具。
色の取り合わせ

⑰ ビデオで**サツエイ**する。
写真や映画を撮る

⑱ **シンロウ**新婦が入場する。
はなむこ

⑲ 敵陣地を**コウリャク**する。
せめて奪いとること

⑳ **キビン**に動く。
臨機応変に素早く動くこと

㉑ 水道管を**フセツ**する。
装備や施設などを設置すること

㉒ 王様の**ゴテン**。
身分の高い人の邸宅

㉓ **ドレイ**解放運動。
自由をそくばくされ、使役される人

㉔ 連絡**ジコウ**をメモする。
一つ一つのことがら

漢字	画数・部首	読み	用例
剣	⑩	ケン / つるぎ	剣術(ケンジュツ)　剣道(ケンドウ)
剤	⑩	ザイ	洗剤(センザイ)　調剤(チョウザイ)
巡	⑥ 巛	ジュン / めぐ(る)	巡回(ジュンカイ)　巡査(ジュンサ)
彩	⑪ 彡	サイ / いろど(る)	彩度(サイド)　水彩(スイサイ)
影	⑮ 彡	エイ / かげ	影響(エイキョウ)　影絵(かげエ)
郎	⑨	ロウ	郎党(ロウトウ)　野郎(ヤロウ)
攻	⑦ 攵	コウ / せ(める)	攻撃(コウゲキ)　専攻(センコウ)
敏	⑩ 攵	ビン	敏感(ビンカン)　鋭敏(エイビン)
敷	⑮ 攵	フ / し(く)	屋敷(やしき)　下敷き(したじき)
殿	⑬ 殳	デン・テン / との・どの	宮殿(キュウデン)　殿様(とのさま)
隷	⑯ 隶	レイ	隷書(レイショ)　隷属(レイゾク)
項	⑫	コウ	要項(ヨウコウ)　項目(コウモク)

2 次の――線にあてはまる送り仮名を［　］に平仮名で書きなさい。（4級の範囲）

① 馬を駆――。
② 地位を汚――。
③ 服を乾――。
④ 親に甘――。
⑤ 夜が更――。
⑥ 花で彩――。
⑦ 木の葉が朽――。
⑧ お金を恵――。
⑨ 使者を遣――。
⑩ 身を隠――。
⑪ 手を握――。
⑫ 結婚を勧――。
⑬ 筆を執――。
⑭ 店が寂――。
⑮ 物腰が柔――。

1 ①鮮やか ②彩り ③騒いで ④驚かす ⑤敷く ⑥巡る ⑦駆ける ⑧刺された ⑨乾かす ⑩飾る
2 ①る ②す ③かす ④える ⑤ける ⑥る ⑦ちる ⑧む ⑨わす ⑩す ⑪る ⑫める ⑬る ⑭れる ⑮らかい

★読めるかな？

❶ 刺客　❷ 殿方　❸ 隷従
❹ 下郎　❺ 剣　❻ 巡演

（答え）
❶しかく
❷とのがた
❸れいじゅう
❹げろう
❺つるぎ〔けん〕
❻じゅんえん

4級 10/13回

力試し 次の太字を漢字に直しなさい。

① 彼を**シンライ**する。（信じてたよること）
② **セイジャク**な環境。（ひっそりとしている様子）
③ **シュウシン**時間を守る。（ねむるために布団にはいること）
④ 明日は**いも**掘りだ。（いもをほりだす）
⑤ **しばい**を見に行く。（興行物・演劇）
⑥ 草木が**ハンモ**する。（おいしげること）
⑦ **コウハイ**した土地。（あれてすたれること）
⑧ お**カシ**を手作りする。（し好品）
⑨ データを**チクセキ**する。（たくわえためること）
⑩ **シンタン**を燃料とする。（たきぎとすみ）
⑪ **ケイハク**な態度。（あさはかでうわついているさま）
⑫ **トッゼン**大声を出す。（だしぬけに、急に）

243字 313字中

漢字の書き取り 2回練習しよう！

漢字	画数	読み	用例
頼	⑯	ライ / たの(む・もしい) / たよ(る)	依頼（イライ）、神頼み（かみだのみ）
寂	⑪	ジャク・セキ / さび / さび(しい・れる)	寂然（セキゼン）、寂れた村（さびれたむら）
寝	⑬	シン / ね(る・かす)	寝具（シング）、寝台（シンダイ）
芋	⑥	いも	芋虫（いもむし）、山芋（やまいも）
芝	⑥	しば	芝刈り（しばかり）、芝生（しばふ）
茂	⑧	モ / しげ(る)	茂樹（モジュ）、茂林（モリン）
荒	⑨	コウ / あら(い) / あ(れる・らす)	荒野（コウヤ）、荒涼（コウリョウ）
菓	⑪	カ	茶菓（サカ・チャカ）、製菓業（セイカギョウ）
蓄	⑬	チク / たくわ(える)	蓄音機（チクオンキ）、貯蓄（チョチク）
薪	⑯	シン / たきぎ	薪水（シンスイ）
薄	⑯ 艹	ハク / うす(い・める) / うす(まる・らぐ) / うす(れる)	薄暮（ハクボ）、希薄（キハク）
突	⑧ 穴	トツ / つ(く)	突如（トツジョ）、突入（トツニュウ）

コラム 壱と一の使い分け

壱、弐など漢数字は、壱億円などのように手形・小切手で、手書きで金額を書く場合などに用います。一に線を書き足して二、三、五に書き換えることを防ぐためです。

1 次の**太字**を漢字と送り仮名に直しなさい。

① 意表を**ついた**発言
② **うすい**紙を扱う
③ 今日は波が**あらい**
④ 作物を**たくわえる**
⑤ **さびしい**思いをする
⑥ 寒さで**ふるえる**
⑦ **しげみ**の中の動物
⑧ 力が**つきる**
⑨ **たのもしい**発言
⑩ 見るに見**かねる**

解答 力試し ①信頼 ②静寂 ③就寝 ④芋 ⑤芝居 ⑥繁茂 ⑦荒廃 ⑧菓子 ⑨蓄積 ⑩薪炭 ⑪軽薄 ⑫突然 ⑬罰則 ⑭箇所 ⑮模範 ⑯落雷 ⑰需要 ⑱震災 ⑲霧消 ⑳露骨 ㉑一髪 ㉒兼用 ㉓舞台 ㉔尽力

⑬ **バッソク**を厳しくする。
しょばつを決めた規定

⑭ 間違えた**カショ**を直す。
部分、場所

⑮ **モハン**演技を行う。
見ならうべき手本

⑯ **ラクライ**に気をつける。
かみなりが落ちること

⑰ **ジュヨウ**と供給の関係。
もとめ・いりよう

⑱ **シンサイ**ボランティア。
じしんによるさいがい

⑲ 計画が雲散**ムショウ**する。
たちまちなくなること

⑳ **ロコツ**にいやな顔をする。
むきだしなこと

㉑ 危機**イッパツ**で助かる。
あぶないせとぎわ

㉒ 母と**ケンヨウ**の洋服。
かねてもちいること

㉓ **ブタイ**に立つ。
劇などをする場所

㉔ 再建に**ジンリョク**する。
ちからをつくすこと

漢字	画数	部首	読み	筆順	用例
罰	⑭	罒	バツ / バチ	罒 罒 罒 罒 詈 罰	刑罰（ケイバツ） 処罰（ショバツ）
箇	⑭		カ	竹 竹 竹 笛 筒 箇	箇条（カジョウ）
範	⑮		ハン	竹 竹 竹 笸 範 範	範囲（ハンイ） 広範（コウハン）
雷	⑬		ライ / かみなり	雨 雨 雨 雷 雷 雷	雷雨（ライウ） 雷鳴（ライメイ）
需	⑭		ジュ	雨 雨 雨 需 需 需	特需（トクジュ） 必需（ヒツジュ）
震	⑮		シン / ふる（う・える）	雨 雨 雨 震 震 震	地震（ジシン） 身震い（みぶるい）
霧	⑲		ム / きり	雨 雨 雨 霧 霧 霧	濃霧（ノウム） 霧雨（きりさめ）
露	㉑		ロ・ロウ / つゆ	雨 雨 雨 露 露 露	暴露（バクロ） 披露（ヒロウ）
髪	⑭	髟	ハツ / かみ	長 髟 髟 髪	散髪（サンパツ） 頭髪（トウハツ）
兼	⑩	八	ケン / か（ねる）	並 並 並 兼 兼 兼	兼業（ケンギョウ） 兼務（ケンム）
舞	⑮	舛	ブ / ま（う） / まい	無 無 無 舞 舞 舞	舞踊（ブヨウ） 鼓舞（コブ）
尽	⑥	尸	ジン / つ（くす・きる） / つ（かす）	⺕ ⺕ 尸 尺 尽 尽	無尽（ムジン） 理不尽（リフジン）

2 次の漢字の部首を［　］に書き、部首名を選んで記号を（　）に書きなさい。（4級の範囲）

① 圏［　］（　）
② 脚［　］（　）
③ 帽［　］（　）
④ 香［　］（　）
⑤ 皆［　］（　）
⑥ 露［　］（　）
⑦ 慮［　］（　）
⑧ 奥［　］（　）
⑨ 較［　］（　）
⑩ 床［　］（　）

ア まだれ
イ とらかんむり
ウ こころ
エ ならびひ
オ かおり
カ にくづき
キ だい
ク き
ケ ひ
コ しろ
サ あめかんむり
シ くにがまえ
ス くるまへん
セ め
ソ はばへん

1 ①突いた ②薄い ③荒い ④蓄える ⑤寂しい ⑥震える ⑦茂み ⑧尽きる ⑨頼もしい ⑩兼ねる
2 ①囗 シ ②月 カ ③巾 ソ ④香 オ ⑤白 コ ⑥雨 サ ⑦心 ウ ⑧大 キ ⑨車 ス ⑩广 ア

★読めるかな？

❶芝生　❷薪能　❸師範
❹白髪　❺玉突き　❻披露宴

（答え）
❶しばふ
❷たきぎのう
❸しはん
❹しらが〔はくはつ〕
❺たまつ（き）
❻ひろうえん

4級

11/13回

力試し

次の**太字**を漢字に直しなさい。

① **シュビ**よく事を進める。（物事のなりゆき）
② 県内**クッシ**の名門校。（とくにすぐれていること）
③ **オンショウ**で苗を育てる。（おんどこ）
④ 市民を**センドウ**する。（仕向けること）
⑤ **ヒロウ**回復の薬。（くたびれること）
⑥ 虫歯の**チリョウ**。（なおすこと）
⑦ ツアーを申し**こ**む。（希望を相手に知らせる）
⑧ 新入生を**カンゲイ**する。（よろこんでむかえること）
⑨ **ハクシン**の演技。（いかにもそのものらしいこと）
⑩ 現実から**トウヒ**する。（さけてのがれること）
⑪ 出かけた**トタン**に雨だ。（そのときすぐに）
⑫ **トウメイ**に近いブルー。（すきとおること）

尾	屈	床	扇	疲	療	込	迎	迫	逃	途	透
⑦	⑧ 尸	⑦	⑩	⑩	⑰	⑤	⑦	⑧	⑨	⑩	⑩
ビ お	クツ	ショウ とこ ゆか	セン おうぎ	ヒ つか(れる)	リョウ	こ(む) こ(める)	ゲイ むか(える)	ハク せま(る)	トウ に(げる・がす) のが(す) のが(れる)	ト	トウ す(く・かす) す(ける)
㇕ ㇕ 尸 尸 尸 尾	㇕ ㇕ 尸 尸 尸 屈	亠 广 广 庁 庄 床	戸 戸 戸 肩 扇 扇	广 疒 疒 疒 疒 疲	疒 疚 疾 瘩 瘠 療	ノ 入 入 込 込	′ 匚 卬 卬 迎 迎	′ 白 白 白 迫 迫	ノ 丬 兆 兆 兆 逃	𠆢 亼 全 余 途 途	千 禾 秀 秀 秀 透
尾行（ビコウ） 尾根（おね）	不屈（フクツ） 理屈（リクツ）	起床（キショウ） 病床（ビョウショウ）	扇風機（センプウキ） 舞扇（まいおうぎ）	疲弊（ヒヘイ） 気疲れ（きづかれ）	療養（リョウヨウ） 診療（シンリョウ）	人込み（ひとごみ） 見込み（みこみ）	迎春（ゲイシュン） 送迎（ソウゲイ）	迫害（ハクガイ） 迫力（ハクリョク）	逃亡（トウボウ） 逃げ腰（にげごし）	途中（トチュウ） 前途（ゼント）	透視（トウシ） 浸透（シントウ）

漢字の書き取り

2回練習しよう！

コラム　その名のとおり　「病」に関係

「疒（やまいだれ）」は、元は寝台の上に人が寝ている様子を表していて、病気や傷害、けがなどの意味を示す文字に使われます。

疒　病

1 次の**太字**を漢字と送り仮名に直しなさい。

① 中身が**すける**
② 服装に気を**つかう**
③ 病気と**たたかう**
④ 難を**さける**
⑤ 責任**のがれ**の言い訳
⑥ 人を**むかえる**
⑦ **おもむき**のある庭
⑧ 危険が**せまる**
⑨ カメは足が**おそい**
⑩ 足が**つかれた**

解答　力試し

①首尾　②屈指　③温床　④扇動　⑤疲労　⑥治療　⑦込　⑧歓迎　⑨迫真　⑩逃避　⑪途端　⑫透明　⑬遅延　⑭違反　⑮派遣　⑯避暑　⑰卓越　⑱趣向　⑲鬼才　⑳匹敵　㉑圏内　㉒弐千　㉓闘争　㉔気丈

267字　313字中

⑬ **チエン**証明をもらう。
おくれること

⑭ 交通**イハン**を取りしまる。
法律・約束などにそむくこと

⑮ 記者を**ハケン**する。
命じて行かすこと

⑯ 高原に**ヒショ**に行く。
暑さを避けること

⑰ **タクエツ**した能力。
はるかにすぐれていること

⑱ **シュコウ**をこらす。
おもむきを出すための工夫

⑲ **キサイ**の持ち主。
世にも珍しいすぐれた才能

⑳ 勝者に**ヒッテキ**する。
同じくらい

㉑ 合格**ケンナイ**に入る。
範囲

㉒ **ニセン**万円の小切手。
数と、その数の位

㉓ **トウソウ**心の強い人。
たたかうこと

㉔ **キジョウ**にふるまう。
心がしっかりしているさま

漢字	遅	違	遣	避	越	趣	鬼	匹	圏	弐	闘	丈
画数	⑫	⑬	⑬	⑯	⑫	⑮	⑩	④	⑫	⑥	⑱	③
部首							鬼	匚		弋		一
音	チ	イ	ケン	ヒ	エツ	シュ	キ	ヒツ	ケン	ニ	トウ	ジョウ
訓	おく(れる) おく(らす) おそ(い)	ちが(う) ちが(える)	つか(う) つか(わす)	さ(ける)	こ(す・える)	おもむき	おに	ひき			たたか(う)	たけ
筆順	尸 尸 屋 屖 遅 遅	ノ 吉 韋 違 違	中 虫 冉 冑 遣 遣	𠂤 𠂤 辟 辟 避 避	土 キ 走 走 赵 越	キ 走 走 趄 趣 趣	宀 巾 由 鬼 鬼 鬼	一 ㄏ 兀 匹	丨 冂 冂 圂 圏 圏	一 二 三 弍 弐 弐	𨳇 門 門 閂 闘 闘	一 ナ 丈
用例	遅刻（チコク） 遅速（チソク）	違法（イホウ） 相違（ソウイ）	遣唐使（ケントウシ） 分遣（ブンケン）	避難（ヒナン） 回避（カイヒ）	越境（エッキョウ） 超越（チョウエツ）	趣旨（シュシ） 趣味（シュミ）	鬼畜（キチク） 餓鬼（ガキ）	匹夫（ヒップ） 数匹（スウひき）	首都圏（シュトケン） 大気圏（タイキケン）	弐心（ニシン） 弐万円（ニマンエン）	闘志（トウシ） 格闘（カクトウ）	丈夫（ジョウブ） 頑丈（ガンジョウ）

2 次の**太字**の読みを平仮名で書きなさい。（4級の範囲）

① 犯人が**捕**まる。

② 魚を生け**捕**る。

③ 疑問を**抱**く。

④ 問題を**抱**える。

⑤ 話が**弾**む。

⑥ ギターの**弾**き語り。

⑦ **逃**げ腰な態度。

⑧ 違反を見**逃**す。

⑨ 服が**汚**れる。

⑩ **汚**い手を洗う。

⑪ 手で**触**る。

⑫ そっと**触**れる。

★読めるかな？

❶ 小遣い ❷ 疲弊 ❸ 避雷針
❹ 扇子 ❺ 卑屈 ❻ 迎撃

（答え）
❶こづか（い）
❷ひへい
❸ひらいしん
❹せんす
❺ひくつ
❻げいげき

1 ①透ける ②遣う ③闘う ④避ける ⑤逃れ ⑥迎える ⑦趣 ⑧迫る ⑨遅い ⑩疲れた
2 ①つか ②ど ③いだ ④かか ⑤はず ⑥ひ ⑦に ⑧のが ⑨よご ⑩きたな ⑪さわ ⑫ふ

4級 12/13回

290字 313字中

力試し

次の**太字**を漢字に直しなさい。

① 事件への**カンヨ**を認める。（ある物事にかかわること）
② **キュウリョウ**地帯に住む。（なだらかな小山）
③ **タンネン**に仕上げる。（細心の注意でとり扱うこと）
④ 実力は二人とも**ゴカク**だ。（たがいに優劣がないこと）
⑤ **ヒボン**な才能を見せる。（なみはずれた）
⑥ **キョウアク**事件があいつぐ。（残酷で非常に悪いこと）
⑦ **ユウレツ**をつける。（どちらが勝っているか決めること）
⑧ 国の**カンコク**に従う。（ある事をするようにすすめること）
⑨ 小屋を**センユウ**する。（自分の所有とすること）
⑩ 本を**ヘンキャク**する。（かえす）
⑪ **ソクセキ**料理を作る。（その場、すぐに）
⑫ **フキュウ**率を上げる。（いきわたっている割合）

漢字	画数	部首	読み	筆順	用例
与	③	一	ヨ / あた(える)	一 与 与	与党（ヨトウ）、授与（ジュヨ）
丘	⑤	一	キュウ / おか	ノ 𠂆 𠂇 斤 丘	砂丘（サキュウ）、段丘（ダンキュウ）
丹	④	丶	タン	ノ 冂 円 丹	丹精（タンセイ）、丹頂（タンチョウ）
互	④	二	ゴ / たが(い)	一 工 互 互	交互（コウゴ）、相互（ソウゴ）
凡	③	几	ボン / ハン	ノ 几 凡	凡人（ボンジン）、平凡（ヘイボン）
凶	④	凵	キョウ	ノ メ 凶 凶	凶器（キョウキ）、吉凶（キッキョウ）
劣	⑥	力	レツ / おと(る)	亅 小 小 少 劣 劣	劣勢（レッセイ）、卑劣（ヒレツ）
勧	⑬	力	カン / すす(める)	午 年 隺 隺 雚 勧	勧業（カンギョウ）、勧誘（カンユウ）
占	⑤	ト	セン / し(める) / うらな(う)	丨 卜 卜 占 占	占拠（センキョ）、占領（センリョウ）
却	⑦	卩	キャク	一 十 土 去 去 却 却	却下（キャッカ）、忘却（ボウキャク）
即	⑦	卩	ソク	𠃌 ヨ 目 艮 艮 即 即	即興（ソッキョウ）、即座（ソクザ）
及	③	又	キュウ / およ(び・ぶ) / およ(ぼす)	ノ 乃 及	及第（キュウダイ）、言及（ゲンキュウ）

漢字の書き取り

1. 2. 2回練習しよう！

コラム

土壇場とは

土壇場は江戸時代に打首刑場に設けられた盛土台のことですが、転じて、せっぱつまった場面という意味になりました。

土壇場

1 次の**太字**を漢字と送り仮名に直しなさい。

① 未来を**うらなう**
② 道を**たずねる**
③ 負けず**おとらず**
④ 本を**あたえる**
⑤ 入部を**すすめる**
⑥ **ななめ**に切る
⑦ 危険を**おかす**
⑧ 犬と**たわむれる**
⑨ **いくつ**かある
⑩ 悪事を**いましめる**

解答

力試し ①関与 ②丘陵 ③丹念 ④互角 ⑤非凡 ⑥凶悪 ⑦優劣 ⑧勧告 ⑨占有 ⑩返却 ⑪即席 ⑫普及 ⑬壱万 ⑭奇遇 ⑮胸奥 ⑯尋常 ⑰幾何 ⑱戒律 ⑲戯曲 ⑳斜面 ㉑更新 ㉒冒険 ㉓代替

⑬ **イチマン**円の商品を買う。
数と、その数の位

⑭ 旅先で会うとは**キグウ**だ。
思いがけず出会うこと

⑮ **キョウオウ**に秘めた思い。
心の中

⑯ **ジンジョウ**ではない様子。
普通

⑰ **キカ**学を勉強する。
図形に関する数学の一分野

⑱ **カイリツ**の厳しい宗派。
宗教における守るべききまり

⑲ **ギキョク**を上演する。
演劇の台本

⑳ 急**シャメン**で転落する。
傾斜している面

㉑ 記録を**コウシン**する。
改めること

㉒ 森を**ボウケン**する。
危険をおかすこと

㉓ **ダイタイ**品でがまんする。
他のものでかえること

漢字	画数	部首	読み	筆順	用例
壱	⑦	士	イチ	一 十 士 声 壱 壱	壱万円（イチマンエン）
奇	⑧	大	キ	ナ 大 太 奇 奇 奇	奇跡（キセキ）・奇妙（キミョウ）
奥	⑫	大	オウ・おく	′ 冂 冋 宀 奥 奥	奥義（オウギ）・奥歯（おくば）
尋	⑫	寸	ジン・たず(ねる)	ヨ 彐 尋 尋 尋 尋	尋問（ジンモン）・千尋（センジン）
幾	⑫	幺	キ・いく	幺 丝 丝 幾 幾 幾	幾多（いくタ）・庶幾（ショキ）
戒	⑦	戈	カイ・いまし(める)	二 テ 开 戒 戒 戒	戒告（カイコク）・警戒（ケイカイ）
戯	⑮	戈	ギ・たわむ(れる)	′ 广 广 虍 虚 戯	児戯（ジギ）・遊戯（ユウギ）
斜	⑪		シャ・なな(め)	亼 今 余 叙 斜 斜	斜線（シャセン）・傾斜（ケイシャ）
更	⑦	日	コウ・さら・ふ(ける・かす)	一 ⺁ 丙 亘 更 更	変更（ヘンコウ）・今更（いまさら）
冒	⑨	日	ボウ・おか(す)	冂 曰 旦 冐 冒 冒	冒頭（ボウトウ）・感冒（カンボウ）
替	⑫	日	タイ・か(える)・か(わる)	夫 扶 㚘 替 替 替	交替（コウタイ）・両替（りょうがえ）

2 読み方が複数ある漢字がある。音読みを使い分けて、次の熟語の読みを平仮名で書きなさい。（4級の範囲）

「御」の音読みには「ギョ」と「ゴ」がある。

① 御意
② 御殿
③ 御者
④ 防御
⑤ 御飯
⑥ 御用

「執」の音読みには「シツ」と「シュウ」がある。

⑦ 執行
⑧ 執筆
⑨ 執心
⑩ 執念
⑪ 執務
⑫ 執着

1 ①占う ②尋ねる ③劣らず ④与える ⑤勧める ⑥斜め ⑦冒す ⑧戯れる ⑨幾つ ⑩戒める
2 ①ぎょい ②ごてん ③ぎょしゃ ④ぼうぎょ ⑤ごはん ⑥ごよう ⑦しっこう ⑧しっぴつ ⑨しゅうしん ⑩しゅうねん ⑪しつむ ⑫しゅうちゃく（しゅうじゃく）

★読めるかな？

❶ 奥義　❷ 為替　❸ 丹精
❹ 凡例　❺ 与力　❻ 深奥

（答え）
❶おうぎ〔おくぎ〕
❷かわせ
❸たんせい
❹はんれい
❺よりき
❻しんおう

力試し

次の**太字**を漢字に直しなさい。

①友の**カンタイ**を受ける。（手厚くもてなすこと）
②**サイマツ**大売り出し。（年のくれ）
③**ユウゲン**な調べ。（味わい深いこと）
④**カンゲン**にのせられる。（相手の気に入りそうなうまい言葉）
⑤経験は**カイム**だ。（まったく何もない）
⑥山に囲まれた**ボンチ**。（周囲を山に囲まれた平地）
⑦**トウナン**届けを出す。（物をぬすまれる災難）
⑧会計**カンサ**を行う。（会計などを監督し検査すること）
⑨空飛ぶ**エンバン**。（まるい板状の物体）
⑩**ムジュン**した意見。（つじつまがあわないこと）
⑪飛行機の**ビヨク**。（後方のつばさ）
⑫**タイシン**構造の建物。（じしんに強い）

313字 / 313字中

朝顔（あさがお）

1. 漢字の書き取り 2. 2回練習しよう！

漢字	画数	部首	読み	用例
歓	15		カン	歓喜（カンキ）　歓迎（カンゲイ）
歳	13	止	サイ　セイ	歳入（サイニュウ）　万歳（バンザイ）
玄	5		ゲン	玄関（ゲンカン）　玄米（ゲンマイ）
甘	5	甘	カン　あま(い)　あま(える)　あま(やかす)	甘味（カンミ）　甘露（カンロ）
皆	9	白	カイ　みな	皆勤（カイキン）　皆目（カイモク）
盆	9	皿	ボン	盆栽（ボンサイ）　盆踊り（ボンおど）
盗	11	皿	トウ　ぬす(む)	盗聴（トウチョウ）　強盗（ゴウトウ）
監	15		カン	監禁（カンキン）　監督（カントク）
盤	15	皿	バン	地盤（ジバン）　終盤（シュウバン）
矛	5		ム　ほこ	矛先（ほこさき）
翼	17	羽	ヨク　つばさ	左翼（サヨク）　両翼（リョウヨク）
耐	9	而	タイ　た(える)	耐久（タイキュウ）　忍耐（ニンタイ）

コラム　要領とは

「要」は腰を、「領」は襟首を意味します。衣服を持つときの肝心な部分は腰と襟首であることから、物事の主要なところという意味を持ちます。

要領

1 次の**太字**を漢字と送り仮名に直しなさい。

①**めす**牛を捕まえた
②群から**はなれる**
③急に**だまる**
④とら模様の**おす**猫
⑤親に**あまえる**子供
⑥思いを**いたす**
⑦**うるわしい**人
⑧暑さに**たえる**
⑨足音が**ひびく**
⑩アイデアを**ぬすむ**

解答

力試し　①歓待　②歳末　③幽玄　④甘言　⑤皆無　⑥盆地　⑦盗難　⑧監査　⑨円盤　⑩矛盾　⑪尾翼　⑫耐震　⑬誘致　⑭舗装　⑮豪放　⑯雄姿　⑰風雅　⑱雌雄　⑲離別　⑳影響　㉑華麗　㉒黙認　㉓鼓舞

⑬ 大型小売店を**ユウチ**する。
物事をさそい寄せること

⑭ じゃり道を**ホソウ**する。
アスファルト等で路面を整備すること

⑮ **ゴウホウ**な性格。
心が大きく小さなことにこだわらない

⑯ **ユウシ**を見せる。
雄々しく堂々とした姿

⑰ **フウガ**なたたずまい。
風流で上品なこと

⑱ **シユウ**を決する戦い。
めすとおす、転じて優劣・勝負

⑲ 家族と**リベツ**する。
わかれること

⑳ 父親に**エイキョウ**される。
他のものに関係をおよぼすこと

㉑ **カレイ**な女性に会う。
はなやかで美しいさま

㉒ **モクニン**する。
見過ごすこと

㉓ 選手の士気を**コブ**する。
気持ちをふるいたたせること

漢字	画数	部首	音読み	訓読み	用例
致	⑩	至	チ	いた(す)	致死(チシ)　一致(イッチ)
舗	⑮	舌	ホ		舗石(ホセキ)　店舗(テンポ)
豪	⑭	豕	ゴウ		豪華(ゴウカ)　文豪(ブンゴウ)
雄	⑫	隹	ユウ	お・おす	英雄(エイユウ)　雄花(おばな)
雅	⑬	隹	ガ		雅趣(ガシュ)　優雅(ユウガ)
雌	⑭	隹	シ	め・めす	雌伏(シフク)　雌花(めばな)
離	⑱	隹	リ	はな(れる)　はな(す)	離縁(リエン)　分離(ブンリ)
響	⑳	音	キョウ	ひび(く)	音響(オンキョウ)　反響(ハンキョウ)
麗	⑲	鹿	レイ	うるわ(しい)	麗人(レイジン)　端麗(タンレイ)
黙	⑮	黒	モク	だま(る)	黙視(モクシ)　沈黙(チンモク)
鼓	⑬	鼓	コ	つづみ	太鼓(タイコ)　舌鼓(したつづみ)

2 次の文中に間違って使われている漢字が一字ずつある。上の［　］に誤字を、下の□に正しい字を書きなさい。（4級の範囲）

① 憲法の理念が人々に侵透する。

② 外国の貨物船が港に停迫する。

③ 畜積された疲労が病気の原因となる。

④ 婚礼の義式がとり行われる。

⑤ 弁論大会で一等賞を穫得する。

⑥ 小さな失敗から問題点が奮出する。

⑦ 陰映に富む絵画に強くひかれる。

⑧ 億測で発言すると誤解を招く。

1 ①雌 ②離れる ③黙る ④雄 ⑤甘える ⑥致す ⑦麗しい ⑧耐える ⑨響く ⑩盗む
2 ①侵 浸 ②迫 泊 ③畜 蓄 ④義 儀 ⑤穫 獲 ⑥奮 噴 ⑦映 影 ⑧億 憶

★読めるかな?

❶ 豪傑　❷ 舌鼓　❸ 盤石
❹ 玄人　❺ 雅号　❻ 甘美

（答え）
❶ごうけつ
❷したつづみ
❸ばんじゃく
❹くろうと
❺がごう
❻かんび

実力試験（4級）

P.24～49

1 **次のカタカナを漢字に直しなさい。**（1×15）

① **チキュウギ**を買い求める。
② 母校で**キカ**学を教えることになった。
③ 食品**テンカ**物を調べる。
④ 遠来の友を**カンゲイ**する。
⑤ 庭の**シバフ**に水をやる。
⑥ 問題点を**カジョウ**書きにする。
⑦ 辞書の**ハンレイ**を読む。
⑧ **タンセイ**こめて育てた植木。
⑨ **ハスウ**は切り捨てで計算する。
⑩ 馬が驚いて**ハ**ねた。
⑪ 雨の**シズク**が落ちる。
⑫ 音楽では**ヒョウシ**が重要だ。
⑬ 入学式で希望を胸に**イダ**く。
⑭ 感情の**シンプク**が大きい。
⑮ **ロウキュウ**化した建物を補修する。

2 **次の——線の漢字の読みを平仮名で書きなさい。**（1×8）

① 短編を執筆する。
② 筆を執る。
③ 水質汚染が進む。
④ 汚い手を洗う。
⑤ 戦争で国土が荒廃する。
⑥ 冬になると手が荒れる。
⑦ 海外に逃亡した。
⑧ 犯人を逃した。

3 **次の——線の漢字の読みを平仮名で書きなさい。**（1×10）

① 少数精鋭のチームをつくる。
② 武術の奥義を極める。
③ 甘言にのせられる。
④ 父が息子に理由を詰問する。
⑤ 近所に店舗が増えた。
⑥ 純文学に傾倒する。
⑦ 人並みの背丈になる。
⑧ 歳出が増加する。
⑨ 温度を恒常的に保つ。
⑩ 今は至福の時間だ。

4 **次の空欄に入る語を□から選び、漢字に直して四字熟語を完成させなさい。**（2×8）

① □不断
② □未踏
③ 話題□
④ □消毒
⑤ □採用
⑥ 害虫□
⑦ 七転□
⑧ □不休

くじょ・そうぜん
しゃふつ・えんこ
ばっとう・じんせき
ふみん・ゆうじゅう

1	2	3	4	5	6	7	8	9	10	
/15	/8	/10	/16	/10	/6	/10	/10	/10	/5	/100

5 次の空欄に入る語を□から選び、漢字に直して対義語・類義語を完成させなさい。（1×10）

〈対義語〉
① 偉人 ↕ □人
② 優勢 ↕ □勢
③ 新婦 ↕ 新□
④ 野党 ↕ □党
⑤ 急性 ↕ □性

〈類義語〉
⑥ 後継 ― □目
⑦ 普通 ― □常
⑧ 運送 ― 運□
⑨ 下品 ― 低□
⑩ 我慢 ― 忍□

じん　ぼん　ぞく　まん　よ　ぱん　れっ　たい　あと　ろう

6 次のカタカナを漢字と送り仮名に直しなさい。（1×6）

① **ケガレ**を知らない子供。
② 試験の範囲が**セバマル**。
③ **トウゲゴエ**の険しい山道。
④ 彼女は**カエウタ**が得意だ。
⑤ **オオセ**の通りにいたします。
⑥ **サビレタ**町並み。

7 次の漢字の部首を書きなさい。（1×10）

〈例〉菜　艹　　間　門

① 乾
② 旬
③ 兼
④ 互
⑤ 巡
⑥ 載
⑦ 執
⑧ 秀
⑨ 占
⑩ 威

8 次のカタカナを漢字に直しなさい。（1×10）

① 馬を**カ**る。
② 稲を**カ**る。
③ **カゲ**口を言う。
④ 星**カゲ**を仰ぐ。
⑤ 危険を**カイヒ**する。
⑥ **カイヒ**を集める。
⑦ **カンゼン**懲悪な小説。
⑧ **カンゼン**な密室。
⑨ **キュウカ**を過ごす。
⑩ 代々続く**キュウカ**。

9 次の熟語の組み合わせは、左のア～オのどれにあたりますか。記号で答えなさい。（1×10）

① 激怒
② 渡米
③ 未婚
④ 敏速
⑤ 濃淡
⑥ 抜群
⑦ 不慮
⑧ 振幅
⑨ 浮沈
⑩ 添加

ア 同じような意味の漢字を重ねたもの（例 身体）
イ 反対または対応の意味を表す字を重ねたもの（例 強弱）
ウ 上の字が下の字を修飾しているもの（例 赤色）
エ 下の字が上の字の目的語・補語になっているもの（例 登山）
オ 上の字が下の字の意味を打ち消しているもの（例 不明）

10 次の文で間違って使われている漢字に○を付け、正しい漢字を書きなさい。（1×5）

① 夏休みを好機として生活の快善を図る。
② 古今の名画を話題の美術展で監賞する。
③ 近郊の防波提の改修で、交通が渋滞している。
④ 政策を掲げた演説文の要脂を簡潔に述べる。
⑤ 薬済師の姉は、雑誌の随筆を愛読している。

解答

1
①地球儀　②幾何　③添加　④歓迎　⑤芝生　⑥箇条　⑦凡例　⑧丹精　⑨端数　⑩跳　⑪滴　⑫拍子　⑬抱　⑭振幅　⑮老朽

2
①しっぴつ　②と　③おせん　④きたな　⑤こうはい　⑥あ　⑦とうぼう　⑧のが

3
①せいえい　②おうぎ〔おくぎ〕　③かんげん　④きつもん　⑤てんぽ　⑥けいとう　⑦せたけ　⑧さいしゅつ　⑨こうじょう　⑩しふく

4
①優柔　②人跡　③騒然　④煮沸　⑤縁故　⑥駆除　⑦八倒　⑧不眠

5
対義語
①凡　②劣　③郎　④与　⑤慢
類義語
⑥跡　⑦尋　⑧搬　⑨俗　⑩耐

6
①汚れ　②狭まる　③峠越え　④替え歌　⑤仰せ　⑥寂れた

7
①乙　②日　③八　④二　⑤巛　⑥車　⑦土　⑧禾　⑨卜　⑩女

8
①駆　②刈　③陰　④影　⑤回避　⑥会費　⑦勧善　⑧完全　⑨休暇　⑩旧家

9
①ウ　②エ　③オ　④ア　⑤イ　⑥エ　⑦オ　⑧ウ　⑨イ　⑩ア

10
①快→改　②監→鑑　③提→堤　④脂→旨　⑤済→剤

力試し

次の**太字**を漢字に直しなさい。

① 山林を**バッサイ**する。（竹や木等を切ること）
② **キフク**の激しい山道。（高くなったり低くなったりすること）
③ **シンシュク**性の高い服。（のびちぢみ）
④ 夫婦**ドウハン**で出席する。（連れだつ）
⑤ 物語は**カキョウ**に入る。（味わいの深い部分）
⑥ 王の**ジジュウ**を務める。（君主のそばで仕える人）
⑦ 計画を**ソクシン**する。（うながしすすめること）
⑧ **セッケン**生活に努める。（質素にすること）
⑨ 作品を**モホウ**する。（まねをすること）
⑩ **ドグウ**が発掘された。（土製の人形）
⑪ 多額の**フサイ**を抱える。（他から借りた金銭や物資）
⑫ 返事を**サイソク**する。（早くするようにうながすこと）

漢字	画数	音読み	訓読み	用例
伐	6	バツ		殺伐（サツバツ）、征伐（セイバツ）
伏	6	フク	ふ（せる・す）	伏線（フクセン）、降伏（コウフク）
伸	7	シン	の（びる）、の（ばす）、の（べる）	屈伸（クッシン）、追伸（ツイシン）
伴	7	ハン・バン	とも（なう）	伴奏（バンソウ）、伴走（バンソウ）
佳	8	カ		佳作（カサク）、佳人（カジン）
侍	8	ジ	さむらい	侍女（ジジョ）、侍所（さむらいどころ）
促	9	ソク	うなが（す）	促成（ソクセイ）、販促（ハンソク）
倹	10	ケン		倹約（ケンヤク）、勤倹（キンケン）
倣	10	ホウ	なら（う）	見倣う（みならう）
偶	11	グウ		偶然（グウゼン）、配偶（ハイグウ）
債	13	サイ		債権（サイケン）、債務（サイム）
催	13	サイ	もよお（す）	催眠（サイミン）、開催（カイサイ）

漢字の書き取り

2回練習しよう！

1.
2.

26字／284字中

コラム　春夏秋冬は青朱白黒

中国の五行説では、季節を色で表します。春は青で、青春。夏は赤（朱）で、朱夏。秋は白で、白秋。冬は黒で、玄冬。玄は黒のことです。

青朱白玄
春夏秋冬

1 次の**太字**を漢字と送り仮名に直しなさい。

① 地面に**ふせる**
② 才能を**のばす**
③ 子を**ともなう**
④ 相手を**うながす**
⑤ 前の人に**ならう**
⑥ **もよおし**を考える
⑦ 計画を**くわだてる**
⑧ **あわれな**小犬
⑨ 種を**うめる**
⑩ 情熱の**かたまり**

解答　力試し
①伐採 ②起伏 ③伸縮 ④同伴 ⑤佳境 ⑥侍従 ⑦促進 ⑧節倹 ⑨模倣 ⑩土偶 ⑪負債 ⑫催促 ⑬企画 ⑭喚起 ⑮喫煙 ⑯委嘱 ⑰吉報 ⑱官吏 ⑲悲哀 ⑳先哲 ㉑啓示 ㉒坑道 ㉓埋葬 ㉔団塊 ㉕墳墓 ㉖花壇

⑬ **キカク**書を提出する。　計画を立てること

⑭ 注意を**カンキ**する。　よびおこす

⑮ **キツエン**席を設ける。　タバコをすうこと

⑯ 調査を**イショク**する。　まかせたのむこと

⑰ **キッポウ**が届いた。　良い知らせ

⑱ **カンリ**登用制度。　役人

⑲ 人生の**ヒアイ**を味わう。　しみじみとかなしいこと

⑳ **センテツ**の教え。　昔のすぐれた思想家

㉑ 神の**ケイジ**を受ける。　神が人知を超えたことを教えしめすこと

㉒ 大きな**コウドウ**を掘る。　地下に掘った通路

㉓ 犬を**マイソウ**する。　うめてほうむること

㉔ **ダンカイ**の世代。　かたまり

㉕ **フンボ**の地へ帰る。　故郷。先祖代々の墓のある所

㉖ **カダン**に種をまく。　区切って草花を植えてある場所

漢字	画数	部首	読み	用例
企	6	人	キ / くわだ(てる)	企業(キギョウ)　企図(キト)
喚	12	口	カン	喚問(カンモン)　叫喚(キョウカン)
喫	12	口	キツ	喫茶(キッサ)　満喫(マンキツ)
嘱	15	口	ショク	嘱託(ショクタク)　嘱望(ショクボウ)
吉	6	口	キチ / キツ	吉日(キチニチ)　大吉(ダイキチ)
吏	6	口	リ	吏員(リイン)　能吏(ノウリ)
哀	9	口	アイ / あわ(れ) / あわ(れむ)	哀歌(アイカ)　哀願(アイガン)
哲	10	口	テツ	哲学(テツガク)　哲人(テツジン)
啓	11	口	ケイ	啓発(ケイハツ)　拝啓(ハイケイ)
坑	7	土	コウ	坑道(コウドウ)　炭坑(タンコウ)
埋	10	土	マイ / う(める・まる) / う(もれる)	埋蔵(マイゾウ)　埋没(マイボツ)
塊	13	土	カイ / かたまり	金塊(キンカイ)　山塊(サンカイ)
墳	15	土	フン	古墳(コフン)
壇	16	土	ダン / タン	土壇場(ドタンば)　文壇(ブンダン)

2 次の□に入る語を（　）から選び、漢字に直して対義語・類義語を完成させなさい。（3級の範囲）

（きょ・こう・さい・じゃ・じゅん・しょう・じょう・すい・てつ・りょう）

《対義語》

① 正道 ↔ □道

② 軟化 ↔ □化

③ 不純 ↔ 純□

④ 充実 ↔ 空□

⑤ 弟子 ↔ 師□

《類義語》

⑥ 先賢 ― 先□

⑦ 妥協 ― □歩

⑧ 豊富 ― □沢

⑨ 納得 ― □解

⑩ 督促 ― □促

★読めるかな？

❶ 調伏　❷ 吉凶　❸ 焚書(フンショ)坑儒　❹ 独壇場

(答え)
❶ちょうぶく
❷きっきょう
❸（ふんしょ）こうじゅ
❹どくだんじょう

1 ①伏せる ②伸ばす ③伴う ④促す ⑤倣う ⑥催し ⑦企てる ⑧哀れな ⑨埋める ⑩塊
2 ①邪 ②硬 ③粋 ④虚 ⑤匠 ⑥哲 ⑦譲 ⑧潤 ⑨了 ⑩催

3級 2/11回

力試し

次の**太字**を漢字に直しなさい。

① 壁の**トソウ**工事。（ペンキ等をぬること）
② **ボクジュウ**を使う。（液体のすみ）
③ 信用を**シッツイ**する。（権威や信用をうしなうこと）
④ 荒れ地を**カイコン**する。（山野をきりひらき田畑をつくること）
⑤ **トツジョ**暗くなった。（急に）
⑥ 安眠を**ボウガイ**される。（じゃまされること）
⑦ **ゴラク**番組を見る。（心を楽しませるもの）
⑧ 昔話の**おひめさま**。（位の高い人の娘）
⑨ 彼は社長の**ジョセイ**だ。（娘むこ）
⑩ 責任**テンカ**。（他人のせいにする）
⑪ 彼女は社長**レイジョウ**だ。（他人の娘の敬称）
⑫ **ロウバ**の手を引く。（おばあさん）

塗	墨	墜	墾	如	妨	娯	姫	婿	嫁	嬢	婆
⑬ 土	⑭ 土	⑮ 土	⑯	⑥	⑦	⑩	⑩	⑫	⑬	⑯	⑪ 女
ト / ぬ(る)	ボク / すみ	ツイ	コン	ジョ / ニョ	ボウ / さまた(げる)	ゴ	ひめ	セイ / むこ	カ / よめ / とつ(ぐ)	ジョウ	バ
塗料(トリョウ) 塗り絵(ぬりえ)	水墨(スイボク) 墨絵(すみエ)	墜落(ツイラク) 撃墜(ゲキツイ)	墾田(コンデン)	如実(ニョジツ) 欠如(ケツジョ)	妨止(ボウシ)	娯遊(ゴユウ)	姫君(ひめぎみ) 歌姫(うたひめ)	婿養子(むこヨウシ) 花婿(はなむこ)	花嫁(はなよめ) 嫁ぎ先(とつぎさき)	お嬢さん(ジョウ) 愛嬢(アイジョウ)	産婆(サンバ) 老婆心(ロウバシン)

漢字の書き取り

2回練習しよう！

コラム 「聴く」と「聞く」

「聴く」は注意深く耳を傾けるときに使い、「聞く」は音や声を耳で感じて理解するという受動的な意味合いです。授業は「聞く」ではなく、「聴く」です。

聞　聴

1 次の**太字**を漢字と送り仮名に直しなさい。

① きれいに色を**ぬる**
② タコが**すみ**をはく
③ 勉強を**さまたげる**
④ 農家に**とつぐ**
⑤ 天気が**くずれる**
⑥ **たくみ**な職人
⑦ **あやしい**人相の男
⑧ 負けて**くやしい**
⑨ 無知が**うらめしい**
⑩ 失敗を**くやむ**

解答

力試し　①塗装　②墨汁　③失墜　④開墾　⑤突如　⑥妨害　⑦娯楽　⑧姫様　⑨女婿　⑩転嫁　⑪令嬢　⑫老婆　⑬鼻孔　⑭孤島　⑮峡谷　⑯岳父　⑰崩壊　⑱巧妙　⑲帆船　⑳皇帝　㉑括弧　㉒徐行　㉓奇怪　㉔後悔　㉕痛恨

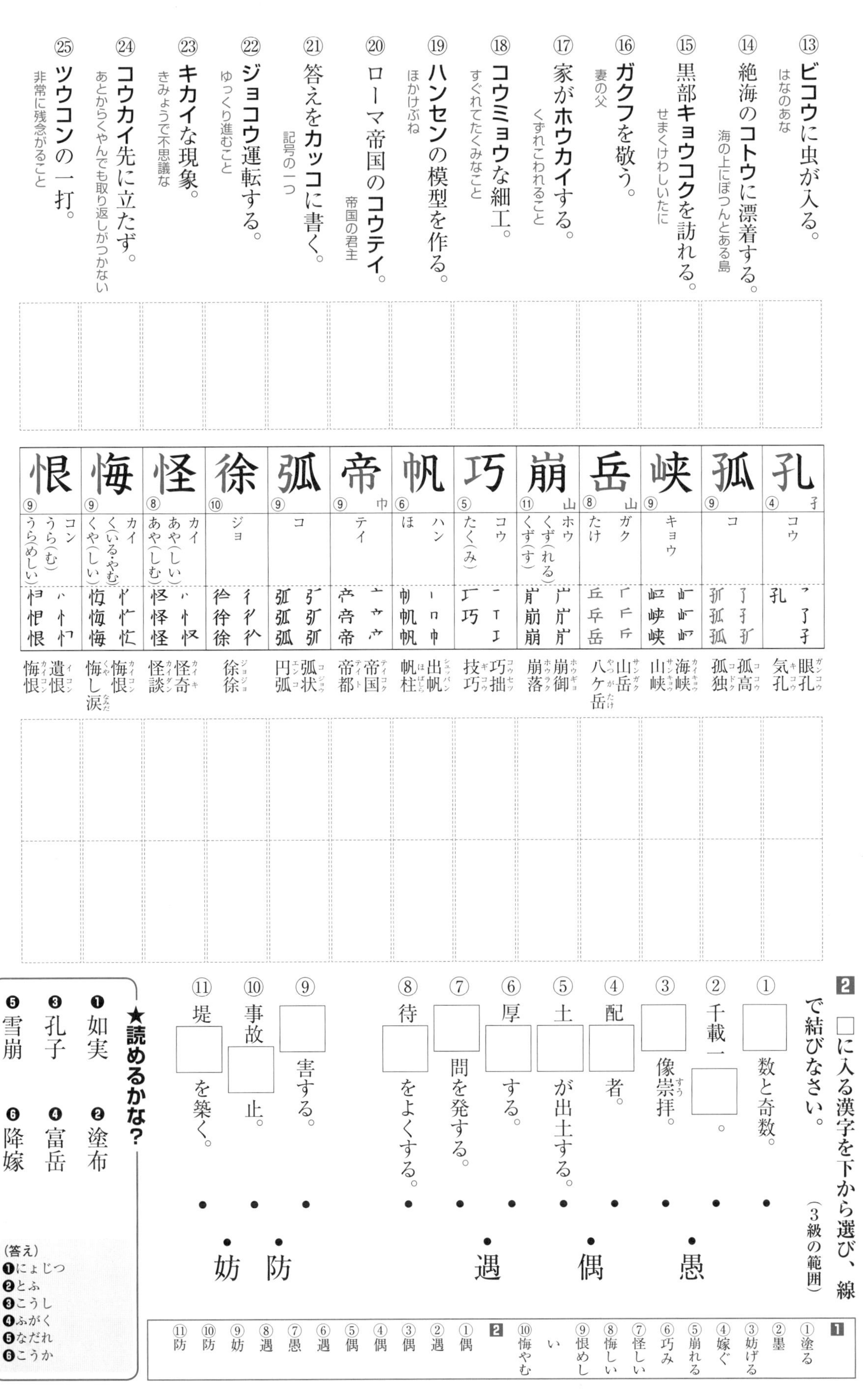

⑬ **ビコウ**に虫が入る。（はなのあな）

⑭ 絶海の**コトウ**に漂着する。（海の上にぽつんとある島）

⑮ 黒部**キョウコク**を訪れる。（せまくけわしいたに）

⑯ **ガクフ**を敬う。（妻の父）

⑰ 家が**ホウカイ**する。（くずれこわれること）

⑱ **コウミョウ**な細工。（すぐれてたくみなこと）

⑲ **ハンセン**の模型を作る。（ほかけぶね）

⑳ ローマ帝国の**コウテイ**。（帝国の君主）

㉑ 答えを**カッコ**に書く。（記号の一つ）

㉒ **ジョコウ**運転する。（ゆっくり進むこと）

㉓ **キカイ**な現象。（きみょうで不思議な）

㉔ **コウカイ**先に立たず。（あとからくやんでも取り返しがつかない）

㉕ **ツウコン**の一打。（非常に残念がること）

漢字	画数	部首	読み	用例
孔	④	子	コウ	眼孔（ガンコウ）　気孔（キコウ）
孤	⑨		コ	孤高（ココウ）　孤独（コドク）
峡	⑨		キョウ	海峡（カイキョウ）　山峡（サンキョウ）
岳	⑧	山	ガク　たけ	山岳（サンガク）　八ケ岳（やつがたけ）
崩	⑪	山	ホウ　くず(れる)　くず(す)	崩御（ホウギョ）　崩落（ホウラク）
巧	⑤		コウ　たく(み)	巧拙（コウセツ）　技巧（ギコウ）
帆	⑥		ハン　ほ	出帆（シュッパン）　帆柱（ほばしら）
帝	⑨	巾	テイ	帝国（テイコク）　帝都（テイト）
弧	⑨		コ	弧状（コジョウ）　円弧（エンコ）
徐	⑩		ジョ	徐徐（ジョジョ）
怪	⑧		カイ　あや(しい)　あや(しむ)	怪奇（カイキ）　怪談（カイダン）
悔	⑨		カイ　く(いる・やむ)　くや(しい)	悔恨（カイコン）　悔し涙（くやしなみだ）
恨	⑨		コン　うら(む)　うら(めしい)	遺恨（イコン）　悔恨（カイコン）

2 □に入る漢字を下から選び、線で結びなさい。（3級の範囲）

① □数と奇数。
② 千載一□。
③ □像崇拝。
④ 配□者。
⑤ 土□が出土する。
⑥ 厚□する。
⑦ □問を発する。
⑧ 待□をよくする。
⑨ □害する。
⑩ 事故□止。
⑪ 堤□を築く。

愚　偶　遇　防　妨

★読めるかな？

❶ 如実　❷ 塗布　❸ 孔子　❹ 富岳　❺ 雪崩　❻ 降嫁

（答え）
❶にょじつ
❷とふ
❸こうし
❹ふがく
❺なだれ
❻こうか

1 ①塗る ②墨 ③妨げる ④嫁ぐ ⑤崩れる ⑥巧み ⑦怪しい ⑧悔しい ⑨恨めしい ⑩悔やむ
2 ①偶 ②遇 ③偶 ④偶 ⑤偶 ⑥遇 ⑦愚 ⑧遇 ⑨妨 ⑩防 ⑪防

力試し

次の太字を漢字に直しなさい。

① **エツラク**を求める。 喜び楽しむこと
② **カクゴ**を決めて立ち上がる。 心を決める
③ **アイセキ**の念がこみ上げる。 人の死を悲しむこと
④ 金融**キョウコウ**が起こる。 急に起こった大規模な不景気
⑤ **カンガイ**深い面持ち。 しみじみ感じる
⑥ 深く**ゾウオ**する。 ひどくにくむこと
⑦ 故郷を**シボ**する。 思いしたうこと
⑧ **キンキ**をおかす。 してはいけないこと
⑨ **タイマン**な態度を注意する。 なまけているさま
⑩ **グチ**をこぼす。 言っても仕方ないことを言ってなげくこと
⑪ **ジアイ**に満ちた目。 いつくしみ愛すること
⑫ **イアン**旅行に行く。 なぐさめて心を安らかにすること

77字 284字中

悦	悟	惜	慌	慨	憎	慕	忌	怠	愚	慈	慰
⑩	⑩	⑪	⑫	⑬	⑭	⑭ 小	⑦	⑨ 心	⑬	⑬ 心	⑮
エツ	ゴ さと(る)	セキ お(しい) お(しむ)	コウ あわ(てる) あわ(ただしい)	ガイ	ゾウ にく(む・い) にく(らしい) にく(しみ)	ボ した(う)	キ い(む) い(まわしい)	タイ おこた(る) なま(ける)	グ おろ(か)	ジ いつく(しむ)	イ なぐさ(める) なぐさ(む)
喜悦（キエツ） 満悦（マンエツ）	悟性（ゴセイ） 悔悟（カイゴ）	惜敗（セキハイ） 惜別（セキベツ）	慌忙（コウボウ） 慌（あわ）てん坊（ボウ）	慨嘆（ガイタン） 憤慨（フンガイ）	愛憎（アイゾウ）	慕情（ボジョウ） 恋慕（レンボ）	忌中（キチュウ） 忌（い）み言葉（ことば）	怠惰（タイダ） 怠（なま）け癖（ぐせ）	愚行（グコウ） 愚劣（グレツ）	慈善（ジゼン） 慈悲（ジヒ）	慰問（イモン） 慰労（イロウ）

漢字の書き取り

2回練習しよう！

1.
2.

コラム

一本あるなしで大違い

「候」と「侯」はどちらも「コウ」と読みますが、棒が一本あるかないかで違う字になってしまいますので、気をつけましょう。

用例　候…気候、候補
　　　侯…侯爵、王侯

侯　コウ　候

1 次の太字を漢字と送り仮名に直しなさい。

① 彼の引退を**おしむ**
② 朝は**あわただしい**
③ **にくしみ**が消えた
④ **いまわしい**思い出
⑤ 家事を**おこたる**
⑥ 友に**なぐさめられる**
⑦ 感情を**おさえる**
⑧ ほうきで**はく**
⑨ 金を物に**かえる**
⑩ まどにカギを**かける**

解答

力試し ①悦楽 ②覚悟 ③哀惜 ④恐慌 ⑤感慨 ⑥憎悪 ⑦思慕 ⑧禁忌 ⑨怠慢 ⑩愚痴 ⑪慈愛 ⑫慰安 ⑬憂慮 ⑭休憩 ⑮選択 ⑯抑圧 ⑰拘束 ⑱抽出 ⑲心掛 ⑳掲揚 ㉑控訴 ㉒措置 ㉓掃除 ㉔排気 ㉕交換 ㉖抑揚

⑬ 事態を**ユウリョ**する。（うれえ気づかうこと）

⑭ **キュウケイ**時間をとる。（やすむこと）

⑮ **センタク**問題を解く。（いくつかのものからえらぶ）

⑯ 感情を**ヨクアツ**する。（おさえつけること）

⑰ 長時間**コウソク**される。（自由を制限されること）

⑱ 薬を**チュウシュツ**する。（全体のなかから抜き出すこと）

⑲ 日ごろの**こころがけ**。（心の持ち方、用意）

⑳ 国旗を**ケイヨウ**する。（高くあげること）

㉑ 納得できず**コウソ**する。（判決に不服で審判を求めること）

㉒ 臨機応変の**ソチ**をとる。（とりはからい）

㉓ 部屋の**ソウジ**をする。（きれいにすること）

㉔ **ハイキ**ガスを出さない車。（外へ出される気体）

㉕ 古い電球を**コウカン**する。（とりかえる）

㉖ **ヨクヨウ**をつけて読む。（調子を上げ下げすること）

漢字	画数	読み	用例
憂（心）	⑮	ユウ・う(い)、うれ(える)、うれ(い)	憂愁（ユウシュウ）、憂き目（うきめ）
憩	⑯	ケイ、いこ(い)、いこ(う)	小憩（ショウケイ）、憩いの場（いこいのば）
択	⑦	タク	択一（タクイツ）、採択（サイタク）
抑	⑦	ヨク、おさ(える)	抑制（ヨクセイ）、抑揚（ヨクヨウ）
拘	⑧	コウ	拘置（コウチ）、拘留（コウリュウ）
抽	⑧	チュウ	抽象（チュウショウ）、抽選（チュウセン）
掛	⑪	か(ける)、か(かる)、かかり	掛け金（かけキン）、仕掛け（しかけ）
掲	⑪	ケイ、かか(げる)	掲載（ケイサイ）、掲示（ケイジ）
控	⑪	コウ、ひか(える)	控除（コウジョ）、控え目（ひかえめ）
措	⑪	ソ	措辞（ソジ）、挙措（キョソ）
掃	⑪	ソウ、は(く)	一掃（イッソウ）、清掃（セイソウ）
排	⑪	ハイ	排除（ハイジョ）、排他（ハイタ）
換	⑫	カン、か(える)、か(わる)	換算（カンサン）、互換性（ゴカンセイ）
揚	⑫	ヨウ、あ(げる)、あ(がる)	発揚（ハツヨウ）、浮揚（フヨウ）

2 次の**太字**を漢字に直しなさい。（3級の範囲）

① **カイキ**現象。
② **カイキ**日食。
③ 展覧会の**カイキ**。
④ **キョウイ**を測定。
⑤ **キョウイ**的な力。
⑥ 自然の**キョウイ**。
⑦ **キドウ**修正。
⑧ **キドウ**部隊が出動。
⑨ 機械を**キドウ**させる。
⑩ 研究を**イショク**する。
⑪ **イショク**住。
⑫ 苗を**イショク**する。
⑬ **イショク**の人材。

★読めるかな？

❶ 弔慰　❷ 忌引　❸ 悟得　❹ 愚息　❺ 憂える

（答え）
❶ちょうい
❷きびき
❸ごとく
❹ぐそく
❺うれ(える)

1 ①惜しむ ②慌ただしい ③憎しみ ④忌まわしい ⑤怠る ⑥慰められる ⑦抑える ⑧掃く ⑨換える ⑩掛ける

2 ①怪奇 ②皆既 ③会期 ④胸囲 ⑤驚異 ⑥脅威 ⑦軌道 ⑧機動 ⑨起動 ⑩委嘱 ⑪衣食 ⑫移植 ⑬異色

3級

4/11回

力試し

次の**太字**を漢字に直しなさい。

① **ドウヨウ**を隠せない。（ゆれうごくこと）

② 仲間と**レンケイ**する。（協力しあうこと）

③ 領主に**サクシュ**される。（しぼりとること）

④ 自然の**セツリ**にかなう。（自然界を支配している道理）

⑤ 映画の**サツエイ**現場。（写真や映画をとること）

⑥ やさしく**ホウヨウ**する。（だきしめること）

⑦ **サッカ**傷（ショウ）を手当てする。（すりきず）

⑧ **ショウチュウ**に収める。（自分の思い通りにする）

⑨ 仕事に**ボットウ**する。（一つのことに熱中すること）

⑩ **ヒニョウ**器系の病気。（排せつに関する臓器の称）

⑪ 強風**ハロウ**警報。（なみ）

⑫ 毎日の**シツド**を測る。（空気中の水分の割合）

漢字	画数	読み	用例
揺	⑫	ヨウ・ゆ(る)／ゆ(れる・らぐ)／ゆ(るぐ・さぶる)／ゆ(する・すぶる)	揺動（ヨウドウ）　揺（ゆ）りかご
携	⑬	ケイ／たずさ(える)／たずさ(わる)	携帯（ケイタイ）　必携（ヒッケイ）
搾	⑬	サク／しぼ(る)	圧搾（アッサク）　乳搾（ちちしぼ）り
摂	⑬	セツ	摂取（セッシュ）　摂生（セッセイ）
撮	⑮	サツ／と(る)	撮要（サツヨウ）　特撮（トクサツ）
擁	⑯	ヨウ	擁護（ヨウゴ）　擁立（ヨウリツ）
擦	⑰	サツ／す(る・れる)	摩擦（マサツ）　擦（す）り傷（きず）
掌	⑫　手	ショウ	掌握（ショウアク）　合掌（ガッショウ）
没	⑦	ボツ	沈没（チンボツ）　日没（ニチボツ）
泌	⑧	ヒツ／ヒ	分泌（ブンピツ）
浪	⑩	ロウ	浪費（ロウヒ）　流浪（ルロウ）
湿	⑫	シツ／しめ(る・す)	湿気（シッケ）　多湿（タシツ）

103字／284字中

漢字の書き取り

1. 2. 2回練習しよう！

コラム 「観賞」と「鑑賞」

「観賞」は見て楽しむことで「風景を観賞する」などと、「鑑賞」は芸術作品などを味わい理解することで「絵画を鑑賞する」などと使います。

1 次の**太字**を漢字と送り仮名に直しなさい。

① カーテンが**ゆれる**

② 重要な仕事に**たずさわる**

③ 汗で肌が**しめる**

④ **なめらか**な手触り

⑤ 支払いが**とどこおる**

⑥ 王国が**ほろびる**

⑦ 気配が**ただよう**

⑧ 水が**もれる**

⑨ のどを**うるおす**

⑩ 行く手を**はばむ**

解答

力試し　①動揺　②連携　③搾取　④摂理　⑤撮影　⑥抱擁　⑦擦過　⑧掌中　⑨没頭　⑩泌尿　⑪波浪　⑫湿度　⑬湾曲　⑭滑空　⑮渋滞　⑯滝　⑰点滅　⑱漂泊　⑲遺漏　⑳湿潤　㉑潜在　㉒濫用　㉓川瀬　㉔狩猟　㉕地獄　㉖阻止

⑬ **ワンキョク**した海岸線。 弓形に曲がること

⑭ 鷹（たか）が大空を**カックウ**する。 羽ばたかず飛ぶ

⑮ 交通**ジュウタイ**に巻き込まれる。 混んでいて進まないこと

⑯ **たき**のように雨が降る。 高いがけから流れ落ちる水

⑰ ライトを**テンメツ**させる。 つけたり消したりすること

⑱ **ヒョウハク**の旅に出る。 さまよいあるくこと

⑲ 万事**イロウ**なし。 もれ・手ぬかり

⑳ **シツジュン**地帯に咲く花。 しめりけが多いこと

㉑ **センザイ**能力を発揮する。 内にひそんでいること

㉒ 職権**ランヨウ**をつつしむ。 みだりやたらともちいること

㉓ **かわせ**で魚をすくう。 川底が浅いところ

㉔ 子猫の**シュリョウ**本能。 鳥獣をとらえること

㉕ 母の耳は**ジゴク**耳だ。 秘密を素早く聞き込む耳

㉖ 暴力を**ソシ**する。 食いとめる

漢字	画数	読み	用例
湾	⑫	ワン	湾岸（ワンガン）　港湾（コウワン）
滑	⑬	カツ　コツ　すべ(る)　なめ(らか)	円滑（エンカツ）　滑（すべ）り台（だい）
滞	⑬	タイ　とどこお(る)	滞在（タイザイ）　沈滞（チンタイ）
滝	⑬	たき	滝壺（たきつぼ）　滝登（たきのぼ）り
滅	⑬	メツ　ほろ(びる)　ほろ(ぼす)	滅亡（メツボウ）　幻滅（ゲンメツ）
漂	⑭	ヒョウ　ただよ(う)	漂着（ヒョウチャク）　漂流（ヒョウリュウ）
漏	⑭	ロウ　も(る・れる)　も(らす)	漏電（ロウデン）　雨漏（あまも）り
潤	⑮	ジュン　うるお(う)　うるお(す)　うる(む)	潤滑（ジュンカツ）　利潤（リジュン）
潜	⑮	セン　ひそ(む)　もぐ(る)	潜水（センスイ）　潜伏（センプク）
濫	⑱	ラン	濫獲（ランカク）　濫費（ランピ）
瀬	⑲	せ	瀬戸際（せとぎわ）　浅瀬（あさせ）
猟	⑪	リョウ	猟犬（リョウケン）　猟師（リョウシ）
獄	⑭	ゴク	獄中（ゴクチュウ）　監獄（カンゴク）
阻	⑧	ソ　はば(む)	阻害（ソガイ）　険阻（ケンソ）

2 次の熟語の構成は後のA～Eのどれにあたるか、記号で答えなさい。（3級の範囲）

① 抑揚（　　）　② 休憩（　　）
③ 喫煙（　　）　④ 愚劣（　　）
⑤ 昇降（　　）　⑥ 鼻孔（　　）
⑦ 不吉（　　）　⑧ 宴席（　　）
⑨ 無謀（　　）　⑩ 炊飯（　　）

A 同じような意味の漢字を重ねたもの。　（例）…寒冷
B 反対または対応の意味を表す字を重ねたもの。　（例）…強弱
C 上の字が下の字を修飾しているもの。　（例）…緑色
D 下の字が上の字の目的語・補語になっているもの。　（例）…登山
E 上の字が下の字の意味を打ち消しているもの。　（例）…不信

1 ①揺れる　②携わる　③湿る　④滑らか　⑤滞る　⑥滅びる　⑦漂う　⑧漏れる　⑨潤す　⑩阻む
2 ①B　②A　③D　④A　⑤B　⑥C　⑦E　⑧C　⑨E　⑩D

★読めるかな？

❶ 浪花　❷ 滑脱　❸ 分泌
❹ 漏斗　❺ 滞納　❻ 掌握

（答え）
❶なにわ
❷かつだつ
❸ぶんぴつ
❹ろうと
❺たいのう
❻しょうあく

力試し

次の**太字**を漢字に直しなさい。

① 冒頭**チンジュツ**をする。（意見などを口頭でのべること）
② **トウキ**の人形。（せともの など）
③ **バイシン**員に選ばれる。（裁判の評決に加わる一般人）
④ 土地が**リュウキ**する。（もり上がること）
⑤ 歴代天皇の**ゴリョウ**。（天皇、皇后などの墓、みささぎ）
⑥ 科学者の**ズイヒツ**。（エッセイ）
⑦ **カクシュウ**発行の雑誌。（一週間おき）
⑧ キャンペーン**ジッシ**中。（じっさいに行うこと）
⑨ 物体が**ショウカ**する。（固体から直接気体にかわること）
⑩ 努力の**ケッショウ**。（努力・苦心・愛情などの結果、立派な形になって現れたもの）
⑪ **ザンジ**休業します。（しばらくのあいだ）
⑫ **カンジン**な点を聞く。（一番大切なこと）

漢字	画数	読み	用例
陳	⑪	チン	陳腐（チンプ）　陳列（チンレツ）
陶	⑪	トウ	陶芸（トウゲイ）　陶酔（トウスイ）
陪	⑪	バイ	陪臣（バイシン）　陪席（バイセキ）
隆	⑪	リュウ	隆盛（リュウセイ）　興隆（コウリュウ）
陵	⑪	リョウ　みささぎ	陵墓（リョウボ）　丘陵（キュウリョウ）
随	⑫	ズイ	随行（ズイコウ）　追随（ツイズイ）
隔	⑬	カク　へだ(てる)　へだ(たる)	隔離（カクリ）　間隔（カンカク）
施	⑨ 方	シ・セ　ほどこ(す)	施設（シセツ）　お布施（フセ）
昇	⑧ 日	ショウ　のぼ(る)	昇格（ショウカク）　上昇（ジョウショウ）
晶	⑫	ショウ	液晶（エキショウ）　水晶（スイショウ）
暫	⑮ 日	ザン	暫定（ザンテイ）
肝	⑦ 月	カン　きも	肝臓（カンゾウ）　肝要（カンヨウ）

128字　284字中

漢字の書き取り

2回練習しよう！

1.
2.

コラム　「利く」と「効く」

「利く」は役に立つ、利用するという意味で「顔が利く」「利き腕」など、「効く」はききめがある、効果があるの意味で「薬が効く」などと使います。

1 次の**太字**を漢字と送り仮名に直しなさい。

① 分け**へだて**しない先生
② 慈悲を**ほどこす**
③ 日が**のぼる**
④ **きも**をつぶす
⑤ 夢で胸が**ふくらむ**
⑥ 風船が**ふくれる**
⑦ 生活を**おびやかす**
⑧ 不意に**おどかす**
⑨ 谷に橋を**かける**
⑩ 川に鉄橋が**かかる**

解答　力試し
①陳述 ②陶器 ③陪審 ④隆起 ⑤御陵 ⑥随筆 ⑦隔週 ⑧実施 ⑨昇華 ⑩結晶 ⑪暫時 ⑫肝心 ⑬胎児 ⑭落胆 ⑮同胞 ⑯鼓膜 ⑰膨大 ⑱脅威 ⑲将棋 ⑳鐘楼 ㉑概要 ㉒書架 ㉓某所 ㉔桑田 ㉕棄却

⑬ **タイジ**が順調に育つ。（おなかの中にいる子）

⑭ 失敗して**ラクタン**する。（おちこむこと）

⑮ **ドウホウ**が待つ祖国。（同じ国民）

⑯ **コマク**がやぶれそうな音。（耳の奥にある薄いまく）

⑰ **ボウダイ**な情報。（見きわめがつかないほど多量）

⑱ **キョウイ**を感じる。（おびやかしおどすこと）

⑲ 父と**ショウギ**で勝負した。（駒を動かすゲーム）

⑳ 寺の大きな**ショウロウ**。（かねつき堂）

㉑ 事件の**ガイヨウ**。（あらまし、大要）

㉒ **ショカ**を整理する。（本棚）

㉓ **ボウショ**に居を構える。（あるところ）

㉔ 蚕のための**ソウデン**。（くわばたけ）

㉕ 上告を**キキャク**する。（訴えを無効とすること）

漢字	画数	部首	読み	用例
胎	⑨	月	タイ	胎動（タイドウ）・胎盤（タイバン）
胆	⑨	月	タン	胆汁（タンジュウ）・大胆（ダイタン）
胞	⑨		ホウ	胞子（ホウシ）・細胞（サイボウ）
膜	⑭		マク	角膜（カクマク）・網膜（モウマク）
膨	⑯		ボウ・ふく（らむ）・ふく（れる）	着膨（きぶく）れ
脅	⑩	肉	キョウ・おびや（かす）・おど（す・かす）	脅迫（キョウハク）・脅（おど）し文句（もんく）
棋	⑫		キ	棋士（キシ）・棋譜（キフ）
楼	⑬		ロウ	楼閣（ロウカク）・楼門（ロウモン）
概	⑭		ガイ	概念（ガイネン）・大概（タイガイ）
架	⑨	木	カ・か（ける）・か（かる）	架空（カクウ）・開架（カイカ）
某	⑨	木	ボウ	某国（ボウコク）・某氏（ボウシ）
桑	⑩	木	ソウ・くわ	桑園（ソウエン）・桑（くわ）の葉（は）
棄	⑬	木	キ	棄権（キケン）・廃棄（ハイキ）

2 次の**太字**を漢字と送り仮名に直しなさい。（3級の範囲）

① 腰を**かける**
② 命を**かける**
③ この子は字が**かける**
④ 皿が**かける**
⑤ 馬が**かける**
⑥ 国境を**こえる**
⑦ 定員を**こえる**
⑧ 目が**こえる**
⑨ 時間を**さく**
⑩ 布を**さく**
⑪ 花が**さく**
⑫ ピアノを**ならう**
⑬ 前列に**ならう**

1 ①隔て ②施す ③昇る ④肝 ⑤膨らむ ⑥膨れる ⑦脅かす ⑧脅かす ⑨架ける ⑩架かる
2 ①掛ける ②懸ける ③書ける ④欠ける ⑤駆ける ⑥越える ⑦超える ⑧肥える ⑨割く ⑩裂く ⑪咲く ⑫習う ⑬倣う

★読めるかな？

❶ 陵 ❷ 陶酔 ❸ 付（附）随 ❹ 隔世遺伝 ❺ 暫定予算

（答え）
❶みささぎ
❷とうすい
❸ふずい
❹かくせいいでん
❺ざんていよさん

力試し

次の**太字**を漢字に直しなさい。

① **シュショウ**な心掛けだ。（けなげ・感心）
② **スイジ**仕事をまかす。（料理をすること）
③ **ダンロ**に火をくべる。（家に作り付けのストーブ）
④ 話題の**ショウテン**。（関心が集中するところ）
⑤ 城が**エンジョウ**する。（燃え上がる）
⑥ 馬を**ギセイ**にする。（いけにえ）
⑦ **ギダ**で点を得る。（野球の打撃法の一種）
⑧ 社会**フクシ**の整った国。（生活改善を目指し行われる事業）
⑨ **コハン**を散歩する。（湖のほとり）
⑩ **カンパン**で海を見る。（デッキ）
⑪ **カチク**にえさをやる。（人間に飼養される動物）
⑫ 世界の**コウカ**を集める。（金属製のお金）

154字
284字中

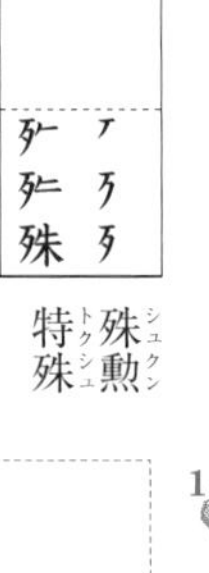

漢字の書き取り

2回練習しよう！

殊	炊	炉	焦	炎	牲	犠	祉	畔	甲	畜	硬
⑩ 歹	⑧	⑧	⑫	⑧	⑨ 牛	⑰	⑧	⑩ 田	⑤ 田	⑩ 田	⑫
シュ こと	スイ た(く)	ロ	ショウ こ(げる・がす) こ(がれる) あせ(る)	エン ほのお	セイ	ギ	シ	ハン	コウ カン	チク	コウ かた(い)
殊勲（シュクン） 特殊（トクシュ）	炊飯（スイハン） 自炊（ジスイ）	香炉（コウロ） 溶炉（ヨウロ）	焦燥（ショウソウ） 焦慮（ショウリョ）	炎症（エンショウ） 炎天下（エンテンカ）	犠牲（ギセイ）	犠打（ギダ）	福祉（フクシ）	河畔（カハン） 池畔（チハン）	甲乙（コウオツ） 甲羅（コウラ）	畜生（チクショウ） 牧畜（ボクチク）	硬水（コウスイ） 硬直（コウチョク）

コラム 助数詞とは

ものをかぞえるときの漢字を助数詞といいます。例えば、船は隻や艇、飛行機は機を使います。建物や住居は棟や戸、軒で数えます。

隻 機

1 次の**太字**を漢字と送り仮名に直しなさい。

① ご飯を**たく**
② 思いに**こがれる**
③ 急に頼まれて**あせる**
④ ロウソクの**ほのお**
⑤ **かたい**石を砕く
⑥ **おだやか**な春の海
⑦ 肉体が**おとろえる**
⑧ 口が**さけても**言えない
⑨ 編目が**あらい**
⑩ 最後まで**ねばる**

解答 力試し ①殊勝 ②炊事 ③暖炉 ④焦点 ⑤炎上 ⑥犠牲 ⑦犠打 ⑧福祉 ⑨湖畔 ⑩甲板 ⑪家畜 ⑫硬貨 ⑬石碑 ⑭基礎 ⑮稚拙 ⑯出穂 ⑰穏健 ⑱収穫 ⑲裸子 ⑳衰弱 ㉑有袋 ㉒破裂 ㉓抜粋 ㉔粗末 ㉕粘着 ㉖食糧

⑬ **セキヒ**を建てる。
石に文字を彫り建てた物

⑭ **キソ**的な問題を解く。
ベースとなるもの

⑮ **チセツ**な表現の文章。
子どもっぽくてつたないこと

⑯ **シュッスイ**期を迎えた稲。
稲などのほが出ること

⑰ **オンケン**派の意見。
おだやかでしっかりしていること

⑱ りんごの**シュウカク**が終わる。
農作物のとりいれ

⑲ **ラシ**植物の観察。
種がむきだしの植物

⑳ 神経が**スイジャク**する。
おとろえ、弱ること

㉑ コアラは**ユウタイ**類だ。
ふくろを持つホニュウ類

㉒ 風船が**ハレツ**する。
さけてやぶけること

㉓ 文章を**バッスイ**する。
要所をぬき出すこと

㉔ 物を**ソマツ**にしない。
大切に扱わないこと

㉕ **ネンチャク**テープ。
ねばりつくこと

㉖ 貴重な**ショクリョウ**。
食用とするかて、主食物

漢字	画数	部首	音読み	訓読み	用例
碑	⑭		ヒ		記念碑（キネンヒ）、墓碑（ボヒ）
礎	⑱		ソ	いしずえ	礎石（ソセキ）、定礎（テイソ）
稚	⑬		チ		稚魚（チギョ）、幼稚（ヨウチ）
穂	⑮		スイ	ほ	稲穂（いなほ）
穏	⑯		オン	おだ(やか)	穏和（オンワ）、不穏（フオン）
穫	⑱		カク		収穫（シュウカク）
裸	⑬		ラ	はだか	裸眼（ラガン）、裸体（ラタイ）
衰	⑩	衣	スイ	おとろ(える)	衰退（スイタイ）、老衰（ロウスイ）
袋	⑪	衣	タイ	ふくろ	郵袋（ユウタイ）、紙袋（かみぶくろ）
裂	⑫	衣	レツ	さ(く)、さ(ける)	決裂（ケツレツ）、分裂（ブンレツ）
粋	⑩		スイ	いき	純粋（ジュンスイ）、無粋（ブスイ）
粗	⑪		ソ	あら(い)	粗雑（ソザツ）、粗野（ソヤ）
粘	⑪		ネン	ねば(る)	粘土（ネンド）、粘膜（ネンマク）
糧	⑱		リョウ、ロウ	かて	糧食（リョウショク）、生活の糧（かて）

2 漢字の間違いを探して正しく書き直しなさい。（3級の範囲）

① 某所にある記念卑。

② 癖画の鑑賞に没頭する。

③ 各地を標流中の異邦人。

④ 粉らわしい翻訳。

⑤ 喜怒愛楽が激しい人。

⑥ 公明盛大なふるまい。

⑦ 支離滅烈な行動。

⑧ 弧独な旅人風を装う。

⑨ 東京の近効に家を建てる。

⑩ 幻稚園に入園する。

⑪ 週に一度俳句を読む。

⑫ 求人の募集要綱。

★読めるかな?

❶ 焦土　❷ 礎　❸ 初穂料

❹ 足袋　❺ 兵糧　❻ 糧

（答え）
❶しょうど
❷いしずえ
❸はつほりょう
❹たび
❺ひょうろう
❻かて

1 ① 炊く ② 焦がれる ③ 焦る ④ 炎 ⑤ 硬い ⑥ 穏やか ⑦ 衰える ⑧ 裂けても ⑨ 粗い ⑩ 粘る

2 ① 卑→碑 ② 癖→壁 ③ 標→漂 ④ 粉→紛 ⑤ 愛→哀 ⑥ 盛→正 ⑦ 烈→裂 ⑧ 弧→孤 ⑨ 効→郊 ⑩ 幻→幼 ⑪ 読→詠 ⑫ 綱→項

力試し

次の**太字**を漢字に直しなさい。

① カギを**フンシツ**する。（なくしてしまうこと）
② **ノウコン**のシャツを着る。（濃いこん色）
③ 被害者は**コウサツ**された。（首をしめてころすこと）
④ 実施**ヨウコウ**。（根本となる大事な事柄）
⑤ 交通規制が**カンワ**する。（やわらげる）
⑥ 条約を**テイケツ**する。（むすぶこと）
⑦ 時間に**ソクバク**される。（しばられること）
⑧ 傷口を**ホウゴウ**する。（ぬいあわせること）
⑨ 屋根を**シュウゼン**する。（なおすこと）
⑩ **キンパク**した空気。（非常にさしせまること）
⑪ **シチョウ**者参加番組。（見ることと聞くこと）
⑫ **バンユウ**をふるう。（向こう見ずの勇気）

180字 284字中

漢字	画数	読み	用例
紛	⑩	フン／まぎ(れる・らす)／まぎ(らわす)／まぎ(らわしい)	紛争（フンソウ）　内紛（ナイフン）
紺	⑪	コン	紺青（コンジョウ）　紺色（コンいろ）
絞	⑫	コウ／しぼ(る)／し(める・まる)	絞首（コウシュ）　豆絞り（まめしぼり）
綱	⑭	コウ／つな	綱紀（コウキ）　大綱（タイコウ）
緩	⑮	カン／ゆる(い・やか)／ゆる(む・める)	緩急（カンキュウ）　緩慢（カンマン）
締	⑮	テイ／し(まる)／し(める)	締約（テイヤク）　締め切り（しめきり）
縛	⑯	バク／しば(る)	捕縛（ホバク）　金縛り（かなしばり）
縫	⑯ 糸	ホウ／ぬ(う)	縫製（ホウセイ）　裁縫（サイホウ）
繕	⑱	ゼン／つくろ(う)	営繕（エイゼン）　身繕い（みづくろい）
緊	⑮	キン	緊急（キンキュウ）　緊張（キンチョウ）
聴	⑰	チョウ／き(く)	聴覚（チョウカク）　傍聴（ボウチョウ）
蛮	⑫	バン	南蛮（ナンバン）　野蛮（ヤバン）

漢字の書き取り

1. 2. 2回練習しよう！

コラム　筆名の由来あれこれ

「くたばってしめぇ」というののしりの言葉を筆名にしたのが二葉亭四迷（ふたばていしめい）。推理小説の始祖、エドガー・アラン・ポーにあやかったのは江戸川乱歩です。

江戸川乱歩　エドガー・アラン・ポー

1 次の**太字**を漢字と送り仮名に直しなさい。

① 気を**まぎらわす**
② 本をひもで**しばる**
③ 気を**ゆるめる**
④ 遊園地に**さそう**
⑤ 神に許しを**こう**
⑥ 会議に**はかる**
⑦ 暗殺を**はかる**
⑧ 友だちに**ゆずる**
⑨ 信念を**つらぬく**
⑩ **かしこい**犬だ

解答　力試し
①紛失 ②濃紺 ③絞殺 ④要綱 ⑤緩和 ⑥締結 ⑦束縛 ⑧縫合 ⑨修繕 ⑩緊迫 ⑪視聴 ⑫蛮勇 ⑬改訂 ⑭委託 ⑮詠嘆 ⑯該当 ⑰勧誘 ⑱申請 ⑲承諾 ⑳諮問 ㉑無謀 ㉒分譲 ㉓賊軍 ㉔貫徹 ㉕賢者 ㉖常軌

⑬ 本の**カイテイ**版が出る。
内容をあらためること

⑭ 販売を**イタク**する。
他人に頼んでやってもらうこと

⑮ **エイタン**の意の助動詞。
感動を表現する

⑯ 条件に**ガイトウ**する。
あてはまる

⑰ 部員を**カンユウ**する。
すすめさそうこと

⑱ **シンセイ**書を提出する。
役所などに許可、認可を求めること

⑲ **ショウダク**のサイン。
願いを聞き入れひきうけること

⑳ 大統領の**シモン**機関。
特定機関に意見をたずね求めること

㉑ **ムボウ**な行動に出る。
よく考えないで動くこと、むてっぽう

㉒ 土地を**ブンジョウ**する。
わけてゆずること

㉓ 官軍と**ゾクグン**。
反逆者

㉔ 初志を**カンテツ**する。
つらぬき通す

㉕ **ケンジャ**の意見を聞く。
道理に通じたかしこい人

㉖ **ジョウキ**を逸した行い。
普通のやりかた

訂	託	詠	該	誘	請	諾	諮	謀	譲	賊	貫	賢	軌
⑨	⑩	⑫	⑬	⑭	⑮	⑮	⑯	⑯	⑳	⑬	⑪ 貝	⑯	⑨ 車
テイ	タク	エイ よ(む)	ガイ	ユウ さそ(う)	セイ・シン う(ける) こ(う)	ダク	シ はか(る)	ボウ・ム はか(る)	ジョウ ゆず(る)	ゾク	カン つらぬ(く)	ケン かしこ(い)	キ
訂正(テイセイ) 校訂(コウテイ)	結託(ケッタク) 信託(シンタク)	題詠(ダイエイ) 朗詠(ロウエイ)	当該(トウガイ) 該案(ガイアン)	誘拐(ユウカイ) 誘導(ユウドウ)	要請(ヨウセイ) 普請(フシン)	快諾(カイダク) 許諾(キョダク)	諮問(シモン)	謀反(ムホン) 陰謀(インボウ)	譲歩(ジョウホ) 譲渡(ジョウト)	海賊(カイゾク) 義賊(ギゾク)	貫通(カンツウ) 一貫(イッカン)	賢明(ケンメイ) 諸賢(ショケン)	軌跡(キセキ) 軌道(キドウ)

2 次の各組の□に共通する漢字を左の（　）から選び、記号で答えなさい。（3級の範囲）

① □会　□席　祝□（　）
② □症　□上　□天（　）
③ □風　□走　□患（　）
④ 車□　□中　□握（　）
⑤ 麻□　心□　泥□（　）
⑥ 一□　□通　□徹（　）
⑦ □動　□撃　□突（　）
⑧ □除　添□　□減（　）
⑨ 放□　□権　廃□（　）
⑩ 分□　多□　□路（　）

（ア岐　イ疾　ウ貫　エ掌　オ棄　カ衝　キ宴　ク既　ケ酔　コ粋　サ炎　シ削　ス概）

1 ①紛らわす ②縛る ③緩める ④誘う ⑤請う ⑥諮る ⑦謀る ⑧譲る ⑨貫く ⑩賢い
2 ①キ ②サ ③イ ④エ ⑤ケ ⑥ウ ⑦カ ⑧シ ⑨オ ⑩ア

★読めるかな？

❶紛糾　❷紺青　❸手綱
❹営繕　❺賢兄　❻謀反

（答え）
❶ふんきゅう
❷こんじょう
❸たづな
❹えいぜん
❺けんけい
❻むほん

力試し

次の**太字**を漢字に直しなさい。

① **チジク**は傾いている。（地球の自転の中心じく）
② 源氏物語に**シンスイ**する。（夢中になる）
③ 天然**コウボ**のパン。（醸造やパン製造に必要な菌類）
④ 銀貨を**カイチュウ**する。（金属を型から作りなおすこと）
⑤ 思いが**コウサク**する。（いくつかのものが入りまじること）
⑥ **ジョウザイ**を飲む。（丸く平たい形に固めた薬）
⑦ **レンセイ**して出来た金属。（ねりきたえあげること）
⑧ 心身ともに**タンレン**する。（きたえること）
⑨ **チンツウ**薬をもらう。（いたみをしずめること）
⑩ 自然破壊に**ケイショウ**を鳴らす。（危険をしらせるかね）
⑪ 食塩の**ホウワ**水溶液。（これ以上溶けない状態）
⑫ 空腹で**ガシ**寸前だ。（たべものがなくて死ぬ）

206字／284字中

漢字の書き取り

2回練習しよう！

漢字	画数	読み	用例
軸	⑫	ジク	軸足（ジクあし）　枢軸（スウジク）
酔	⑪	スイ　よ（う）	陶酔（トウスイ）　麻酔（マスイ）
酵	⑭	コウ	酵素（コウソ）　発酵（ハッコウ）
鋳	⑮	チュウ　い（る）	鋳造（チュウゾウ）　鋳型（いがた）
錯	⑯	サク	錯覚（サッカク）　錯誤（サクゴ）
錠	⑯	ジョウ	施錠（セジョウ）　手錠（てジョウ）
錬	⑯	レン	錬磨（レンマ）　精錬（セイレン）
鍛	⑰	タン　きた（える）	鍛造（タンゾウ）
鎮	⑱	チン　しず（める）　しず（まる）	鎮魂（チンコン）　鎮静（チンセイ）
鐘	⑳	ショウ　かね	鐘声（ショウセイ）　半鐘（ハンショウ）
飽	⑬	ホウ　あ（きる）　あ（かす）	飽食（ホウショク）　飽満（ホウマン）
餓	⑮	ガ	餓鬼（ガキ）　飢餓（キガ）

コラム　目白押しとは

「込み合って並ぶ」という意味ですが、鳥の目白が多数並んで止まることに由来します。目白は目の周りに白い輪があるので名づけられました。

1 次の**太字**を漢字と送り仮名に直しなさい。

① 車に**よう**
② 大仏を**いる**
③ 体を**きたえる**
④ 反乱を**しずめる**
⑤ 心が**しずまる**
⑥ テレビに**あきる**
⑦ 金に**あかす**
⑧ 鉛筆を**けずる**
⑨ 仏像を**ほる**
⑩ **くじら**の肉

解答　力試し

①地軸 ②心酔 ③酵母 ④改鋳 ⑤交錯 ⑥錠剤 ⑦錬成 ⑧鍛練〔鍛錬〕 ⑨鎮痛 ⑩警鐘 ⑪飽和 ⑫餓死 ⑬駐輪 ⑭騎士 ⑮神髄 ⑯捕鯨 ⑰甲乙 ⑱刑事 ⑲添削 ⑳彫刻 ㉑異邦 ㉒邪推 ㉓郊外 ㉔輪郭 ㉕果敢 ㉖斤量

⑬ **チュウリン**禁止地帯。
自転車をとめておくこと

⑭ 中世の**キシ**の物語。
馬に乗った兵士・武士

⑮ 武道の**シンズイ**をみる。
その道の最も大事なことがら

⑯ **ホゲイ**が禁止される。
くじらをとること

⑰ **コウオツ**つけがたい。
優劣を決めがたい

⑱ **ケイジ**事件の捜査。
刑法が適用される事柄

⑲ 通信**テンサク**で学ぶ。
詩歌や文章をなおすこと

⑳ 石の**チョウコク**を触る。
ほりもの

㉑ **イホウ**人と知り合う。
外国の

㉒ 友人を**ジャスイ**する。
誤ったすいそく

㉓ 静かな**コウガイ**に住む。
市街地に隣接した地域

㉔ 顔の**リンカク**を描く。
物の周りを形作っている線

㉕ 勇猛**カカン**に攻める。
決断力に富み、大胆

㉖ **キンリョウ**をはかる。
目方

駐	騎	髄	鯨	乙	刑	削	彫	邦	邪	郊	郭	敢	斤
⑮	⑱	⑲	⑲	①	⑥	⑨	⑪ 彡	⑦	⑧	⑨	⑪	⑫ 攵	④ 斤
チュウ	キ	ズイ	ゲイ くじら	オツ	ケイ	サク けず(る)	チョウ ほ(る)	ホウ	ジャ	コウ	カク	カン	キン
丨 ｢ 𠃌 馬 馬 駐	丨 ｢ 𠃌 馬 馬 騎	冂 冂 骨 骨 髄 髄	各 角 角 魚 魚 鯨	乙	一 二 干 开 刑 刑	丨 ｣ 业 肖 肖 削	冂 円 周 周 周 彫	一 二 三 丰 邦 邦	一 厂 工 牙 邪 邪	亠 六 六 交 交 郊	亠 亨 亨 享 郭 郭	工 干 ㄜ 耳 耳 敢	一 厂 斤 斤
駐在（チュウザイ） 駐車（チュウシャ）	騎手（キシュ） 騎馬戦（キバセン）	延髄（エンズイ） 骨髄（コツズイ）	鯨飲（ゲイイン）	乙種（オツシュ） 乙な味（オツなあじ）	刑罰（ケイバツ） 極刑（キョッケイ）	削減（サクゲン） 削除（サクジョ）	彫塑（チョウソ） 木彫（モクチョウ）	邦楽（ホウガク） 連邦（レンポウ）	邪道（ジャドウ） 邪魔（ジャマ）	近郊（キンコウ）	外郭（ガイカク） 城郭（ジョウカク）	敢闘（カントウ） 勇敢（ユウカン）	斤目（キンめ） 一斤（イッキン）

2 次の**太字**の読みを平仮名で書きなさい。（3級の範囲）

① **塗料**を混ぜる。
② ぺんきを**塗**る。

③ 人生の**悲哀**。
④ **哀**れな男。

⑤ 魚を**冷凍**して送る。
⑥ 指先が**凍**える。

⑦ 条約を**締結**する。
⑧ **戸締**まりをする。

⑨ **悔**し涙が出る。
⑩ **悔**やんでも後の祭。

⑪ **滑走路**に着陸する。
⑫ 雪上をソリで**滑**る。
⑬ **滑**らかに削る。

★**読めるかな？**

❶ 泥酔　❷ 錬磨　❸ 本邦
❹ 乙女　❺ 風邪　❻ 重鎮

（答え）
❶でいすい
❷れんま
❸ほんぽう
❹おとめ
❺かぜ
❻じゅうちん

1 ①酔う ②鋳る ③鍛える ④鎮める ⑤鎮まる ⑥飽きる ⑦飽かす ⑧削る ⑨彫る ⑩鯨
2 ①とりょう ②ぬ ③ひあい ④あわ ⑤れいとう ⑥こご ⑦ていけつ ⑧とじ ⑨くや ⑩く ⑪かっそうろ ⑫すべ ⑬なめ

3級

9/11回

力試し

次の太字を漢字に直しなさい。

① **セッコウ**を差し向ける。（敵の様子をさぐる人）

② 暗い場所で**オウダ**された。（なぐり、たたくこと）

③ 部活の**コモン**。（相談を受ける人）

④ **ジョウダン**を言う。（ジョーク）

⑤ **カンコン**葬祭の儀式。（結婚、葬式など慶弔の儀式）

⑥ **シュクエン**を設ける。（めでたいことを祝うたげ）

⑦ 予算を**シンギ**する。（詳しく論議・検討すること）

⑧ **ホウコウ**剤を買う。（よいかおり）

⑨ 園芸に**シュビョウ**を買う。（たねとなえ）

⑩ **ショウカ**現象の実験。（固体から直接気体になる現象）

⑪ 見事な**キク**が咲いた。（植物の一種）

⑫ **ソウシキ**に参列する。（人が亡くなったときに行う儀式）

漢字	斥	殴	顧	冗	冠	宴	審	芳	苗	華	菊	葬
画数	⑤	⑧	㉑	④	⑨	⑩	⑮	⑦	⑧	⑩	⑪	⑫
部首	斤	殳		冖					艹			
音読み	セキ	オウ	コ	ジョウ	カン	エン	シン	ホウ	ビョウ	カ・ケ	キク	ソウ
訓読み		なぐ(る)	かえり(みる)		かんむり			かんば(しい)	なえ・なわ	はな		ほうむ(る)
用例	排斥（ハイセキ）	殴殺（オウサツ）、横殴り（よこなぐり）	顧客（コキャク）、回顧（カイコ）	冗長（ジョウチョウ）、冗漫（ジョウマン）	栄冠（エイカン）、弱冠（ジャッカン）	宴会（エンカイ）、酒宴（シュエン）	審査（シンサ）、審判（シンパン）	芳名（ホウメイ）	苗床（なえどこ）、苗代（なわしろ）	華美（カビ）、豪華（ゴウカ）	菊花（キッカ）、観菊（カンギク）	葬儀（ソウギ）、埋葬（マイソウ）

232字 / 284字中

漢字の書き取り

2回練習しよう！

1.

2.

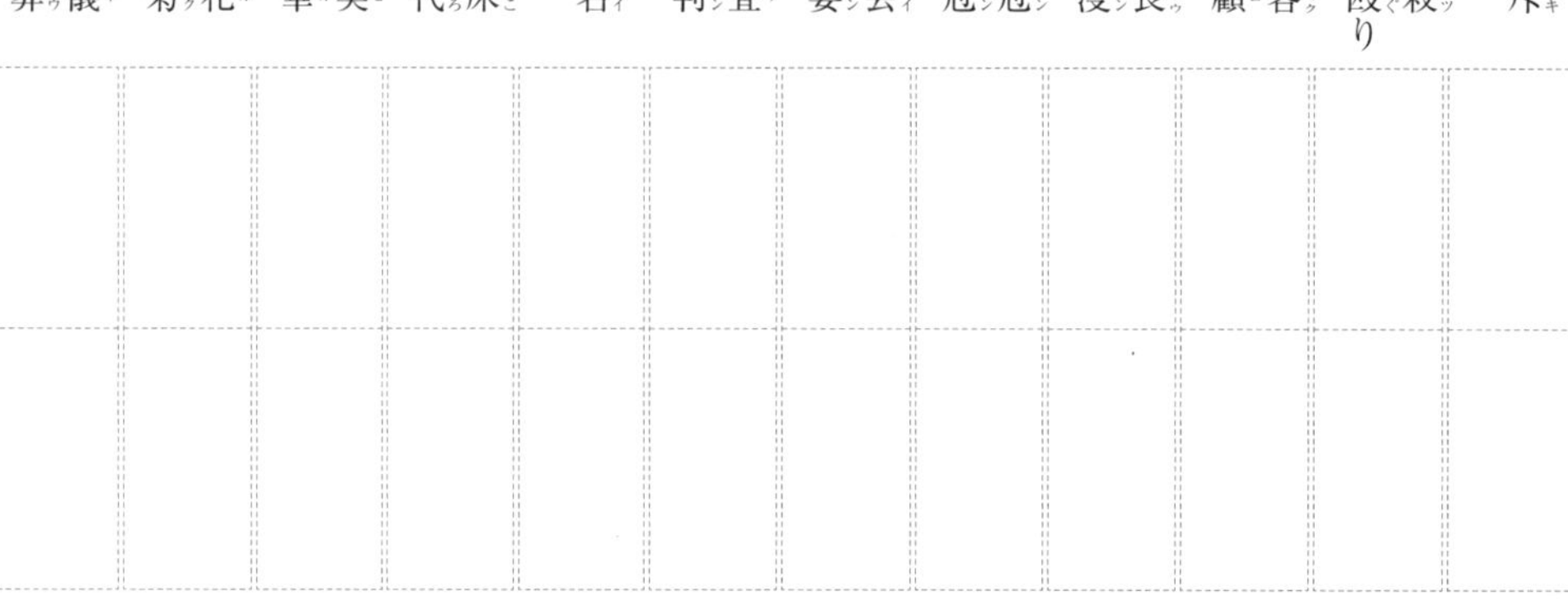

コラム　相棒とは

いっしょに仕事などをするときの相手のことですが、江戸時代の乗り物、駕籠（かご）の前後、棒の端と端を二人で担いだことからできた言葉です。

相　棒

1 次の**太字**を漢字と送り仮名に直しなさい。

① **なぐり**書きする

② 過去を**かえりみる**

③ 王様の**かんむり**

④ **かんばしい**香り

⑤ 杉の**なえぎ**

⑥ 事件を闇に**ほうむる**

⑦ 動物を**しいたげる**

⑧ 手で顔を**おおう**

⑨ 物が**くつがえる**

⑩ 定説を**くつがえす**

解答

力試し ①斥候 ②殴打 ③顧問 ④冗談 ⑤冠婚 ⑥祝宴 ⑦審議 ⑧芳香 ⑨種苗 ⑩昇華 ⑪菊 ⑫葬式 ⑬藩主 ⑭窒息 ⑮切符 ⑯篤志 ⑰名簿 ⑱書籍 ⑲残虐 ⑳虚構 ㉑覆面 ㉒零落 ㉓霊験 ㉔厘毛 ㉕利尿 ㉖画廊

⑬ **ハンシュ**（藩の領主）
加賀百万石のハンシュ。

⑭ **チッソク**（いきがつまること）
チッソクの危険。

⑮ **キップ**（券）
キップを買う。

⑯ **トクシ**（社会事業や慈善活動に熱心な人）
彼は町のトクシ家だ。

⑰ **メイボ**（姓名や住所などを書きつらねたもの）
メイボを作成する。

⑱ **ショセキ**（本）
海外のショセキを買う。

⑲ **ザンギャク**（むごたらしい）
ザンギャクな行為。

⑳ **キョコウ**（つくりごと）
キョコウの世界。

㉑ **フクメン**（布等で顔をおおうこと）
フクメンレスラーと闘う。

㉒ **レイラク**（おちぶれた）
レイラクした貴族。

㉓ **レイゲン**（祈願によってあらわれる不思議な力）
レイゲンあらたか。

㉔ **リンモウ**（わずか）
リンモウの差で敗れた。

㉕ **リニョウ**（排せつをうながす）
リニョウ作用がある薬。

㉖ **ガロウ**（ギャラリー）
ガロウで個展を開く。

漢字	画数	部首	読み	用例
藩	⑱		ハン	藩閥(ハンバツ)　幕藩(バクハン)
窒	⑪		チッ	窒素(チッソ)
符	⑪		フ	符号(フゴウ)　音符(オンプ)
篤	⑯		トク	篤実(トクジツ)　危篤(キトク)
簿	⑲		ボ	簿記(ボキ)　帳簿(チョウボ)
籍	⑳		セキ	戸籍(コセキ)　本籍(ホンセキ)
虐	⑨		ギャク　しいた(げる)	虐殺(ギャクサツ)　虐待(ギャクタイ)
虚	⑪		キョ　コ	虚偽(キョギ)　謙虚(ケンキョ)
覆	⑱	襾	フク　おお(う)　くつがえ(す)　くつがえ(る)	転覆(テンプク)　反覆(ハンプク)
零	⑬		レイ	零下(レイカ)　零細(レイサイ)
霊	⑮		レイ　リョウ　たま	霊感(レイカン)　悪霊(アクリョウ)
厘	⑨	厂	リン	一厘(イチリン)
尿	⑦	尸	ニョウ	尿意(ニョウイ)　検尿(ケンニョウ)
廊	⑫		ロウ	廊下(ロウカ)　回廊(カイロウ)

2 次の――線にあてはまる送り仮名を［　］に平仮名で書きなさい。（3級の範囲）

① ふきんを絞――。［　］
② 気を緩――。［　］
③ 目を凝――。［　］
④ 海を隔――。［　］
⑤ 席を譲――。［　］
⑥ 戸を締――。［　］
⑦ 任地に赴――。［　］
⑧ 危険が伴――。［　］
⑨ 胸を焦――。［　］
⑩ 背が伸――。［　］
⑪ 地位を脅――。［　］
⑫ 潤――豊か。［　］
⑬ 滑――な表面。［　］
⑭ 犯人を恨――。［　］
⑮ 悪事を企――。［　］

★読めるかな？

❶ 早苗　❷ 符牒　❸ 篤行
❹ 虚空　❺ 覆水　❻ 御(み)霊

（答え）
❶さなえ
❷ふちょう
❸とっこう
❹こくう
❺ふくすい
❻（み）たま

1 ①殴り ②顧みる ③冠 ④芳しい ⑤苗木 ⑥葬る ⑦虐げる ⑧覆う ⑨覆る ⑩覆す
2 ①る ②める ③らす ④てる ⑤る ⑥める ⑦く ⑧う ⑨がす ⑩びる ⑪かす ⑫い ⑬らか ⑭む ⑮てる

3級 10/11回

力試し

次の**太字**を漢字に直しなさい。

① 商品を**レンカ**で売る。（安い値段）
② **レイボウ**装置をつける。（室内を冷やすこと）
③ 急性**シッカン**にかかる。（やまい）
④ 弟が**スイトウ**にかかる。（みずぼうそう（病気））
⑤ ひどく**ケッペキ**な性格。（きれい好き）
⑥ 犯人を**タイホ**する。（犯人をつかまえること）
⑦ よい**タイグウ**を受ける。（もてなし）
⑧ 任務を**スイコウ**する。（やりとげること）
⑨ 仲間と**ソウグウ**する。（不意に出くわすこと）
⑩ 憲法を**ジュンシュ**する。（法律などをまもる）
⑪ 単身**フニン**する。（任務を行う土地に行く）
⑫ 世俗を**チョウエツ**する。（はるかにこえる）

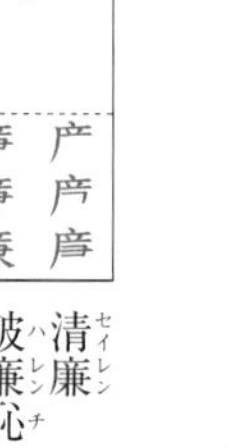

258字
284字中

廉	房	疾	痘	癖	遇	逮	遂	遭	遵	赴	超
⑬ 广	⑧	⑩	⑫	⑱	⑫	⑪	⑫	⑭	⑮	⑨ 走	⑫
レン	ボウ ふさ	シツ	トウ	ヘキ くせ	グウ	タイ	スイ と(げる)	ソウ あ(う)	ジュン	フ おもむ(く)	チョウ こ(える・す)
清廉（セイレン） 破廉恥（ハレンチ）	官房（カンボウ） 一房（ひとふさ）	疾走（シッソウ） 疾風（シップウ）	種痘（シュトウ） 天然痘（テンネントウ）	悪癖（アクヘキ） 口癖（くちぐせ）	奇遇（キグウ） 優遇（ユウグウ）	逮夜（タイヤ）	完遂（カンスイ） 未遂（ミスイ）	遭難（ソウナン）	遵法（ジュンポウ） 遵奉（ジュンポウ）	赴援（フエン）	超過（チョウカ） 超人（チョウジン）

1. 漢字の書き取り 2. 2回練習しよう！

コラム

若干とは

「干」を一と十に分け、一のごと（若）く十のごとしから、数は定まらないが、いくらか、あまり多くないという意味です。

1 次の**太字**を漢字と送り仮名に直しなさい。

① 思いを**とげる**
② 事故に**あう**
③ 任地に**おもむく**
④ 時を**こえる**
⑤ 永遠の**たましい**
⑥ 経験が**とぼしい**
⑦ 事故から**まぬかれる**
⑧ バナナが**こおる**
⑨ 趣向を**こらす**
⑩ 友人を**はげます**

解答 力試し

①廉価 ②冷房 ③疾患 ④水痘 ⑤潔癖 ⑥逮捕 ⑦待遇 ⑧遂行 ⑨遭遇 ⑩遵守 ⑪赴任 ⑫超越 ⑬魅了 ⑭精魂 ⑮邪魔 ⑯意匠 ⑰匿名 ⑱衝突 ⑲校閲 ⑳窮乏 ㉑了承 ㉒克服 ㉓免除 ㉔凍結 ㉕凝視 ㉖奨励

⑬ 美しさに**ミリョウ**された。（心をひきつけられて夢中になる）

⑭ **セイコン**込めて作る。（たましい）

⑮ いいところで**ジャマ**が入る。（さまたげになるもの）

⑯ 優れた**イショウ**だ。（デザイン）

⑰ **トクメイ**を希望する。（なまえを隠すこと）

⑱ 意見が**ショウトツ**する。（ぶつかりあうこと）

⑲ 原稿を**コウエツ**する。（書物等のまちがいを調べ、直す）

⑳ **キュウボウ**生活を送る。（貧しくて苦しいこと）

㉑ **リョウショウ**を得る。（承知すること）

㉒ 弱点を**コクフク**する。（打ち勝つこと）

㉓ 授業料を**メンジョ**する。（義務を果たさなくてもよいと許されること）

㉔ 路面が**トウケツ**する。（こおりつくこと）

㉕ 一点を**ギョウシ**する。（じっと見ること）

㉖ 貯金を**ショウレイ**する。（行いをすすめること）

漢字	画数	部首	読み	筆順	用例
魅	⑮	鬼	ミ	甶 鬼 鬼 鬾 魅 魅	魅力（ミリョク） 魅惑（ミワク）
魂	⑭	鬼	コン たましい	云 䰟 䰟 魂 魂 魂	魂胆（コンタン） 霊魂（レイコン）
魔	㉑	鬼	マ	麻 麻 磨 磨 魔 魔	魔女（マジョ） 悪魔（アクマ）
匠	⑥	匚	ショウ	一 フ ア 斤 斤 匠	巨匠（キョショウ） 師匠（シショウ）
匿	⑩	匚	トク	三 并 芽 若 若 匿	隠匿（イントク） 秘匿（ヒトク）
衝	⑮	行	ショウ	彳 彳 徝 徝 衝 衝	衝撃（ショウゲキ） 衝動（ショウドウ）
閲	⑮	門	エツ	丨 門 門 門 閲 閲	閲覧（エツラン） 検閲（ケンエツ）
乏	④	ノ	ボウ とぼ(しい)	一 イ 乏 乏	欠乏（ケツボウ） 貧乏（ビンボウ）
了	②	亅	リョウ	フ 了	了解（リョウカイ） 終了（シュウリョウ）
克	⑦	儿	コク	一 十 十 古 古 克	克明（コクメイ） 相克（ソウコク）
免	⑧	儿	メン まぬか(れる)	ノ ク 尓 乌 免 免	免疫（メンエキ） 免許（メンキョ）
凍	⑩	冫	トウ こお(る) こご(える)	冫 沪 沪 沪 凍 凍	凍傷（トウショウ） 冷凍（レイトウ）
凝	⑯	冫	ギョウ こ(る) こ(らす)	冫 凝 凝 凝 凝 凝	凝固（ギョウコ） 凝り性（こりショウ）
励	⑦	力	レイ はげ(む) はげ(ます)	一 厂 厉 厉 励 励	励行（レイコウ） 激励（ゲキレイ）

2 次の漢字の部首を（　）に、部首名を［　］に書きなさい。（3級の範囲）

① 魔　② 赦　③ 卓　④ 雇　⑤ 豚　⑥ 募　⑦ 奉　⑧ 脅　⑨ 哀　⑩ 翻　⑪ 稚　⑫ 賊

★読めるかな？

❶ 千載一遇　❷ 閲兵　❸ 克己　❹ 疾病

（答え）
❶せんざいいちぐう
❷えっぺい
❸こっき
❹しっぺい

1 ①遂げる ②遭う ③赴く ④超える ⑤魂 ⑥乏しい ⑦免れる ⑧凍る ⑨凝らす ⑩励ます
2 ①鬼 おに ②赤 あか ③十 じゅう ④隹 ふるとり ⑤豕 いのこ ⑥力 ちから ⑦大 だい ⑧肉 にく ⑨口 くち ⑩羽 はね ⑪禾 のぎへん ⑫貝 かいへん

3級 11/11回

力試し 次の**太字**を漢字に直しなさい。

① **カンベン**してください。(許すこと)
② **ボキン**活動をする。(寄付金を集めること)
③ **ショクタク**につく。(食事をするテーブル)
④ 自分を**ヒゲ**する。(己を低くし、いやしめること)
⑤ **おろしね**で魚を買う。(卸売りの値段)
⑥ **また**の機会にする。(今でなく、次の)
⑦ **ソウホウ**の意見を聞く。(おたがいの)
⑧ 神社に**ホウノウ**する。(神仏に献上すること)
⑨ **ケイヤク**書を読み直す。(やくそく)
⑩ 首位の座を**ダッカイ**する。(うばいかえすこと)
⑪ **ベイジュ**のお祝い。(八十八歳)
⑫ **フウイン**された手紙。(閉じ目にしるしを押すこと)

勘	募	卓	卑	卸	又	双	奉	契	奪	寿	封
⑪ 力	⑫ 力	⑧ 十	⑨ 十	⑨ 卩	② 又	④ 又	⑧ 大	⑨ 大	⑭ 大	⑦ 寸	⑨ 寸
カン	ボ つの(る)	タク	ヒ いや(しい・しむ) いや(しめる)	おろ(す) おろし	また	ソウ ふた	ホウ・ブ たてまつ(る)	ケイ ちぎ(る)	ダツ うば(う)	ジュ ことぶき	フウ ホウ
勘当(カンドウ) 山勘(やまカン)	募集(ボシュウ) 応募(オウボ)	卓越(タクエツ) 卓球(タッキュウ)	卑屈(ヒクツ) 卑劣(ヒレツ)	卸売(おろしうり) 棚卸(たなおろし)	又貸し(またがし) 又聞き(またぎき)	双肩(ソウケン) 双子(ふたご)	奉公(ホウコウ) 奉行(ブギョウ)	契機(ケイキ) 黙契(モッケイ)	奪取(ダッシュ) 略奪(リャクダツ)	寿命(ジュミョウ) 長寿(チョウジュ)	封書(フウショ) 開封(カイフウ)

284字
284字中

向日葵(ひまわり)

漢字の書き取り 2回練習しよう!

1.
2.

コラム 覚えるしかない熟字訓

熟字訓とは一字一字の読み方に関係なく、熟語として特別な読み方をするものです。田舎、雪崩、芝生が読めますか?

〈いなか、なだれ、しばふ〉

1 次の**太字**を漢字と送り仮名に直しなさい。

① 部員を**つのる**
② **いやしい**考えを正す
③ 神を**たてまつる**
④ 友情を**ちぎる**
⑤ 心を**うばわれる**
⑥ 敵を**あざむく**
⑦ 旗が**ひるがえる**
⑧ とても**からい**
⑨ 名を**はずかしめる**
⑩ 人を**やとう**

解答 力試し
①勘弁 ②募金 ③食卓 ④卑下 ⑤卸値 ⑥又 ⑦双方 ⑧奉納 ⑨契約 ⑩奪回 ⑪米寿 ⑫封印 ⑬幻滅 ⑭幽玄 ⑮一斗 ⑯西欧 ⑰詐欺 ⑱既婚 ⑲翻訳 ⑳豚骨 ㉑恩赦 ㉒辛抱 ㉓雪辱 ㉔隻眼 ㉕雇用 ㉖養鶏

⑬ 実物に**ゲンメツ**する。　がっかりすること

⑭ **ユウゲン**な美の世界。　奥深くはかりしれないさま

⑮ **イット**缶で石油を買う。　容量の単位

⑯ **セイオウ**の歴史を学ぶ。　西洋、または西ヨーロッパ

⑰ **サギ**事件が多発する。　人をだまして損害をくわえる

⑱ **キコン**者のアンケート。　結婚していること

⑲ 英文を**ホンヤク**する。　ある国の語を他国語に直すこと

⑳ **トンコツ**ラーメン。　ぶたのほね

㉑ **オンシャ**で減刑される。　行政権による刑罰の消滅・軽減

㉒ **シンボウ**強いロバ。　がまんすること

㉓ **セツジョク**を果たす。　一度負けた相手に勝つ

㉔ **セキガン**を有する。　優れた見識

㉕ 男女**コヨウ**機会均等法。　賃金を払ってやとうこと

㉖ **ヨウケイ**場を営む。　商売をするためにニワトリを育てる

漢字	画数	部首	読み	筆順	用例
幻	④	幺	ゲン／まぼろし	幺 幺 幻	幻覚（ゲンカク）　幻想（ゲンソウ）
幽	⑨	幺	ユウ	丨 幺 幽	幽閉（ユウヘイ）　幽霊（ユウレイ）
斗	④	斗	ト	丶 ⺀ 三 斗	斗酒（トシュ）　北斗（ホクト）
欧	⑧	欠	オウ	一 又 区 区 欧 欧	欧州（オウシュウ）　渡欧（トオウ）
欺	⑫	欠	ギ／あざむ(く)	一 卄 甘 其 欺 欺	詐欺（サギ）
既	⑩	旡	キ／すで(に)	彐 艮 既 既 既 既	既成（キセイ）　既定（キテイ）
翻	⑱	羽	ホン／ひるがえ(る)／ひるがえ(す)	平 采 番 翻 翻 翻	翻案（ホンアン）　翻意（ホンイ）
豚	⑪	豕	トン／ぶた	月 肝 豚 豚 豚 豚	養豚（ヨウトン）
赦	⑪	赤	シャ	十 土 赤 赤 赦 赦	赦免（シャメン）　容赦（ヨウシャ）
辛	⑦	辛	シン／から(い)	丶 亠 立 立 辛 辛	辛苦（シンク）　香辛料（コウシンリョウ）
辱	⑩	辰	ジョク／はずかし(める)	戸 辰 辰 辰 辰 辱	屈辱（クツジョク）　侮辱（ブジョク）
隻	⑩	隹	セキ	亻 什 隹 隹 隹 隻	隻句（セック）　一隻（イッセキ）
雇	⑫	隹	コ／やと(う)	彐 戸 戸 戸 戸 雇	雇員（コイン）　解雇（カイコ）
鶏	⑲	鳥	ケイ／にわとり	爫 奚 鶏 鶏 鶏 鶏	鶏肉（ケイニク）　鶏卵（ケイラン）

2 次の文の□に入る漢字を、後のア〜エから一つずつ選び、記号で答えなさい。（3級の範囲）

① 古□が発見される。
ア 噴　イ 憤　ウ 奮　エ 墳　（　　）

② 温厚□実な人。
ア 篤　イ 匿　ウ 督　エ 徳　（　　）

③ 湖□にたたずむ。
ア 判　イ 伴　ウ 畔　エ 帆　（　　）

④ 内閣の□問機関。
ア 試　イ 諮　ウ 祉　エ 伺　（　　）

⑤ 交通法規を□守する。
ア 潤　イ 遵　ウ 巡　エ 盾　（　　）

⑥ ロケットの□道。
ア 規　イ 機　ウ 軌　エ 騎　（　　）

⑦ 証人を□問する。
ア 喚　イ 敢　ウ 換　エ 監　（　　）

★読めるかな？

❶ 勘定　❷ 卓説　❸ 中卸
❹ 強奪　❺ 片言隻句

（答え）
❶かんじょう
❷たくせつ
❸なかおろし
❹ごうだつ
❺へんげんせっく

1 ①募る　②卑しい　③奉る　④契る　⑤奪われる　⑥欺く　⑦翻る　⑧辛い　⑨辱める　⑩雇う
2 ①エ　②ア　③ウ　④イ　⑤イ　⑥ウ　⑦ア

実力試験（3級）

P.52～73

1 次のカタカナを漢字に直しなさい。（1×15）

① 市民の**チンジョウ**を受ける。
② 制限時間を**チョウカ**する。
③ **キュウリョウ**に登る。
④ 悪党どもの**インボウ**をあばく。
⑤ 名前が**ケイジ**される。
⑥ 参加者を**ボシュウ**する。
⑦ **ロウデン**して火災となる。
⑧ 狩りに**リョウケン**を連れていく。
⑨ **ロウカ**を走ってはいけません。
⑩ 小説が雑誌に**ケイサイ**される。
⑪ **エンカツ**な議事進行。
⑫ 交渉が**ケツレツ**した。
⑬ **ココウ**を保ち続けた画家。
⑭ 抽選にはずれて**ソシナ**をもらう。
⑮ ラジオを**ケイタイ**する。

①	②	③	④	⑤	⑥	⑦	⑧

⑨	⑩	⑪	⑫	⑬	⑭	⑮

2 次の――線の漢字の読みを平仮名で書きなさい。（1×8）

① 残虐な行為。
② 動物を虐げる。
③ 世界恐慌。
④ 慌ただしい毎日。
⑤ 裁縫を習う。
⑥ 着物を縫う。
⑦ 惜別の情。
⑧ 惜しくも負けた。

3 次の――線の漢字の読みを平仮名で書きなさい。（1×10）

① ゲーテの彫像をつくる。
② 裁判を傍聴する。
③ ローマ帝国の零落を調べる。
④ 拘置所へ身柄を送る。
⑤ 括弧の中に解答を書き入れる。
⑥ 角膜の移植手術をする。
⑦ 会議で了承された。
⑧ 英文学の原書を翻訳する。
⑨ 蓄えが底をつく。
⑩ 愚痴は言わない。

①	②	③	④	⑤

⑥	⑦	⑧	⑨	⑩

4 次の空欄に入る語を□から選び、漢字に直して四字熟語を完成させなさい。（2×8）

① 二者□
② 冒頭□
③ 首位□
④ 晴耕□
⑤ 支離□
⑥ □意識
⑦ 神出□
⑧ 暖衣□

だっかい・めつれつ
せんざい・たくいつ
ほうしょく・きぼつ
ちんじゅつ・うどく

1	2	3	4	5	6	7	8	9	10	
/15	/8	/10	/16	/10	/6	/10	/10	/10	/5	/100

5 次の空欄に入る語を□から選び、漢字に直して対義語・類義語を完成させなさい。（1×10）

〈対義語〉

① 極楽 ↔ 地□

② 勤勉 ↔ □慢

③ 必然 ↔ □然

④ 具象 ↔ □象

⑤ 出火 ↔ □火

〈類義語〉

⑥ 中心 ― 主□

⑦ 実行 ― 実□

⑧ 温厚 ― □健

⑨ 重要 ― □心

⑩ 美人 ― □人

ぐう　ちゅう　し　ちん　ごく　じく　たい　かん　おん　か

6 次のカタカナを漢字と送り仮名に直しなさい。（1×6）

① 木の下に宝物を**ウメル**。

② 授業の予習を**ナマケル**。

③ **ユルヤカ**な斜面を選ぶ。

④ 木々の葉が風に**ユレル**。

⑤ 友人との別れを**オシム**。

⑥ **ニクラシイ**ほど歌がうまい。

7 次の漢字の部首を書きなさい。（1×10）

〈例〉菜　艹　間　門

① 嬢

② 彫

③ 覆

④ 陶

⑤ 痘

⑥ 滅

⑦ 慰

⑧ 喫

⑨ 閲

⑩ 鶏

8 次のカタカナを漢字に直しなさい。（1×10）

① この本は石より**カタ**い。

② 彼の意志は**カタ**い。

③ 粒が**アラ**い。

④ 気が**アラ**い。

⑤ **ボシュウ**の景色。

⑥ 作品を**ボシュウ**する。

⑦ マラソンの**バンソウ**車。

⑧ オーケストラの**バンソウ**者。

⑨ 優れた人材を**ハイシュツ**する。

⑩ 老廃物を**ハイシュツ**する。

9 次の熟語の組み合わせは、左のア〜オのどれにあたりますか。記号で答えなさい。（1×10）

① 幼稚

② 未遂

③ 城郭

④ 凝視

⑤ 上昇

⑥ 養鶏

⑦ 傍聴

⑧ 撮影

⑨ 緩急

⑩ 虚実

ア 同じような意味の漢字を重ねたもの（例 身体）

イ 反対または対応の意味を表す字を重ねたもの（例 強弱）

ウ 上の字が下の字を修飾しているもの（例 赤色）

エ 下の字が上の字の目的語・補語になっているもの（例 登山）

オ 上の字が下の字の意味を打ち消しているもの（例 不明）

10 次の文で間違って使われている漢字に○を付け、正しい漢字を書きなさい。（1×5）

① 諸国標泊の旅の途中で故郷の家族を思う。

② 船の艦板を掃除する。

③ 廃屋での会奇現象に心身が震えた。

④ 抗道を掘るのは、体力が消耗する重労働だ。

⑤ 除行運転をして、事故を未然に防ぐ。

解答

1
①陳情　②超過　③丘陵　④陰謀　⑤掲示　⑥募集　⑦漏電　⑧猟犬　⑨廊下　⑩掲載　⑪円滑　⑫決裂　⑬孤高　⑭粗品　⑮携帯

2
①ざんぎゃく　②しいた　③きょうこう　④あわ　⑤さいほう　⑥ぬ　⑦せきべつ　⑧お

3
①ちょうぞう　②ぼうちょう　③れいらく　④こうちしょ　⑤かっこ　⑥かくまく　⑦りょうしょう　⑧ほんやく　⑨たくわ　⑩ぐち

4
①択一　②陳述　③奪回　④雨読　⑤滅裂　⑥潜在　⑦鬼没　⑧飽食

5
対義語
①獄　②怠　③偶　④抽　⑤鎮
類義語
⑥軸　⑦施　⑧穏　⑨肝　⑩佳

6
①埋める　②怠ける　③緩やか　④揺れる　⑤惜しむ　⑥憎らしい

7
①女　②彡　③覀　④阝　⑤疒　⑥氵　⑦心　⑧口　⑨門　⑩鳥

8
①硬　②堅　③粗　④荒　⑤暮秋　⑥募集　⑦伴走　⑧伴奏　⑨輩出　⑩排出

9
①ア　②オ　③ウ　④ウ　⑤ア　⑥エ　⑦ウ　⑧エ　⑨イ　⑩イ

10
①標→漂　②艦→甲　③会→怪　④抗→坑　⑤除→徐

力試し

次の**太字**を漢字に直しなさい。

① **センニン**のような人物。（浮き世ばなれした人のたとえ）
② **ただし**書きをつける。（内容を補足する文章）
③ 実力が**ハクチュウ**する。（共にすぐれていて優劣の差がない）
④ **ブジョク**され腹がたつ。（ばかにすること）
⑤ 私立を**ヘイガン**する。（受験の際、複数の学校を志願すること）
⑥ **ショコウ**に土地を与える。（封建時代の大名）
⑦ **シュンビン**な動き。（素早いこと）
⑧ 野球選手の**ネンポウ**。（一年単位の給料）
⑨ **リンリ**を求める。（モラル）
⑩ **シンギ**を確かめる。（本当か嘘かということ）
⑪ **タンテイ**を雇う。（密かに情報を探る仕事をする人）
⑫ 独断と**ヘンケン**。（かたよったものの考え方）

漢字	画数	音読み	訓読み	用例
仙	⑤	セン		仙界（センカイ）・詩仙（シセン）
但	⑦		ただ(し)	但し（ただし）
伯	⑦	ハク		伯爵（ハクシャク）・画伯（ガハク）
侮	⑧	ブ	あなど(る)	軽侮（ケイブ）
併	⑧	ヘイ	あわ(せる)	併用（ヘイヨウ）・合併（ガッペイ）
侯	⑨	コウ		侯爵（コウシャク）・王侯（オウコウ）
俊	⑨	シュン		俊才（シュンサイ）・俊足（シュンソク）
俸	⑩	ホウ		俸給（ホウキュウ）・減俸（ゲンポウ）
倫	⑩	リン		人倫（ジンリン）・絶倫（ゼツリン）
偽	⑪	ギ	いつわ(る)・にせ	偽善（ギゼン）・偽者（にせもの）
偵	⑪	テイ		偵察（テイサツ）・内偵（ナイテイ）
偏	⑪	ヘン	かたよ(る)	偏食（ヘンショク）・偏重（ヘンチョウ）

漢字の書き取り

1. 2回練習しよう！ 2.

コラム　知らない字でも読めるかも

音読みは漢字の中の一部分が示していることがあります。たとえば、「格」は「各」で「カク」。「幹」「刊」は「干」があるので、「カン」と読みます。

幹　刊　かん　干

1 次の**太字**を漢字と送り仮名に直しなさい。

① **エイシュン**な人
② **かたよった**食事
③ 記念品の**テイジョウ**
④ 罪を**つぐなう**
⑤ 敵を**あなどる**
⑥ 人を**そそのかす**
⑦ 身分を**いつわる**
⑧ 両案を**あわせる**

解答　力試し
①仙人 ②但 ③伯仲 ④侮辱 ⑤併願 ⑥諸侯 ⑦俊敏 ⑧年俸 ⑨倫理 ⑩真偽 ⑪探偵 ⑫偏見 ⑬傑出 ⑭公僕 ⑮僚友 ⑯儒学 ⑰無償 ⑱傘下 ⑲吟味 ⑳教唆 ㉑恐喝 ㉒唯一 ㉓威嚇 ㉔呉服 ㉕露呈

⑬ **ケッシュツ**した才能。（他より抜きんでて優れていること）

⑭ **コウボク**の責務を果たす。（公務員）

⑮ 会計課の**リョウユウ**。（同じ仕事などに携わる友人）

⑯ **ジュガク**を学ぶ。（学問の一つ）

⑰ **ムショウ**の愛を捧げる。（見返りのないこと）

⑱ 企業の**サンカ**に入る。（勢力のある組織に属すこと）

⑲ 材料を**ギンミ**する。（よしあしをよく調べること）

⑳ 殺人**キョウサ**の罪。（おしえそそのかすこと）

㉑ **キョウカツ**事件。（金品をおどしとること）

㉒ **ユイイツ**無二の親友だ。（ただ一つでほかにないこと）

㉓ **イカク**するような態度。（武力や威力でおどすこと）

㉔ **ゴフク**屋で商談をする。（反物や織物を売る店）

㉕ 彼の弱点が**ロテイ**する。（隠れていたものがあらわになること）

漢字	画数	部首	読み	用例
傑	⑬		ケツ	傑作（ケッサク）　怪傑（カイケツ）
僕	⑭		ボク	下僕（ゲボク）　従僕（ジュウボク）
僚	⑭		リョウ	官僚（カンリョウ）　同僚（ドウリョウ）
儒	⑯		ジュ	儒教（ジュキョウ）　儒者（ジュシャ）
償	⑰		ショウ　つぐな（う）	代償（ダイショウ）　弁償（ベンショウ）
傘	⑫		サン　かさ	落下傘（ラッカサン）　雨傘（あまがさ）
吟	⑦	口	ギン	吟遊（ギンユウ）　詩吟（シギン）
唆	⑩	口	サ　そそのか（す）	示唆（シサ）
喝	⑪		カツ	喝破（カッパ）　一喝（イッカツ）
唯	⑪		ユイ　イ	唯物（ユイブツ）
嚇	⑰	口	カク	嚇怒（カクド）　脅嚇（キョウカク）
呉	⑦	口	ゴ	呉音（ゴオン）
呈	⑦	口	テイ	呈示（テイジ）　進呈（シンテイ）

2 次の□に入る語を（　）から選び、漢字に直して対義語・類義語を完成させなさい。（準2級の範囲）

（ちょ・し・いん・り・か・しゅく・しゅう・かん）

《対義語》

① 婚姻 ↔ □婚

② 散文 ↔ □文

③ 農繁 ↔ 農□

④ 多弁 ↔ □黙

《類義語》

⑤ 後継 ― 継□

⑥ 情動 ― 情□

⑦ 謝礼 ― 報□

⑧ 自重 ― 自□

1 ①英俊 ②偏った ③呈上 ④償う ⑤侮る ⑥唆す ⑦偽る ⑧併せる
2 ①離 ②韻 ③閑 ④寡 ⑤嗣 ⑥緒 ⑦酬 ⑧粛

★読めるかな？

❶伯父　❷伯母　❸儒家
❹但し書き　❺唯物論
❻呉越同舟

（答え）
❶おじ　❷おば
❸じゅか
❹ただ（し）が（き）
❺ゆいぶつろん
❻ごえつどうしゅう

力試し

次の**太字**を漢字に直しなさい。

① 英語のPは**シンオン**だ。（くちびるで調音する音）
② 自信を**ソウシツ**する。（なくすこと）
③ 一族の**ケイシ**となる。（あとつぎ）
④ 庭の**つぼスウ**を数える。（土地の面積）
⑤ **いしがき**を登る忍者。（石を積み重ねて作ったかき）
⑥ 菌を**バイヨウ**する。（人工的に生育、増殖させること）
⑦ **つりぼり**で糸をたらす。（入場料をとって魚釣りをさせる施設）
⑧ **カンニン**袋の緒が切れる。（もうこれ以上我慢できないこと）
⑨ 縄文時代の**かいづか**。（人が食べた貝の殻が堆積したもの）
⑩ **ヘイ**に囲まれた庭。（家や敷地などの境界とするかこい）
⑪ 畑の**ドジョウ**を改良。（作物を育てる土）
⑫ 政治の**ダラク**を嘆く。（健全な状態を失うこと）

漢字の書き取り

2回練習しよう！

漢字	画数	部首	読み	筆順	用例
唇	⑩	口	シン / くちびる	厂 戸 辰 辰 辰 唇	口唇（こうしん） 下唇（したくちびる）
喪	⑫	口	ソウ / も	十 卄 亠 亞 喪 喪	喪章（モショウ） 喪服（モフク）
嗣	⑬		シ	口 吕 吕 冊 嗣 嗣	嗣子（シシ） 後嗣（コウシ）
坪	⑧		つぼ	一 十 土 圹 坪 坪	建坪（たてつぼ） 一坪（ひとつぼ）
垣	⑨		かき	圢 圻 垣 垣 垣 垣	垣根（かきね） 人垣（ひとがき）
培	⑪		バイ / つちか(う)	圹 圹 坹 培 培 培	栽培（サイバイ）
堀	⑫		ほり	圹 圻 坭 堀 堀 堀	内堀（うちぼり） 外堀（そとぼり）
堪	⑪		カン / た(える)	圹 坩 坩 堪 堪 堪	堪能（カ(タ)ンノウ）
塚	⑫		つか	圹 坪 坾 塚 塚 塚	一里塚（イチリづか）
塀	⑫		ヘイ	圹 坭 坭 塀 塀 塀	板塀（いたベイ） 土塀（ドベイ）
壌	⑯		ジョウ	圹 垵 埣 壌 壌 壌	天壌（テンジョウ）
堕	⑫		ダ	阝 阝 陏 陏 陏 堕	堕胎（ダタイ）

50字 / 328字中

コラム 君にも読める！

「魑魅魍魎」が読めたら、君は漢字の鬼!? ヒントは部首以外の部分に注目すること。読みは「チミモウリョウ」で、いろいろな化け物という意味です。

漢字 魑（ち）魅（み）魍（もう）魎（りょう）

1 次の**太字**を漢字と送り仮名に直しなさい。

① **いや**な音がする
② 鑑賞に**たえる**絵だ
③ 向上心を**つちかう**
④ **くちびる**をかむ
⑤ **シジュク**で学ぶ
⑥ **たてつぼ**を計算する
⑦ 母は虫を**きらう**
⑧ **も**に服す

解答 力試し
①唇音 ②喪失 ③継嗣 ④坪数 ⑤石垣 ⑥培養 ⑦釣堀 ⑧堪忍 ⑨貝塚 ⑩塀 ⑪土壌 ⑫堕落 ⑬満塁 ⑭塑像 ⑮塾生 ⑯王妃 ⑰妊婦 ⑱姻族 ⑲妊娠 ⑳媒体 ㉑機嫌 ㉒嫡男 ㉓妄想 ㉔妥協 ㉕岬

⑬ **マンルイ**ホームラン。（野球でフルベースの状態）
⑭ 古代の**ソゾウ**を発見。（粘土や石こうで作った像）
⑮ **ジュクセイ**を集める。（じゅくで学ぶ学生・生徒）
⑯ **オウヒ**の肖像画。（国王の妻）
⑰ **ニンプ**の定期健康診断。（みごもっている女性）
⑱ **インゾク**と血族。（結婚によって生じる親類）
⑲ 妻の**ニンシン**を喜ぶ。（子どもができること）
⑳ 通信の**バイタイ**。（なかだちとなるもの）
㉑ 母の**キゲン**がいい。（気持ちの状態）
㉒ **チャクナン**が誕生した。（あととり）
㉓ **モウソウ**を抱く。（空想し信じこむこと）
㉔ お互い**ダキョウ**しあう。（譲り合ってまとめること）
㉕ **みさき**に立つ灯台。（海に突き出た陸地の先端）

漢字	画数	部首	読み	用例
塁	⑫	土	ルイ	塁審（ルイシン）、本塁（ホンルイ）
塑	⑬	土	ソ	彫塑（チョウソ）
塾	⑭		ジュク	塾長（ジュクチョウ）、学習塾（ガクシュウジュク）
妃	⑥		ヒ	妃殿下（ヒデンカ）
妊	⑦		ニン	妊娠（ニンシン）、懐妊（カイニン）
姻	⑨		イン	婚姻（コンイン）
娠	⑩		シン	妊娠（ニンシン）
媒	⑫		バイ	媒介（バイカイ）、触媒（ショクバイ）
嫌	⑬		ケン・ゲン、きら(う)、いや	嫌悪（ケンオ）、嫌疑（ケンギ）
嫡	⑭		チャク	嫡出（チャクシュツ）、嫡流（チャクリュウ）
妄	⑥	女	モウ、ボウ	妄言（ボウゲン・モウゲン）、妄信（モウシン）
妥	⑦	女	ダ	妥結（ダケツ）、妥当（ダトウ）
岬	⑧	山	みさき	岬巡り（みさきめぐり）

2 上と下を正しく結んで熟語を完成させなさい。（準2級の範囲）

「カ」
① □紋
② □去
③ 災□
④ □失
⑤ 奇□
⑥ □根
⑦ □大
⑧ 経□

・過　・禍　・渦

「コウ」
⑨ □堂
⑩ □買
⑪ □成
⑫ 側□

・溝　・構　・購　・講

★読めるかな？
❶ 筆塚　❷ 自堕落　❸ 口唇
❹ 可塑性　❺ 嗣子　❻ 妥当

（答え）
❶ふでづか
❷じだらく
❸こうしん
❹かそせい
❺しし
❻だとう

1 ①嫌 ②堪える ③培う ④唇 ⑤私塾 ⑥建坪 ⑦嫌う ⑧喪
2 ①渦 ②過 ③禍 ④過 ⑤禍 ⑥禍 ⑦過 ⑧過 ⑨講 ⑩購 ⑪構 ⑫溝

力試し

次の**太字**を漢字に直しなさい。

① **スウコウ**な理念。（尊く畏敬の意を起こさせるさま）
② 軍の**トウスイ**権を握る。（軍をまとめ指揮すること）
③ **シヘイ**の価値が流動する。（紙製のお金）
④ **ゲンガク**四重奏。（4つの弦楽器による重奏形式）
⑤ **ケイチョウ**の作法。（祝うこととむらうこと）
⑥ 町内を**ジュンカン**する。（一方向にめぐる）
⑦ 趣旨を**テッテイ**させる。（じゅうぶんにゆきわたること）
⑧ **ツイトウ**集会を開く。（亡き人の生前を偲ぶこと）
⑨ **ダセイ**で行動する。（今までのくせ）
⑩ **ユカイ**な漫画を読む。（気持ちよく楽しいこと）
⑪ 邪魔をされ**フンガイ**する。（ひどく腹をたてること）
⑫ **カイギ**の念を抱く。（疑いをもつこと）

崇	帥	幣	弦	弔	循	徹	悼	惰	愉	憤	懐
⑪ 山	⑨ 巾	⑮ 巾	⑧	④ 弓	⑫	⑮	⑪	⑫	⑫	⑮	⑯
スウ	スイ	ヘイ	ゲン つる	チョウ とむら(う)	ジュン	テツ	トウ いた(む)	ダ	ユ	フン いきどお(る)	カイ・ふところ なつ(かしい) なつ(かしむ) なつ(く・ける)
崇拝（スウハイ） 尊崇（ソンスウ）	元帥（ゲンスイ） 総帥（ソウスイ）	貨幣（カヘイ） 造幣局（ゾウヘイキョク）	管弦楽（カンゲンガク） 上弦（ジョウゲン）	弔辞（チョウジ） 弔問（チョウモン）	因循（インジュン）	徹夜（テツヤ） 貫徹（カンテツ）	悼辞（トウジ） 哀悼（アイトウ）	惰眠（ダミン） 怠惰（タイダ）	愉悦（ユエツ） 愉楽（ユラク）	憤然（フンゼン） 義憤（ギフン）	懐古（カイコ） 懐中（カイチュウ）

76字 / 328字中

漢字の書き取り

2回練習しよう！

1.

2.

コラム　分かるかな

「経緯」には縦糸と横糸という意味があります。「経」と「緯」のどちらが縦でどちらが横? 地図の経線と緯線と同じ向きです。

〈経が縦、緯が横〉

経　緯

1 次の**太字**を漢字と送り仮名に直しなさい。

① 犬が人に**なつく**
② **うやうやしい**態度
③ 汚職に**いきどおる**
④ 猿を**こらしめる**蟹
⑤ 自分の身を**うれえる**
⑥ 友人の死を**いたむ**
⑦ 死を**とむらう**
⑧ **ねんごろ**な仲
⑨ 人目を**しのぶ**
⑩ 目を**わずらう**

解答　力試し

①崇高 ②統帥 ③紙幣 ④弦楽 ⑤慶弔 ⑥循環 ⑦徹底 ⑧追悼 ⑨惰性 ⑩愉快 ⑪憤慨 ⑫懐疑 ⑬遺憾 ⑭恭賀 ⑮忍者 ⑯患部 ⑰悠長 ⑱哀愁 ⑲慶祝 ⑳懇談 ㉑懲罰 ㉒懸念 ㉓抄本 ㉔把握 ㉕扶養 ㉖誘拐

⑬ **イカン**の意を表明する。
残念に思う気持ちを述べる

⑭ **キョウガ**新年。
つつしんでお祝いを申し上げること

⑮ **ニンジャ**屋敷のからくり。
忍術をつかう人

⑯ **カンブ**に薬を塗る。
病気や傷のある部分

⑰ **ユウチョウ**に構える。
ゆったりして気長なこと

⑱ **アイシュウ**を帯びた目。
もの悲しいかんじ

⑲ 父の還暦の**ケイシュク**。
めでたいこととして喜び祝うこと

⑳ **コンダン**会に出席する。
うちとけて話し合う

㉑ **チョウバツ**を受ける。
不正な行為に加えられる罰

㉒ なりゆきを**ケネン**する。
気にかかって不安に思う

㉓ 戸籍**ショウホン**を見る。
文書の一部分のうつし

㉔ 状況を**ハアク**する。
しっかり理解すること

㉕ **フヨウ**家族の人数。
自分の収入でやしなっていること

㉖ 身代金目的の**ユウカイ**事件。
だまして連れていくこと

漢字	画数	部首	読み	用例
憾	⑯		カン	遺憾(イカン)
恭	⑩	小	キョウ / うやうや(しい)	恭順(キョウジュン)
忍	⑦		ニン / しの(ぶ) / しの(ばせる)	忍耐(ニンタイ) 残忍(ザンニン)
患	⑪	心	カン / わずら(う)	患者(カンジャ) 急患(キュウカン)
悠	⑪		ユウ	悠久(ユウキュウ) 悠然(ユウゼン)
愁	⑬		シュウ / うれ(える) / うれ(い)	郷愁(キョウシュウ) 憂愁(ユウシュウ)
慶	⑮	心	ケイ	慶賀(ケイガ) 慶弔(ケイチョウ)
懇	⑰		コン / ねんご(ろ)	懇意(コンイ) 懇親(コンシン)
懲	⑱	心	チョウ / こ(りる・らす) / こ(らしめる)	懲役(チョウエキ) 懲戒(チョウカイ)
懸	⑳		ケン・ケ / か(ける) / か(かる)	懸命(ケンメイ) 懸け橋(かけはし)
抄	⑦		ショウ	抄出(ショウシュツ) 抄訳(ショウヤク)
把	⑦		ハ	把持(ハジ) 十把(ジッパ)
扶	⑦		フ	扶育(フイク) 扶助(フジョ)
拐	⑧		カイ	誘拐(ユウカイ)

2 次の**太字**を漢字に直しなさい。(準2級の範囲)

① スポーツ大会の**ハ**者。
② 大雑**パ**な計算。
③ 事故が**ヒン**発する。
④ 国**ヒン**待遇。
⑤ **ヘン**差値を重視する。
⑥ 諸国を**ヘン**歴する。
⑦ それが**ダ**当だろう。
⑧ 怠**ダ**な生活をおくる。
⑨ **ダ**賃を貰う。
⑩ **ソウ**索願いを出す。
⑪ 一字**ソウ**入する。
⑫ 海**ソウ**を食べる。
⑬ **チョウ**発に乗らない。
⑭ 素晴らしい**チョウ**望。

★読めるかな?

❶ 幣制 ❷ 下弦 ❸ 懐
❹ 述懐 ❺ 因循姑息
❻ 恭悦至極 ❼ 拐帯

(答え)
❶へいせい ❷かげん
❸ふところ ❹じゅっかい
❺いんじゅんこそく
❻きょうえつしごく
❼かいたい

1 ① 懐く ② 恭しい ③ 憤る ④ 懲らしめる ⑤ 愁える ⑥ 悼む ⑦ 弔う ⑧ 懇ろ ⑨ 忍ぶ ⑩ 患う
2 ① 覇 ② 把 ③ 頻 ④ 賓 ⑤ 偏 ⑥ 遍 ⑦ 妥 ⑧ 惰 ⑨ 駄 ⑩ 捜 ⑪ 挿 ⑫ 藻 ⑬ 挑 ⑭ 眺

力試し

次の**太字**を漢字に直しなさい。

① 申し出を**キョヒ**する。（ことわること）
② 作品の**コウセツ**。（たくみなこととへたなこと）
③ 手品を**ヒロウ**する。（世間に広く発表すること）
④ 登録を**マッショウ**する。（けしさること）
⑤ 法案を**イッカツ**審議する。（ひとくくり・ひとまとめ）
⑥ 前後から**キョウゲキ**する。（はさみうち）
⑦ **ゴウモン**の傷跡。（肉体的苦痛を与え白状させようとする）
⑧ 記録に**チョウセン**する。（相手に戦いをしかけること）
⑨ 行方を**ソウサク**する。（たずねさがすこと）
⑩ お金を**ソウニュウ**する。（差し込むこと）
⑪ 将来を見**す**える。（見さだめる）
⑫ **トウジョウ**案内を待つ。（乗り物に乗り込むこと）

漢字	画数	音読み	訓読み	用例
拒	8	キョ	こば(む)	拒絶（キョゼツ）
拙	8	セツ	つたな(い)	拙劣（セツレツ）、稚拙（チセツ）
披	8	ヒ		披見（ヒケン）
抹	8	マツ		抹茶（マッチャ）、一抹（イチマツ）
括	9	カツ		括弧（カッコ）、総括（ソウカツ）
挟	9	キョウ	はさ(む)、はさ(まる)	挟殺（キョウサツ）
拷	9	ゴウ		拷問（ゴウモン）
挑	9	チョウ	いど(む)	挑発（チョウハツ）
捜	10	ソウ	さが(す)	捜査（ソウサ）
挿	10	ソウ	さ(す)	挿話（ソウワ）、挿絵（さしえ）
据	11		す(える)、す(わる)	据え置き（すえおき）
搭	12	トウ		搭載（トウサイ）

102字／328字中

漢字の書き取り

2回練習しよう！

1.
2.

コラム　3つの読みをもつ熟語

「上手」と「下手」は3つの読みをもつ熟語です。「じょうず」「うわて」「かみて」、「へた」「したて」「しもて」。意味の違いも知っておきましょう。

1 次の**太字**を漢字と送り仮名に直しなさい。

① 口角**あわ**を飛ばす
② 髪にくしを**さす**
③ 難問に**いどむ**
④ 乳児の首が**すわる**
⑤ **はさみ**将棋
⑥ 迷い猫を**さがす**
⑦ 命令を**こばむ**
⑧ 指がドアに**はさまる**
⑨ 湯を**わかす**

解答　力試し
①拒否 ②巧拙 ③披露 ④抹消 ⑤一括 ⑥挟撃 ⑦拷問 ⑧挑戦 ⑨捜索 ⑩挿入 ⑪据 ⑫搭乗 ⑬撤去 ⑭撲滅 ⑮模擬 ⑯摩擦 ⑰果汁 ⑱長江 ⑲拘泥 ⑳煮沸 ㉑気泡 ㉒洪水 ㉓浄化 ㉔津津〔津々〕 ㉕洞察 ㉖浦人

⑬ 旧校舎を**テッキョ**する。　取りはらうこと

⑭ 麻薬**ボクメツ**運動。　完全にうちほろぼす

⑮ **モギ**試験で上位に入る。　本物に似せて作ったり、行うこと

⑯ 貿易**マサツ**を解消する。　人々の間に起こる不一致・不和

⑰ **カジュウ**百パーセント。　果物をしぼった液体

⑱ **チョウコウ**を下る。　中国で最大の河

⑲ 勝敗に**コウデイ**しない。　こだわること

⑳ **シャフツ**して消毒する。　煮たたせること

㉑ 水が沸騰し**キホウ**が出る。　液体または固体の中の気体のあわ

㉒ 大雨**コウズイ**警報。　河川から水があふれ出ること

㉓ 下水を**ジョウカ**する。　きたないものをきれいにすること

㉔ 興味**シンシン**。　興味が尽きないさま

㉕ 優れた**ドウサツ**力。　本質を見抜く力

㉖ **うらびと**に出会う。　漁師など浦べに住む人

漢字	画数	読み	用例
撤	⑮	テツ	撤回（テッカイ）　撤退（テッタイ）
撲	⑮	ボク	撲殺（ボクサツ）　打撲（ダボク）
擬	⑰	ギ	擬音（ギオン）　擬人法（ギジンホウ）
摩	⑮ 手	マ	摩天楼（マテンロウ）　摩滅（マメツ）
汁	⑤	ジュウ　しる	墨汁（ボクジュウ）　豚汁（トンじる）
江	⑥	コウ　え	江湖（コウコ・ゴウコ）　入り江（いりえ）
泥	⑧	デイ　どろ	雲泥（ウンデイ）　泥沼（どろぬま）
沸	⑧	フツ　わ（く・かす）	沸点（フッテン）　沸騰（フットウ）
泡	⑧	ホウ　あわ	水泡（スイホウ）　発泡（ハッポウ）
洪	⑨	コウ	洪積層（コウセキソウ）
浄	⑨	ジョウ	浄土（ジョウド）　洗浄（センジョウ）
津	⑨	シン　つ	津波（つなみ）
洞	⑨	ドウ　ほら	洞穴（ドウケツ・ほらあな）　空洞（クウドウ）
浦	⑩	うら	浦風（うらかぜ）　浦里（うらざと）

2 次の熟語の構成は後のA～Eのどれにあたるか、記号で答えなさい。（準2級の範囲）

① 免疫（　　）　② 漆器（　　）

③ 苦渋（　　）　④ 謹慎（　　）

⑤ 石棺（　　）　⑥ 慶弔（　　）

⑦ 遷都（　　）　⑧ 巧拙（　　）

⑨ 不浄（　　）　⑩ 無償（　　）

A 同じような意味の漢字を重ねたもの。（例）…寒冷

B 反対または対応の意味を表す字を重ねたもの。（例）…強弱

C 上の字が下の字を修飾しているもの。（例）…緑色

D 下の字が上の字の目的語・補語になっているもの。（例）…登山

E 上の字が下の字の意味を打ち消しているもの。（例）…不信

1 ①泡 ②挿す ③挑む ④据わる ⑤挟み ⑥捜す ⑦拒む ⑧挟まる ⑨沸かす

2 ①D ②C ③A ④A ⑤C ⑥B ⑦D ⑧B ⑨E ⑩E

★読めるかな？

❶ 拙速　❷ 苦汁

❸ 江湖　❹ 相撲

❺ 泥酔　❻ 津々浦々

（答え）
❶せっそく
❷くじゅう
❸こうこ〔ごうこ〕
❹すもう
❺でいすい
❻つつうらうら

力試し　次の**太字**を漢字に直しなさい。

① **テンガイ**孤独の人生。（世界中）
② 平和を**カツボウ**する。（心から願い望むこと）
③ **ケイリュウ**釣り。（谷川）
④ 交通**ジュウタイ**。（はかどらなくてとどこおること）
⑤ **シシュク**する人物。（その人を模範に学ぶこと）
⑥ **コウショウ**の場に臨む。（話し合って取り決めようとすること）
⑦ **コウリョウ**とした風景。（あれはててものがないようす）
⑧ 事件の**カチュウ**の人。（もめごとのまっただなかにいる）
⑨ 日本**カイコウ**の深海魚。（海底が特に深く細長くくぼんだ地域）
⑩ **サバク**を旅する。（砂や岩石ばかりの広野）
⑪ **シッキ**の生産。（うるしぬりの器）
⑫ 収益が**ゼンゾウ**傾向だ。（だんだんふえていくこと）

漢字	画数	読み	用例
涯	⑪	ガイ	境涯（キョウガイ）　生涯（ショウガイ）
渇	⑪	カツ　かわ（く）	飢渇（キカツ）　枯渇（コカツ）
渓	⑪	ケイ	渓谷（ケイコク）　雪渓（セッケイ）
渋	⑪	ジュウ　しぶ　しぶ（い・る）	渋面（ジュウメン）　苦渋（クジュウ）
淑	⑪	シュク	淑女（シュクジョ）　貞淑（テイシュク）
渉	⑪	ショウ	渉外（ショウガイ）　干渉（カンショウ）
涼	⑪	リョウ　すず（しい）　すず（む）	清涼（セイリョウ）　納涼（ノウリョウ）
渦	⑫	カ　うず	戦渦（センカ）　渦潮（うずしお）
溝	⑬	コウ　みぞ	側溝（ソッコウ）　排水溝（ハイスイコウ）
漠	⑬	バク	漠然（バクゼン）　広漠（コウバク）
漆	⑭	シツ　うるし	漆黒（シッコク）　漆塗り（うるしぬり）
漸	⑭	ゼン	漸次（ゼンジ）　漸進的（ゼンシンテキ）

126字　328字中

漢字の書き取り　2回練習しよう！

1.

2.

コラム　三拍子とは

「三拍子」は重要な三つの条件という意味でしばしば使われますが、もともとは小鼓、太鼓、笛の三つの楽器でとる拍子のことです。

1　次の**太字**を漢字と送り仮名に直しなさい。

① 梅を**つける**
② 支払いを**しぶる**
③ **しぶ**柿を干す
④ **すずしい**風が吹く
⑤ スランプに**おちいる**
⑥ 成功の**あかつき**
⑦ タクワンが**つかる**
⑧ 敵を**おとしいれる**
⑨ のどが**かわく**
⑩ **みぞ**を掃除する

解答　力試し
①天涯　②渇望　③渓流　④渋滞　⑤私淑　⑥交渉　⑦荒涼　⑧渦中　⑨海溝　⑩砂漠　⑪漆器　⑫漸増　⑬漬物　⑭洗濯　⑮安泰　⑯愛猫　⑰猶予　⑱犬猿　⑲献上　⑳寄附　㉑欠陥　㉒一隅　㉓旋律　㉔通暁

⑬ **つけもの**を入れる樽。
野菜等を塩やぬかみそ等につけた食品

⑭ 今日は**センタク**日和だ。
衣服などを洗うこと

⑮ これで**アンタイ**だ。
安全で無事なこと

⑯ **アイビョウ**を自慢する。
かわいがっているねこ

⑰ 判決に執行**ユウヨ**がつく。
日時を先にのばすこと

⑱ **ケンエン**の仲。
非常に仲が悪いこと

⑲ 宮様に**ケンジョウ**する。
身分の高い人に物をさしあげること

⑳ 自治体に**キフ**する。
役立つよう無償で金品を差し出すこと

㉑ **ケッカン**商品の回収。
欠点があること

㉒ 部屋の**イチグウ**。
かたすみ

㉓ 美しい**センリツ**を奏でる。
メロディー

㉔ 古代史に**ツウギョウ**する。
非常にくわしく知りぬいていること

漢字	画数	部首	読み	用例
漬	⑭		つ(ける)　つ(かる)	漬物(つけもの)
濯	⑰		タク	洗濯(センタク)
泰	⑩	氺	タイ	泰然(タイゼン)　泰平(タイヘイ)
猫	⑪		ビョウ　ねこ	猫額(ビョウガク)　猫背(ねこぜ)
猶	⑫		ユウ	猶予(ユウヨ)
猿	⑬		エン　さる	類人猿(ルイジンエン)
献	⑬	犬	ケン　コン	献血(ケンケツ)　献立(コンだて)
附	⑧		フ	附則(フソク)　附属(フゾク)
陥	⑩		カン　おちい(る)　おとしい(れる)	陥没(カンボツ)　陥落(カンラク)
隅	⑫		グウ　すみ	片隅(かたすみ)　四隅(よすみ)
旋	⑪	方	セン	旋回(センカイ)　旋風(センプウ)
暁	⑫		ギョウ　あかつき	暁天(ギョウテン)　今暁(コンギョウ)

2 次の**太字**の読みを平仮名で書きなさい。（準2級の範囲）

① **胸襟**を開く。
② 連合**傘下**の組合。
③ 暴風の**虞**がある。
④ 実力が**伯仲**する。
⑤ **繭糸**を吐く蚕。
⑥ 人を**唆**す。
⑦ 行く手を**遮**る。
⑧ 農家の**嗣子**。
⑨ **果汁**百パーセント。
⑩ 村の**過疎**化が進む。

★読めるかな?

❶ 渇仰　❷ 今暁　❸ 泰然
❹ 渦紋　❺ 附帯　❻ 渋面

❶かつごう
❷こんぎょう
❸たいぜん
❹かもん
❺ふたい
❻じゅうめん

1 ①漬ける ②渋る ③渋 ④涼しい ⑤陥る ⑥暁 ⑦漬かる ⑧陥れる ⑨渇く ⑩溝
2 ①きょうきん ②さんか ③おそれ ④はくちゅう ⑤けんし ⑥そそのか ⑦さえぎ ⑧しし ⑨かじゅう ⑩かそ

力試し

次の**太字**を漢字に直しなさい。

① **コンブ**でだしをとる。　海藻の一種
② 「**チン**は国家なり。」　君主が自分を指して使うことば
③ **はだみ**離さず持ち歩く。　体
④ **ゼンシ**に傷のある熊。　まえあし
⑤ **フショウ**の息子。　親に似ないでおろかなこと
⑥ 彼の主張を**コウテイ**する。　そのとおりと認めること
⑦ **ジュンボク**な青年。　素直でかざり気がないこと
⑧ 高く伸びた**すぎ**の木。　常緑針葉樹の一つ
⑨ **スウヨウ**な地位につく。　非常に重要なところ
⑩ **ブンセキ**の結果が出る。　物事を要素に分けて調べること
⑪ 窓**わく**から乗り出す。　木や金属などでつくったふち
⑫ **センリュウ**で風刺する。　五・七・五の雑俳

漢字	画数・部首	読み	筆順	用例
昆	⑧ 日	コン	口 日 旦 昆 昆 昆	昆虫(コンチュウ)
朕	⑩	チン	月 月' 月 朕 朕 朕	朕(チン)
肌	⑥ 月	はだ	丿 月 月 月 肌 肌	肌着(はだぎ)　山肌(やまはだ)
肢	⑧	シ	月 月 月 肚 肢 肢	肢体(シタイ)　選択肢(センタクシ)
肖	⑦ 肉	ショウ	丨 丷 ⺌ 䒑 肖 肖	肖像(ショウゾウ)
肯	⑧ 肉	コウ	丨 卜 止 肯 肯 肯	首肯(シュコウ)
朴	⑥	ボク	一 十 才 木 朴 朴	素朴(ソボク)
杉	⑦	すぎ	一 十 才 木 杉 杉	杉木立(すぎこだち)　杉材(すぎザイ)
枢	⑧	スウ	才 木 木 朽 枢 枢	枢軸(スウジク)　中枢(チュウスウ)
析	⑧	セキ	一 木 木 析 析 析	析出(セキシュツ)　解析(カイセキ)
枠	⑧	わく	才 木 木 枠 枠 枠	枠内(わくナイ)　黒枠(くろわく)
柳	⑨	リュウ・やなぎ	木 木 木 柳 柳 柳	柳色(リュウショク)　柳腰(やなぎごし・リュウヨウ)

漢字の書き取り

2回練習しよう！

1.
2.

コラム

互角とは

牛の二本の角は左右で長さ、太さに変わりがないことから、お互いの力に優劣の差がないということを意味します。

1 次の**太字**を漢字と送り仮名に直しなさい。

① 思い**わずらう**
② 浄化**ソウ**をつくる
③ 障子の**サン**を拭く
④ 手を**わずらわす**
⑤ 家の**むね**上げ式
⑥ 問題を**たな**上げにする
⑦ 予算の**わく**組
⑧ 両手と両足で**シシ**

解答

力試し　①昆布　②朕　③肌身　④前肢　⑤不肖　⑥肯定　⑦純朴　⑧杉　⑨枢要　⑩分析　⑪枠　⑫川柳　⑬核心　⑭桟橋　⑮元栓　⑯石棺　⑰本棚　⑱病棟　⑲水槽　⑳栽培　㉑殉職　㉒煩悩　㉓珠玉　㉔御璽　㉕琴線　㉖発祥

⑬ **カクシン**をつく意見だ。
中心となる大事な部分

⑭ **サンばし**に船が着く。
着船のために水中に突き出したところ

⑮ ガスの**もとセン**を締める。
管の元にある栓

⑯ 古墳の中の**セッカン**。
石のひつぎ

⑰ **ホンだな**を整理する。
本を収納させる棚

⑱ 内科は第一**ビョウトウ**だ。
病院の建物

⑲ **スイソウ**で熱帯魚を飼う。
水をためておく入れ物

⑳ 野菜の**サイバイ**。
植物を植え育てること

㉑ 警官が**ジュンショク**した。
職務のために命を失うこと

㉒ **ボンノウ**を断つ。
心身を悩ますすべての迷いの心

㉓ **シュギョク**の名作。
美しく優れているもの

㉔ **ギョジ**を賜る。
天皇の御印

㉕ **キンセン**に触れる作品。
心の奥にある感じやすい部分

㉖ 古代文明**ハッショウ**の地。
起こり始まること

漢字	画数	部首	読み	用例
核	⑩		カク	核実験(カクジッケン)、中核(チュウカク)
桟	⑩		サン	桟道(サンドウ)
栓	⑩		セン	消火栓(ショウカセン)、耳栓(みみセン)
棺	⑫		カン	出棺(シュッカン)、納棺(ノウカン)
棚	⑫		たな	神棚(かみだな)、大陸棚(タイリクだな)
棟	⑫		トウ・むね・むな	棟木(むなぎ)、別棟(べつむね)
槽	⑮		ソウ	歯槽(シソウ)、浴槽(ヨクソウ)
栽	⑩	木	サイ	栽植(サイショク)、盆栽(ボンサイ)
殉	⑩		ジュン	殉死(ジュンシ)、殉難(ジュンナン)
煩	⑬		ハン・ボン・わずら(う)・わずら(わす)	煩雑(ハンザツ)
珠	⑩		シュ	珠算(シュザン)、真珠(シンジュ)
璽	⑲	玉	ジ	玉璽(ギョクジ)、国璽(コクジ)
琴	⑫	王	キン・こと	木琴(モッキン)、琴の音(ことね)
祥	⑩		ショウ	吉祥(キッショウ)、不祥(フショウ)

2 漢字の間違いを探して正しく書き直しなさい。(準2級の範囲)

① 津軽(つがる)海狭を訪れる
② 薫章を授与する
③ 隅然の出来事
④ 挟い部屋だ
⑤ 擬問符をつける
⑥ 捜査は暗焦に乗り上げた
⑦ 待偶がいい旅館
⑧ 石矯をたたいて渡る
⑨ 表象状をもらう
⑩ 訴証を起こす
⑪ 薄記検定を受ける
⑫ 遺憾の意を表明する
⑬ 不正行為に噴慨する

★読めるかな?

❶ 地肌　❷ 結核
❸ 朴念仁　❹ 棟木
❺ 桟敷　❻ 煩う

(答え)
❶じはだ
❷けっかく
❸ぼくねんじん
❹むなぎ
❺さじき
❻わずら(う)

1 ①煩う ②槽 ③桟 ④煩わす ⑤棟 ⑥棚 ⑦枠 ⑧四肢
2 ①狭→峡 ②薫→勲 ③隅→偶 ④挟→狭 ⑤擬→疑 ⑥焦→礁 ⑦偶→遇 ⑧矯→橋 ⑨象→彰 ⑩証→訟 ⑪薄→簿 ⑫遺→遺 ⑬噴→憤

178字 328字中

力試し

次の**太字**を漢字に直しなさい。

① **カフク**相半ばする。(わざわいとさいわい)
② **ザゼン**で足がしびれた。(すわって行う修行)
③ **うねどこ**に種をまく。(畑の作物を植える所)
④ **カソ**の村に病院を開く。(人口などが度を越して少ないこと)
⑤ 山頂からの**チョウボウ**。(見晴らし)
⑥ 布団で**ジュクスイ**する。(ぐっすり眠ること)
⑦ 議論の**モウテン**をつく。(見落としているところ)
⑧ 映画**カントク**に憧れる。(指導したり取り締まったりする人)
⑨ 歯の**キョウセイ**をする。(悪い所や欠点をなおすこと)
⑩ 南極の**サイヒョウ**船。(氷をくだくこと)
⑪ **ショウセキ**を採取する。(硝酸カリウムの通称)
⑫ **リュウカ**水素。(イオウと水素の化合物)

禍	禅	畝	疎	眺	睡	盲	督	矯	砕	硝	硫
⑬	⑬	⑩ 田	⑫ 𤴔	⑪	⑬	⑧ 目	⑬ 目	⑰	⑨	⑫ 石	⑫
カ	ゼン	うね	ソ うと(い・む)	チョウ なが(める)	スイ	モウ	トク	キョウ た(める)	サイ くだ(く) くだ(ける)	ショウ	リュウ
禍根(カコン) 災禍(サイカ)	禅宗(ゼンシュウ) 禅譲(ゼンジョウ)	畝織(うねおり)	疎遠(ソエン) 疎外(ソガイ)	眺望(チョウボウ)	睡眠(スイミン) 午睡(ゴスイ)	盲腸(モウチョウ) 盲目(モウモク)	督促(トクソク) 督励(トクレイ)	矯激(キョウゲキ) 奇矯(キキョウ)	玉砕(ギョクサイ) 粉砕(フンサイ)	硝煙(ショウエン) 硝酸(ショウサン)	硫安(リュウアン) 硫酸(リュウサン)

漢字の書き取り

1. 2. 2回練習しよう！

コラム　いろんな「おじ」「おば」

「おじ」「おば」というのは父や母の兄弟姉妹のこと。父や母より年下は「叔父、叔母」、年上は「伯父、伯母」、よその大人は「小父、小母」と書きます。

伯父　父　叔母　私

1 次の**太字**を漢字と送り仮名に直しなさい。

① 岩を**くだく**
② 枝を**ためる**
③ 親が子を**ほめる**
④ 毎日歯を**みがく**
⑤ **ながめ**のよい部屋
⑥ 波が**くだける**
⑦ まゆを**つむぐ**
⑧ 流行に**うとい**

解答　力試し　①禍福 ②座禅 ③畝床 ④過疎 ⑤眺望 ⑥熟睡 ⑦盲点 ⑧監督 ⑨矯正 ⑩砕氷 ⑪硝石 ⑫硫化 ⑬暗礁 ⑭囲碁 ⑮磨滅 ⑯租借 ⑰秩序 ⑱稼業 ⑲余裕 ⑳褐色 ㉑胸襟 ㉒折衷 ㉓褒美 ㉔美粧 ㉕糾弾 ㉖紡績

⑬ **アンショウ**に乗り上げる。
海中にかくれて見えない岩

⑭ **イゴ**をうつ。
石を使った陣取りゲーム

⑮ 歯車が**マメツ**する。
すりへってなくなること

⑯ **ソシャク**地を返還する。
外国の領土の一部をかり受けること

⑰ **チツジョ**正しい生活。
物事の正しい順序

⑱ 役者**カギョウ**にせいを出す。
生活費を得るための仕事

⑲ **ヨユウ**をもって行動する。
ゆとり

⑳ **カッショク**に日焼けする。
黒みをおびた茶色

㉑ **キョウキン**を開く。
思うことを打ちあけて話す

㉒ 和洋**セッチュウ**の儀式。
二つのものを調和させること

㉓ **ホウビ**をもらう。
ほめて与えるもの

㉔ **ビショウ**して出かける。
きれいに着飾ること

㉕ 与党を**キュウダン**する。
罪や失敗を問いただし、とがめる

㉖ **ボウセキ**工場で働く。
糸をつむぐこと

漢字	画数	部首	読み	用例
礁	⑰		ショウ	岩礁(ガンショウ)、座礁(ザショウ)
碁	⑬	石	ゴ	碁盤(ゴバン)、碁石(ごいし)
磨	⑯	石	マ / みが(く)	研磨(ケンマ)、練磨(レンマ)
租	⑩		ソ	租税(ソゼイ)、地租(チソ)
秩	⑩		チツ	秩序(チツジョ)
稼	⑮		カ / かせ(ぐ)	稼働(カドウ)、出稼ぎ(でかせぎ)
裕	⑫		ユウ	裕福(ユウフク)、富裕(フユウ)
褐	⑬		カツ	褐炭(カッタン)
襟	⑱		キン / えり	開襟(カイキン)、襟元(えりもと)
衷	⑨	衣	チュウ	衷心(チュウシン)、苦衷(クチュウ)
褒	⑮	衣	ホウ / ほ(める)	褒賞(ホウショウ)、過褒(カホウ)
粧	⑫		ショウ	粧鏡(ショウキョウ)、化粧(ケショウ)
糾	⑨		キュウ	糾明(キュウメイ)、紛糾(フンキュウ)
紡	⑩		ボウ / つむ(ぐ)	紡織(ボウショク)、混紡(コンボウ)

2 次の各組の□に共通する漢字を左の（　）から選び、記号で答えなさい。（準2級の範囲）

① □福　□根　災□
② □作　□出　豪□
③ □足　□才　□敏
④ □化　清□　洗□
⑤ 宮□　朝□　法□
⑥ □設　実□　布□
⑦ □大　□絶　勇□
⑧ □遠　□開　空□
⑨ □害　語□　旧□
⑩ 貨□　御□　造□

（ア傑　イ廷　ウ施　エ鈍　オ幸
カ疎　キ浄　ク壮　ケ快　コ禍
サ幣　シ流　ス俊　セ弊　ソ英）

★読めるかな？

❶ 親疎　❷ 疎通　❸ 災禍
❹ 督促　❺ 紛糾

（答え）
❶しんそ
❷そつう
❸さいか
❹とくそく
❺ふんきゅう

1 ①砕く ②矯める ③褒める ④磨く ⑤眺め ⑥砕ける ⑦紡ぐ ⑧疎い
2 ①コ ②ア ③ス ④キ ⑤イ ⑥ウ ⑦ク ⑧カ ⑨セ ⑩サ

準2級 8/13回

力試し

次の太字を漢字に直しなさい。

① **シンシ**淑女のみなさん。
教養があって礼儀正しい男子

② **ユイショ**ある家柄の出。
来歴

③ **センサイ**な指先。
かぼそく優美なさま

④ **サクイン**で調べる。
書物等の中の語句を抜き出した一覧表

⑤ 赤字が**ルイセキ**する。
重なりつもること

⑥ **ケンシ**を生産する工場。
蚕のまゆの糸

⑦ 体力を**ショウモウ**する。
使ってへらすこと

⑧ **ハクライ**の絵皿。
外国から運ばれてきた製品

⑨ 一**テイシン**の差で勝つ。
ボートの全長

⑩ **グンカン**が傾く。
戦闘力を備えた艦艇

⑪ **か**に刺される。
カ科の昆虫

⑫ **ジャぐち**をひねる。
水道管につけた口

紳	緒	繊	索	累	繭	耗	舶	艇	艦	蚊	蛇
⑪	⑭	⑰	⑩ 糸	⑪ 糸	⑱ 糸	⑩ 耒	⑪	⑬ 舟	㉑	⑩	⑪
シン	ショ・チョ / お	セン	サク	ルイ	ケン / まゆ	モウ / コウ	ハク	テイ	カン	か	ジャ・ダ / へび
紳士（シンシ） 紳商（シンショウ） 貴紳（キシン）	情緒（ジョウチョ） 端緒（タンショ（タンチョ））	繊維（センイ） 繊毛（センモウ）	検索（ケンサク） 思索（シサク）	累計（ルイケイ） 累進（ルイシン）	繭玉（まゆだま）	損耗（ソンモウ） 磨耗（マモウ）	舶載（ハクサイ） 船舶（センパク）	艇首（テイシュ） 競艇（キョウテイ）	戦艦（センカン） 潜水艦（センスイカン）	蚊柱（かばしら）	蛇行（ダコウ） 長蛇（チョウダ）

漢字の書き取り 2回練習しよう！

コラム 圧巻とは

「巻」は昔の中国の官吏登用試験の答案用紙で、最優秀のものを一番上にのせた故事により、書物や催し物の中で最もすぐれている部分をいいます。

圧巻

1 次の太字を漢字と送り仮名に直しなさい。

① 医者に**みせる**
② 懇々と**さとす**
③ 堪忍袋の**お**が切れる
④ **つつしんで**申し上げる
⑤ **ほたる**が光る
⑥ 初日の出に**ちかう**
⑦ **へび**の生殺し

解答 力試し
①紳士 ②由緒 ③繊細 ④索引 ⑤累積 ⑥繭糸 ⑦消耗 ⑧舶来 ⑨艇身 ⑩軍艦 ⑪蚊 ⑫蛇口 ⑬蛍雪 ⑭融資 ⑮訴訟 ⑯詐称 ⑰詔勅 ⑱診断 ⑲拝謁 ⑳教諭 ㉑謹賀 ㉒謙譲 ㉓楽譜 ㉔誓約 ㉕謄本

⑬ **ケイセツ**の功。
辛苦して勉強した成果

⑭ 銀行が企業に**ユウシ**する。
資金を貸すこと

⑮ **ソショウ**を起こす。
裁判所に裁判を請求すること

⑯ 年齢を**サショウ**する。
名前等をいつわって称すること

⑰ **ショウチョク**がくだる。
天皇が発する公文書

⑱ 健康**シンダン**を受ける。
医者が体の調子を調べること

⑲ 君主に**ハイエツ**する。
国王などに面会すること

⑳ 学校の**キョウユ**を志す。
先生

㉑ **キンガ**新年のごあいさつ。
新年をつつしんで祝ういいかた

㉒ **ケンジョウ**語を使う。
敬語の一つ

㉓ **ガクフ**を見て演奏する。
音楽を一定の記号で書き記したもの

㉔ **セイヤク**書を書く。
誓って約束すること

㉕ 戸籍**トウホン**を見る。
原本の内容をすべて写したもの

漢字	画数・部首	読み	用例
蛍	⑪ 虫	ケイ ほたる	蛍光(ケイコウ) 蛍狩り(ほたるがり)
融	⑯ 虫	ユウ	融解(ユウカイ) 金融(キンユウ)
訟	⑪	ショウ	訴訟(ソショウ)
詐	⑫	サ	詐欺(サギ) 詐取(サシュ)
詔	⑫	ショウ みことのり	詔書(ショウショ) 天子の詔(テンシのみことのり)
診	⑫	シン み(る)	診療(シンリョウ) 打診(ダシン)
謁	⑮	エツ	謁見(エッケン) 内謁(ナイエツ)
諭	⑯	ユ さと(す)	諭旨(ユシ) 説諭(セツユ)
謹	⑰	キン つつし(む)	謹慎(キンシン) 謹呈(キンテイ)
謙	⑰	ケン	謙虚(ケンキョ) 恭謙(キョウケン)
譜	⑲	フ	譜面(フメン) 系譜(ケイフ)
誓	⑭ 言	セイ ちか(う)	誓願(セイガン) 宣誓(センセイ)
謄	⑰ 言	トウ	謄写(トウシャ)

2 次の太字の読みを平仮名で書きなさい。（準2級の範囲）

① 前の**扉**から入る。
② **門扉**をあける。
③ はやり**廃**りのある服。
④ 制度を**廃止**する。
⑤ **柔軟**性のある体。
⑥ **軟**らかな土。
⑦ 朝顔の**栽培**。
⑧ 公徳心を**培**う。
⑨ **喪**に服している。
⑩ 記憶を**喪失**する。

★読めるかな?

❶ 情緒　❷ 鼻緒
❸ 繊手　❹ 心神耗弱
❺ 蚊帳　❻ 融通

（答え）
❶じょうちょ
❷はなお
❸せんしゅ
❹しんしんこうじゃく
❺かや　❻ゆうずう

1 ①診せる ②諭す ③緒 ④謹んで ⑤蛍 ⑥誓う ⑦蛇
2 ①とびら ②もんぴ ③すた ④はいし ⑤じゅうなん ⑥やわ ⑦さいばい ⑧つちか ⑨も ⑩そうしつ

力試し 次の太字を漢字に直しなさい。

① **シュウワイ**罪で逮捕。（不正な贈物を受け取ること）
② **オンシ**のタバコ。（天皇から物をもらうこと、その品）
③ **バイショウ**金を支払う。（損害をつぐなうこと）
④ 本を**コウニュウ**する。（かうこと）
⑤ **テイシュク**な妻。（しとやかな女性）
⑥ 学問の進歩に**コウケン**。（力をつくして寄与すること）
⑦ 外国からの**ヒンキャク**。（大切にもてなさなければならぬ客）
⑧ **ジッセン**あるのみだ。（実際に履行すること）
⑨ 自宅に**ナンキン**される。（監禁の程度のゆるいもの）
⑩ 幕府**チョッカツ**の領地。（直接に管理すること）
⑪ 情状**シャクリョウ**する。（事情をくみとって手加減すること）
⑫ **サクサン**は黄色の液体。（薬品のひとつ）

漢字	画数	部首	音読み	訓読み	用例
賄	⑬		ワイ	まかな(う)	贈賄（ゾウワイ）
賜	⑮		シ	たまわ(る)	賜杯（シハイ）、下賜（カシ）
賠	⑮		バイ		賠償（バイショウ）
購	⑰		コウ		購読（コウドク）、購買（コウバイ）
貞	⑨	貝	テイ		貞節（テイセツ）、貞操（テイソウ）
貢	⑩	貝	コウ・ク	みつ(ぐ)	年貢（ネング）、貢ぎ物（みつぎもの）
賓	⑮	貝	ヒン		主賓（シュヒン）、来賓（ライヒン）
践	⑬		セン		実践（ジッセン）
軟	⑪		ナン	やわ(らか)、やわ(らかい)	軟弱（ナンジャク）、柔軟（ジュウナン）
轄	⑰		カツ		管轄（カンカツ）、所轄（ショカツ）
酌	⑩		シャク	く(む)	媒酌（バイシャク）、晩酌（バンシャク）
酢	⑫		サク	す	米酢（こめず）

漢字の書き取り 2回練習しよう！

コラム

「月」があるかないかで

「蔵」は草でおおいかくす意から転じ、しまっておく所の意味（所蔵、貯蔵）。「臓」は体内におさめる器官の意味（臓器、内臓、心臓など）。

蔵 臓

1 次の太字を漢字と送り仮名に直しなさい。

① 活字に**うえる**
② 魚を**つる**
③ 酒を**くみ**交わす
④ 金品を**みつぐ**
⑤ 賞を**たまわる**
⑥ 物議を**かもす**
⑦ **まかない**付きの下宿
⑧ **みにくい**争いを繰り返す

解答 力試し
①収賄 ②恩賜 ③賠償 ④購入 ⑤貞淑 ⑥貢献 ⑦賓客 ⑧実践 ⑨軟禁 ⑩直轄 ⑪酌量 ⑫酢酸 ⑬応酬 ⑭酪農 ⑮残酷 ⑯醜態 ⑰醸造 ⑱釣果 ⑲鉢 ⑳予鈴 ㉑銃声 ㉒感銘 ㉓飢餓 ㉔長靴

⑬ 激しい議論の**オウシュウ**。（意見をやりとりすること）

⑭ **ラクノウ**を営む牧場。（牛や羊の乳をあつかう農業）

⑮ **ザンコク**な場面が多い。（むごたらしい）

⑯ **シュウタイ**をさらす。（みっともないありさま）

⑰ 酒を**ジョウゾウ**する。（発酵作用により酒などをつくること）

⑱ 抜群の**チョウカ**を挙げた。（魚つりの成果）

⑲ 植木**バチ**を置く。（植物を植えた容器）

⑳ 授業開始の**ヨレイ**がなる。（開始のベルより少し前になるベル）

㉑ **ジュウセイ**が聞こえた。（鉄砲を撃った音）

㉒ **カンメイ**を受ける。（深く感動して忘れないこと）

㉓ **キガ**に苦しむ冬山の猿。（うえくるしむこと）

㉔ **チョウカ**を履き乗馬する。（革製のながぐつ）

漢字	画数	読み	用例
酬	⑬	シュウ	献酬（ケンシュウ）・報酬（ホウシュウ）
酪	⑬	ラク	乳酪（ニュウラク）
酷	⑭	コク	酷似（コクジ）・冷酷（レイコク）
醜	⑰	シュウ・みにく(い)	醜悪（シュウアク）・醜聞（シュウブン）
醸	⑳	ジョウ・かも(す)	醸成（ジョウセイ）
釣	⑪	チョウ・つ(る)	釣魚（チョウギョ）・釣り針（つりばり）
鉢	⑬	ハチ・ハツ	衣鉢（イハツ・エハツ）・鉢巻き（はちまき）
鈴	⑬	レイ・リン・すず	風鈴（フウリン）・振鈴（シンレイ）
銃	⑭	ジュウ	銃口（ジュウコウ）・猟銃（リョウジュウ）
銘	⑭	メイ	銘柄（メイがら）・碑銘（ヒメイ）
飢	⑩	キ・う(える)	飢渇（キカツ）
靴	⑬	カ・くつ	製靴（せいカ）・靴下（くつした）

2 次の――線にあてはまる送り仮名を［ ］に平仮名で書きなさい。（準２級の範囲）

① 学力を培――。

② 彼の態度は恭――。

③ 思い煩――。

④ 懇――にもてなす。

⑤ 相手を侮――。

⑥ 湯が沸――。

⑦ お金を稼――。

⑧ 石を砕――。

⑨ 受け取りを拒――。

⑩ 憤――を感じる。

⑪ 草木の香が薫――。

⑫ 併――持つ。

⑬ 故郷を懐――。

⑭ 栄養が偏――。

⑮ 心臓を患――。

★読めるかな？

❶ 下賜　❷ 酷使　❸ 媒酌　❹ 衣鉢　❺ 電鈴

（答え）
❶かし
❷こくし
❸ばいしゃく
❹いはつ〔えはつ〕
❺でんれい

1 ①飢える ②釣る ③酌み ④貢ぐ ⑤賜る ⑥醸す ⑦賄い ⑧醜い
2 ①う ②しい ③う ④ろ ⑤る ⑥く ⑦ぐ ⑧く ⑨む ⑩り ⑪る ⑫せ ⑬かしむ ⑭る ⑮う

253字 328字中

力試し

次の**太字**を漢字に直しなさい。

① 努力は**ムダ**にならない。（かいのないさま）
② 物価が**キュウトウ**する。（急にあがること）
③ 質実**ゴウケン**な若者。（まじめで飾り気がなく心身ともにたくましいさま）
④ **カイボウ**の実験。（生物を切り開いて調べること）
⑤ 少し自信**カジョウ**だ。（多すぎること）
⑥ **ハクジン**ひらめく。（さやから抜いた刃）
⑦ **ヒョウショウ**状の授与。（世に広く明らかにしほめること）
⑧ 大富豪の**テイタク**。（屋敷）
⑨ ざりがには**コウカク**類。（節足動物の一類）
⑩ **ガンコ**だが涙もろい。（意地をはり、かたくななこと）
⑪ 会員だけの**ハンプ**会。（広く分けて配り、いきわたらせること）
⑫ **ヒンパン**に欠席する。（しきりに）

漢字	画数・部首	読み	用例
駄	⑭	ダ	駄賃(ダチン)　駄目(ダメ)
騰	⑳ 馬	トウ	沸騰(フットウ)　暴騰(ボウトウ)
剛	⑩	ゴウ	剛直(ゴウチョク)　金剛石(コンゴウセキ)
剖	⑩	ボウ	解剖(カイボウ)
剰	⑪ 刂	ジョウ	剰余(ジョウヨ)　余剰(ヨジョウ)
刃	③ 刀	ジン　は	凶刃(キョウジン)　刃物(はもの)
彰	⑭ 彡	ショウ	顕彰(ケンショウ)
邸	⑧	テイ	豪邸(ゴウテイ)　私邸(シテイ)
殻	⑪ 殳	カク　から	地殻(チカク)　貝殻(かいがら)
頑	⑬ 頁	ガン	頑強(ガンキョウ)　頑丈(ガンジョウ)
頒	⑬ 頁	ハン	頒価(ハンカ)
頻	⑰	ヒン	頻出(ヒンシュツ)　頻度(ヒンド)

漢字の書き取り

2回練習しよう！

1.
2.

コラム　何歳のこと？

「米寿(べいじゅ)」は米という字を分解すると、八、十、八となることから、88歳のこと。「白寿(はくじゅ)」は百から一をとって99歳のことです。

百−一=99
白寿

1 次の**太字**を漢字に直しなさい。

① **カフ**は未亡人のこと
② **カンダイ**な心の人
③ きのこは**キンルイ**
④ 閣議を**シュサイ**する
⑤ **コウショウ**な趣味
⑥ **テイネイ**な言葉
⑦ **ナイゴウ**外柔
⑧ **ベンギ**をはかる

解答　力試し　①無駄　②急騰　③剛健　④解剖　⑤過剰　⑥白刃　⑦表彰　⑧邸宅　⑨甲殻　⑩頑固　⑪頒布　⑫頻繁　⑬顕著　⑭享受　⑮亭主　⑯適宜　⑰宰相　⑱春宵　⑲寛容　⑳寡黙　㉑寧日　㉒寮　㉓尚早　㉔地下茎　㉕別荘　㉖滅菌

⑬ **ケンチョ**な進歩。
きわだっていちじるしい

⑭ 恩恵を**キョウジュ**する。
うけとって十分自分の物にすること

⑮ **テイシュ**関白な夫。
夫が家庭の支配者としていばっていること

⑯ 不足分を**テキギ**補う。
ほどよいと思う方法で行う様子

⑰ 日本の**サイショウ**。
首相

⑱ **シュンショウ**一刻値千金。
春のよい

⑲ **カンヨウ**な態度を示す。
心が広いようす

⑳ **カモク**な男の人。
言葉が少なく、黙りがち

㉑ 多忙で**ネイジツ**がない。
心の安らぐ日

㉒ 独身**リョウ**に入る。
未婚者のための寄宿舎

㉓ まだ時期**ショウソウ**だ。
時期がはやいこと

㉔ じゃがいもは**チカケイ**だ。
地中にあるくき

㉕ 夏は**ベッソウ**で過ごす。
別宅

㉖ **メッキン**消毒をする。
熱や薬品できんをほろぼすこと

漢字	画数	読み	用例
顕	18	ケン	顕彰（ケンショウ）・顕微鏡（ケンビキョウ）
享	8	キョウ	享年（キョウネン）・享楽（キョウラク）
亭	9	テイ	料亭（リョウテイ）
宜	8	ギ	機宜（キギ）・便宜（ベンギ）
宰	10	サイ	宰領（サイリョウ）・主宰（シュサイ）
宵	10	ショウ・よい	徹宵（テッショウ）・宵の口（よいのくち）
寛	13	カン	寛厳（カンゲン）・寛大（カンダイ）
寡	14	カ	寡占（カセン）・衆寡（シュウカ）
寧	14	ネイ	安寧（アンネイ）・丁寧（テイネイ）
寮	15	リョウ	寮生（リョウセイ）・寮母（リョウボ）
尚	8	ショウ	尚古（ショウコ）・高尚（コウショウ）
茎	8	ケイ・くき	球茎（キュウケイ）・歯茎（はぐき）
荘	9	ソウ	荘厳（ソウゴン）・荘重（ソウチョウ）
菌	11	キン	菌糸（キンシ）・雑菌（ザッキン）

1 次の□に入る語を（　）から選び、漢字に直して四字熟語を完成させなさい。（準2級の範囲）

（ざい・じゅん・かん・ゆう・さく・じょう・さい・ほん・がい・へん）

① 天□孤独
② 千□一遇
③ 暗中模□
④ 自□自縛
⑤ 東□西走
⑥ □話休題
⑦ 粉骨□身
⑧ 因□姑息
⑨ 不□不党
⑩ 執行□予

★読めるかな？

❶ 駄馬　❷ 騰貴
❸ 寡聞　❹ 和尚
❺ 頑迷　❻ 卵殻

（答え）
❶だば　❷とうき
❸かぶん
❹おしょう
❺がんめい
❻らんかく

1 ①寡婦 ②寛大 ③菌類 ④主宰 ⑤高尚 ⑥丁寧 ⑦内剛 ⑧便宜
2 ①涯 ②載 ③索 ④縛 ⑤奔 ⑥閑 ⑦砕 ⑧循 ⑨偏 ⑩猶

力試し

次の**太字**を漢字に直しなさい。

① 父母の**クントウ**を受ける。　すぐれた人格で他人を教え育てること
② 委員に**スイセン**される。　よいと思うものをすすめること
③ **カイソウ**を食べる。　海中のソウ類
④ 祖父は**ダンシャク**だ。　爵位のひとつ
⑤ 宝石店の**セットウ**事件。　他の財物をこっそり盗むこと
⑥ 服がやや**キュウクツ**だ。　ゆとりがなく思うままにできないこと
⑦ **ヨウギョウ**の盛んな地域。　陶磁器などの製造産業
⑧ 裁判官を**ヒメン**する。　職務をやめさせること
⑨ 全分野を**モウラ**する。　全部をとりいれること
⑩ **スイトウ**にお茶を入れる。　飲み物をいれるための容器
⑪ 暴雨の**おそれ**がある。　悪いことが起こる可能性があること
⑫ **ホリョ**として収容される。　戦争などで敵に捕らえられたもの

279字／328字中

漢字	画数	部首	読み	用例
薫	16		クン／かお(る)	薫製（クンセイ）、薫風（クンプウ）
薦	16		セン／すす(める)	自薦（ジセン）、他薦（タセン）
藻	19		ソウ／も	藻類（ソウルイ）、藻（も）
爵	17	爫	シャク	爵位（シャクイ）、公爵（コウシャク）
窃	9		セツ	窃取（セッシュ）
窮	15	穴	キュウ／きわ(める)／きわ(まる)	窮地（キュウチ）、困窮（コンキュウ）
窯	15	穴	ヨウ／かま	窯元（かまもと）
罷	15	罒	ヒ	罷業（ヒギョウ）
羅	19	罒	ラ	羅列（ラレツ）、羅針盤（ラシンバン）
筒	12		トウ／つつ	封筒（フウトウ）、竹筒（たけづつ）
虞	13		おそれ	虞（おそれ）
虜	13	虍	リョ	虜囚（リョシュウ）

漢字の書き取り

2回練習しよう！

コラム　タバコは日本語？

タバコはポルトガル語です。外来語ですが、煙草と書かれ日本語に定着しています。和服の下着の襦袢（ジュバン）、天婦羅（テンプラ）も同じく本来はポルトガル語です。

煙草　タバコ

1 次の**太字**を漢字と送り仮名に直しなさい。

① **すたれた**流行歌
② **アクヘイ**を排除する
③ 歩いて**もどる**
④ **エントウ**形の容器
⑤ 風**かおる**五月
⑥ 乾物を水で**もどす**
⑦ 靴を**はく**
⑧ ついに進退**きわまる**
⑨ 本を**すすめる**
⑩ 多忙を**きわめる**

解答　力試し

①薫陶　②推薦　③海藻　④男爵　⑤窃盗　⑥窮屈　⑦窯業　⑧罷免　⑨網羅　⑩水筒　⑪虞　⑫捕虜　⑬覇権　⑭雰囲気　⑮霜害　⑯語弊　⑰厄年　⑱尼僧　⑲履歴　⑳庶民　㉑凡庸　㉒撤廃　㉓返戻　㉔開扉　㉕疫病　㉖症状

⑬ **ハケン**を争う。（支配者としての権力）

⑭ 明るい**フンイキ**の店。（場を満たす空気）

⑮ **ソウガイ**にあう。（時期外れのシモによる農作物の被害）

⑯ **ゴヘイ**のある言い方。（不適切な言い方による誤解）

⑰ **ヤクどし**にあたる。（災難が多いとされている年齢）

⑱ 穏やかな表情の**ニソウ**。（出家した女性）

⑲ **リレキ**書を書く。（現在までの経歴）

⑳ **ショミン**的な味。（一般大衆）

㉑ **ボンヨウ**な人物。（すぐれた点がないさま）

㉒ 男女差別の**テッパイ**。（とりのぞきやめること）

㉓ **ヘンレイ**金を受けとる。（返しもどすこと）

㉔ 古い蔵を**カイヒ**する。（扉を開けること）

㉕ **エキビョウ**を予防する。（感染症）

㉖ **ショウジョウ**が悪化する。（病気や負傷の状態）

漢字	画数・部首	読み	用例
覇	⑲ 襾	ハ	制覇（セイハ）　連覇（レンパ）
雰	⑫	フン	雰囲気（フンイキ）
霜	⑰	ソウ　しも	晩霜（バンソウ）　霜柱（しもばしら）
弊	⑮ 廾	ヘイ	弊害（ヘイガイ）　疲弊（ヒヘイ）
厄	④	ヤク	厄介（ヤッカイ）　災厄（サイヤク）
尼	⑤	ニ　あま	修道尼（シュウドウニ）　尼寺（あまでら）
履	⑮	リ　は（く）	履行（リコウ）　履修（リシュウ）
庶	⑪	ショ	庶務（ショム）
庸	⑪	ヨウ	中庸（チュウヨウ）
廃	⑫ 广	ハイ　すた（れる）　すた（る）	廃棄（ハイキ）　廃止（ハイシ）
戻	⑦ 戸	レイ　もど（す）　もど（る）	後戻り（あともどり）
扉	⑫	ヒ　とびら	門扉（モンピ）　扉（とびら）
疫	⑨	エキ　ヤク	免疫（メンエキ）　疫病神（ヤクビョウがみ）
症	⑩	ショウ	重症（ジュウショウ）　症候群（ショウコウグン）

2 次の漢字の部首を（　）に、部首名を［　］に書きなさい。（準2級の範囲）

① 栽（　）［　］
② 且（　）［　］
③ 甚（　）［　］
④ 凸（　）［　］
⑤ 畝（　）［　］
⑥ 享（　）［　］
⑦ 窯（　）［　］
⑧ 勲（　）［　］
⑨ 賓（　）［　］
⑩ 竜（　）［　］

1 ①廃れた ②悪弊 ③戻る ④円筒 ⑤薫る ⑥戻す ⑦履く ⑧窮まる ⑨薦める ⑩窮める
2 ①木 き ②一 いち ③甘 かん ④凵 うけばこ ⑤田 た ⑥亠 なべぶた ⑦穴 あなかんむり ⑧力 ちから ⑨貝 かい ⑩竜 りゅう

★読めるかな？

❶ 弊社　❷ 厄日
❸ 修道尼　❹ 草履
❺ 租庸調　❻ 症候群

（答え）
❶へいしゃ
❷やくび
❸しゅうどうに
❹ぞうり
❺そようちょう
❻しょうこうぐん

303字 328字中

力試し

次の**太字**を漢字に直しなさい。

① 食べ過ぎて**ゲリ**になる。（腹をくだすこと）

② **オンチ**だけど歌が好き。（正しい音程で歌えないこと）

③ 病気が完全に**チユ**する。（治ること）

④ **ホウテイ**に立つ。（裁判を行うところ）

⑤ 獅子**フンジン**の大活躍。（はげしくふるいたつこと）

⑥ 長官が**コウテツ**される。（ある地位や役職の人をかえること）

⑦ 恩師が**セイキョ**した。（他人の死の尊敬語）

⑧ 経過を**チクジ**知らせる。（順を追って一つ一つ）

⑨ **テイシン**という業務。（郵便と電信の事務）

⑩ 常識から**イツダツ**する。（外れる）

⑪ **フヘン**の真理。（すべてのものにあてはまること）

⑫ 音を**シャダン**する防音室。（さえぎり止めること）

痢	痴	癒	廷	迅	迭	逝	逐	逓	逸	遍	遮
⑫	⑬	⑱	⑦	⑥	⑧	⑩	⑩	⑩	⑪	⑫	⑭
リ	チ	ユ い（える） い（やす）	テイ	ジン	テツ	セイ ゆ（く） い（く）	チク	テイ	イツ	ヘン	シャ さえぎ（る）
疫痢（エキリ） 赤痢（セキリ）	痴漢（チカン） 愚痴（グチ）	癒着（ユチャク） 平癒（ヘイユ）	出廷（シュッテイ） 朝廷（チョウテイ）	迅速（ジンソク）	更迭（コウテツ）	急逝（キュウセイ）	逐一（チクイチ） 駆逐（クチク）	逓送（テイソウ） 逓減（テイゲン）	逸話（イツワ） 秀逸（シュウイツ）	遍歴（ヘンレキ） 一遍（イッペン）	遮光（シャコウ）

漢字の書き取り

2回練習しよう！

1.

2.

コラム いとしいという心

「恋」の旧字体は「戀」です。バラバラにすると「いと（糸）しい、いと（糸）しいと言う心」となり、覚えやすくなります。

1 次の**太字**を漢字と送り仮名に直しなさい。

① **アネッタイ**気候

② **エキリ**が広がる

③ 学費に**あてる**

④ **ゴクシュウ**の身

⑤ **チジョウ**のもつれ

⑥ 日光を**さえぎる**

⑦ 安らかに**ゆく**

⑧ 領土を**ヘンカン**する

解答 力試し

①下痢 ②音痴 ③治癒 ④法廷 ⑤奮迅 ⑥更迭 ⑦逝去 ⑧逐次 ⑨逓信 ⑩逸脱 ⑪普遍 ⑫遮断 ⑬変遷 ⑭還元 ⑮幽囚 ⑯平衡 ⑰閑静 ⑱派閥 ⑲且 ⑳丙 ㉑亜流 ㉒充実 ㉓批准 ㉔凹面

⑬ 生活様式の**ヘンセン**。
移り変わること

⑭ 利益を**カンゲン**する。
もとの状態にもどすこと

⑮ **ユウシュウ**の身となる。
牢獄に閉じ込められること

⑯ 自然との**ヘイコウ**を保つ。
一方に片寄らずつりあいをとること

⑰ **カンセイ**な住宅街。
ひっそりとして静かなようす

⑱ 政党内の**ハバツ**争い。
集団内部での排他的な人の集まり

⑲ 必要**かつ**十分な条件。
同時に

⑳ 甲乙**ヘイ**丁での評価。
すぐれたものから順に四段階の評価

㉑ ピカソの**アリュウ**。
第一流のまねごと

㉒ **ジュウジツ**した毎日。
内容がみちていて豊かなこと

㉓ 条約を**ヒジュン**する。
条約締結のさいに交わされる手続き

㉔ **オウメン**を上にする。
へこんでいる面

漢字	画数・部首	読み	用例
遷	⑮	セン	遷都（セント）　左遷（サセン）
還	⑯	カン	帰還（キカン）　生還（セイカン）
囚	⑤	シュウ	囚人（シュウジン）　死刑囚（シケイシュウ）
衡	⑯ 行	コウ	均衡（キンコウ）　度量衡（ドリョウコウ）
閑	⑫	カン	閑却（カンキャク）　閑散（カンサン）
閥	⑭	バツ	学閥（ガクバツ）　財閥（ザイバツ）
且	⑤ 一	か(つ)	且（か）つ
丙	⑤ 一	ヘイ	丙（ヘイ）
亜	⑦ 二	ア	亜鉛（アエン）　亜麻（アマ）
充	⑥ 儿	ジュウ　あ(てる)	充満（ジュウマン）　補充（ホジュウ）
准	⑩	ジュン	准将（ジュンショウ）
凹	⑤ 凵	オウ	凹凸（オウトツ）　凹面鏡（オウメンキョウ）

2 次の□には形の似た漢字が入る。それぞれに「官」のついた漢字を入れて熟語を完成させなさい。（準2級の範囲）

① 血□　② 旅□　③ □庁　④ 納□　⑤ 高□　⑥ 石□　⑦ 気□　⑧ □位　⑨ 図書□　⑩ □理

1 ①亜熱帯　②疫痢　③充てる　④獄囚　⑤痴情　⑥遮る　⑦逝く　⑧返還
2 ①管　②館　③官　④棺　⑤官　⑥棺　⑦管　⑧官　⑨館　⑩管

★読めるかな？

❶ 痴話げんか　❷ 廷臣
❸ 疾風迅雷　❹ 逸品
❺ 逐一　❻ 准看護師

（答え）
❶ちわ（げんか）
❷ていしん
❸しっぷうじんらい
❹いっぴん
❺ちくいち
❻じゅんかんごし

準2級 13/13回

力試し 次の太字を漢字に直しなさい。

① **トッパン**印刷の技術。
インクの面が出っ張っている印刷版

② 政府高官を**ダンガイ**する。
罪状を調べ、責任追及をすること

③ **チョクメイ**により編集した歌集。
天皇の命令

④ 文化**クンショウ**をもらう。
国家が授与する記章

⑤ **イッショウ**瓶。
容量の単位

⑥ **シュクボ**に会いに行く。
おば（父母の妹）

⑦ 春を**ジョケイ**した詩。
自然の風景を詩文に表わすこと

⑧ **ユウソウ**な太鼓の響き。
いさましくて意気盛んな様子

⑨ 郷里を**シュッポン**する。
逃げ出すこと

⑩ 倹約を**ショウレイ**する。
よいことだと行うようにすすめはげますこと

⑪ 祖父は**ショウイ**だった。
軍隊の階級で将校の最下位

⑫ **チュウトン**地の取材。
軍隊がある地にとどまっていること

漢字	画数	部首	読み	用例
凸	⑤	凵	トツ	凸面鏡（トツメンキョウ）、凹凸（オウトツ）
劾	⑧	力	ガイ	弾劾（ダンガイ）
勅	⑨	力	チョク	勅語（チョクゴ）、勅使（チョクシ）
勲	⑮	力	クン	勲一等（クンイットウ）、殊勲（シュクン）
升	④	十	ショウ／ます	升目（ますめ）
叔	⑧	又	シュク	叔父（おじ）、伯叔（ハクシュク）
叙	⑨	又	ジョ	叙情（ジョジョウ）、叙述（ジョジュツ）
壮	⑥	士	ソウ	壮快（ソウカイ）、壮大（ソウダイ）
奔	⑧	大	ホン	奔走（ホンソウ）、奔放（ホンポウ）
奨	⑬	大	ショウ	奨学金（ショウガクキン）、推奨（スイショウ）
尉	⑪	寸	イ	尉官（イカン）、大尉（タイイ）
屯	④	屮	トン	屯営（トンエイ）、屯田兵（トンデンヘイ）

328字
328字中

笹百合（ささゆり）

漢字の書き取り 2回練習しよう！

1.
2.

コラム 網羅とは

「網」は魚をとる網、「羅」は鳥をとる網のことで、すべて残らず取り入れること、あまりなく尽くすという意味です。

網 羅

1 次の太字を漢字と送り仮名に直しなさい。

① 彼は**ソウネン**期だ
② 旧陸軍の**グンソウ**
③ **こげくさい**におい
④ 塞（サイ）**オウ**が馬
⑤ 自由**ホンポウ**
⑥ **ジョジ**詩を読む
⑦ **ドビン**でお茶を入れる
⑧ **はなはだしい**金額
⑨ **はなはだ**迷惑な話だ
⑩ **ます**席を予約する

解答 力試し ①凸版 ②弾劾 ③勅命 ④勲章 ⑤一升 ⑥叔母 ⑦叙景 ⑧勇壮 ⑨出奔 ⑩奨励 ⑪少尉 ⑫駐屯 ⑬曹 ⑭落款 ⑮花瓶 ⑯甚大 ⑰缶詰 ⑱老翁 ⑲自粛 ⑳異臭 ㉑斉唱 ㉒斎場 ㉓余韻 ㉔恐竜 ㉕麻酔

⑬ 道元が伝えたソウ洞宗(トウ)。　禅宗の一派

⑭ 作者のラッカンを見る。　書画に作者が自筆した署名や印

⑮ カビンにユリを生ける。　花をさすのに使う器

⑯ ジンダイな被害が出た。　程度が非常に大きいこと

⑰ 桃のカンづめを買う。　カンにつめて密封した保存食

⑱ ロウオウの昔話を聞く。　年をとった男

⑲ 外出をジシュクする。　自ら行いをつつしむこと

⑳ イシュウが漂う。　変なにおい

㉑ 校歌をセイショウする。　声をそろえて歌うこと

㉒ 町はずれのサイジョウ。　葬儀を行う所

㉓ 映画のヨインを味わう。　後に残る味わい

㉔ キョウリュウのいた時代。　大型の爬虫類

㉕ 歯医者がマスイをする。　薬品で知覚を一時失わせること

曹	款	瓶	甚	缶	翁	粛	臭	斉	斎	韻	竜	麻
⑪ 曰	⑫ 欠	⑪ 瓦	⑨ 甘	⑥ 缶	⑩ 羽	⑪ 聿	⑨ 自	⑧ 斉	⑪ 斉	⑲ 音	⑩ 竜	⑪ 麻
ソウ	カン	ビン	ジン はなは(だ) はなは(だしい)	カン	オウ	シュク	シュウ くさ(い) にお(う)	セイ	サイ	イン	リュウ たつ	マ あさ
重曹(ジュウソウ) 法曹(ホウソウ)	借款(シャッカン) 定款(テイカン)	瓶詰(ビンづめ) 瓶底(ビンぞこ)	幸甚(コウジン)	缶切(カンきり) 空き缶(あきカン)	老翁(ロウオウ)	厳粛(ゲンシュク) 静粛(セイシュク)	臭気(シュウキ) 悪臭(アクシュウ)	一斉(イッセイ) 均斉(キンセイ)	潔斎(ケッサイ) 書斎(ショサイ)	韻律(インリツ) 押韻(オウイン)	竜神(リュウジン) 竜巻(たつまき)	麻薬(マヤク) 麻糸(あさいと)

2 それぞれ一つだけ部首の違う漢字がある。その漢字を□に、部首を（　）に、部首名を「　」に書きなさい。（準2級の範囲）

① 謄　肪　胞　脚

② 欧　欺　軟　欲

③ 嫌　娯　妊　要

④ 吟　環　喚　喫

⑤ 塁　墾　塾　至

⑥ 単　蛍　営　厳

⑦ 相　朴　枚　概

⑧ 厚　厘　圧　厄

⑨ 敬　敏　赦　敢

⑩ 量　旨　暮　昼

1 ①壮年 ②軍曹 ③臭い ④翁 ⑤奔放 ⑥叙事 ⑦土瓶 ⑧甚だしい ⑨甚だ ⑩升
2 ①謄 言 げん ②軟 車 くるまへん ③要 襾 おおいかんむり ④環 王 おうへん ⑤至 至 いたる ⑥蛍 虫 むし ⑦相 目 め ⑧圧 土 つち ⑨赦 赤 あか ⑩量 里 さと

★読めるかな？

❶凸凹　❷詔勅　❸斎戒

❹強壮剤　❺款項

❻登竜門　❼竜頭蛇尾

（答え）
❶でこぼこ ❷しょうちょく
❸さいかい
❹きょうそうざい
❺かんこう
❻とうりゅうもん
❼りゅうとうだび

実力試験（準2級）

P.76 〜 101

1 次のカタカナを漢字に直しなさい。（1×20）

①相手先と**コウショウ**する。
②自然の**ソウダイ**な美しさ。
③**ブンケン**に当たって調べる。
④幕府の**チョッカツ**していた土地。
⑤下手な**サルシバイ**を演じる。
⑥**ユウカイ**事件が発生する。
⑦漢詩の**オンイン**を調べる。
⑧小人**カンキョ**して不善を為す。
⑨**イカン**の意を表明する。
⑩六十歳の**カンレキ**を祝う。
⑪体罰を**キュウダン**する。
⑫寸借**サギ**が横行する。
⑬**ケンビ**鏡で観察する。
⑭**ヘイコウ**感覚を養う。
⑮**ショサイ**で仕事をする。
⑯生ごみが**イシュウ**を放つ。
⑰部品を**ホジュウ**する。
⑱**ジジョ**伝を書く。
⑲本分を**イツダツ**した行為。
⑳**カンダイ**な処置を望む。

①	②	③	④	⑤	⑥	⑦	⑧	⑨	⑩

⑪	⑫	⑬	⑭	⑮	⑯	⑰	⑱	⑲	⑳

2 次の——線の漢字の読みを平仮名で書きなさい。（1×20）

①条約を批准する。
②食事が極端に偏る。
③病気が完全に治癒する。
④厄介なことに巻き込まれる。
⑤発言が物議を醸す。
⑥国王に謁見する。
⑦成功の暁には盛大に祝おう。
⑧相手を威嚇する。
⑨稚拙な文章表現。
⑩常軌を逸脱する。
⑪裁判官を罷免する。
⑫政治のことに疎い人。
⑬釣果を競い合う。
⑭安寧な日日を送る。
⑮誓いの言葉をかわす。
⑯台風で甚大な被害をこうむる。
⑰柳にとびつくカエル。
⑱事実を偽る。
⑲決意を懐深く秘める。
⑳暑いのでのどが渇く。

①	②	③	④	⑤	⑥	⑦	⑧	⑨	⑩

⑪	⑫	⑬	⑭	⑮	⑯	⑰	⑱	⑲	⑳

1	2	3	4	5	6	7	8	9	10	計
/20	/20	/60	/14	/16	/10	/10	/10	/30	/10	/200

3－1 後の□の中の平仮名を漢字に直し、四字熟語を完成させなさい。□の中の平仮名は一度だけ使い、□に一字書きなさい。（2×15）

①暗中□索
②一攫□金
③佳人□命
④臥薪嘗□
⑤奇想□外
⑥毀誉□貶
⑦権□術数
⑧行雲流□
⑨虎□眈眈
⑩山紫水□
⑪□肉強食
⑫談論□発
⑬朝三□四
⑭直情径□
⑮明□止水

も・ふう・たん・こう・じゃく・し・ほう・ぼ・ぼう・せん・きょう・はく・すい・てん・めい

3－2 次の四字熟語について、問①と問②に答えなさい。

① 後の□の中の平仮名を漢字に直し、四字熟語を完成させなさい。□の中の平仮名は一度だけ使い、□に二字書きなさい。（2×10）

ア 安心□□
イ 一蓮□□
ウ 偕老□□
エ □□冬扇
オ 換骨□□
カ □□阿世
キ 虚心□□
ク 軽佻□□
ケ □□一擲
コ □□異曲

きょくがく・かろ・りつめい・だったい・けんこん・たんかい・たくしょう・どうけつ・どうこう・ふはく

② 次のA～Eの意味にあてはまるものを①のア～コの四字熟語から一つ選び、記号で答えなさい。（2×5）

A 夏の火ばち、冬のおうぎのように、時節に合わない無用の物。□
B 夫婦なかよく、共に年をとり、いっしょに葬られること。□
C 手ぎわは同じであるが、とらえ方や趣が違うこと。□
D 先入観を持たず、広く平らな心。そうした心で物事に臨む態度。□
E 真理をまげて世の人の気に入るような説を唱えること。□

4 次の空欄に入る語を□から選び、漢字に直して対義語・類義語を完成させなさい。（1×14）

〈対義語〉
① 希薄 ↔ □
② 記憶 ↔ □
③ 相対 ↔ □
④ 保守 ↔ □
⑤ 穏健 ↔ □
⑥ 理論 ↔ □
⑦ 削除 ↔ □

〈類義語〉
⑧ 架空 ― □
⑨ 随時 ― □
⑩ 変遷 ― □
⑪ 専有 ― □
⑫ 暫時 ― □
⑬ 狼狽 ― □
⑭ 閲覧 ― □

のうこう・かげき・きょこう・すんじ・ぼうきゃく・じゅうらん・かくしん・どくせん・てんか・えんかく・にんい・ぜったい・じっせん・しゅうしょう

解答

1
①交渉 ②壮大 ③文献 ④直轄 ⑤猿芝居 ⑥誘拐 ⑦音韻 ⑧閑居 ⑨遺憾 ⑩還暦 ⑪糾弾 ⑫詐欺 ⑬顕微 ⑭平衡 ⑮書斎 ⑯異臭 ⑰補充 ⑱自叙 ⑲逸脱 ⑳寛大

2
①ひじゅん ②かたよ ③ちゆ ④やっかい ⑤かも ⑥えっけん ⑦あかつき ⑧いかく ⑨ちせつ ⑩いつだつ ⑪ひめん ⑫うと ⑬ちょうか ⑭あんねい ⑮ちか ⑯じんだい ⑰やなぎ ⑱いつわ ⑲ふところ ⑳かわ

3－1
①模 ②千 ③薄 ④胆 ⑤天 ⑥褒 ⑦謀 ⑧水 ⑨視 ⑩明 ⑪弱 ⑫風 ⑬暮 ⑭行 ⑮鏡

3－2
①ア立命 イ托生 ウ同穴 エ夏炉 オ奪胎 カ曲学 キ坦懐 ク浮薄 ケ乾坤 コ同工
②Aエ Bウ Cコ Dキ Eカ

4
①濃厚 ②忘却 ③絶対 ④革新 ⑤過激 ⑥実践 ⑦添加 ⑧虚構 ⑨任意 ⑩沿革 ⑪独占 ⑫寸時 ⑬周章 ⑭縦覧

5 次の――線のカタカナを漢字と送り仮名に直しなさい。（1×16）

① **ウヤウヤシク**頭を下げる。
② **アヤマチ**をおかす。
③ 乗車を**コバマレル**。
④ 盗みを**ソソノカス**。
⑤ 見るに**タエナイ**映像。
⑥ **スミヤカ**に行動する。
⑦ 医者を**ココロザス**。
⑧ 重要な任務に**タズサワル**。
⑨ 大学進学を**ススメル**。
⑩ **キライナ**食べ物がある。
⑪ **ヤワラカイ**体の持ち主。
⑫ 称号を**タマワル**。
⑬ 不正に**イキドオル**。
⑭ 子供時代を**ナツカシム**。
⑮ 行く手を**サエギル**。
⑯ 罪を**ツグナウ**。

①	②	③	④	⑤	⑥	⑦	⑧	⑨	⑩	⑪	⑫	⑬	⑭	⑮	⑯

6 次の漢字の部首を書きなさい。（1×10）

〈例〉菜 艹　間 門

① 患　② 享　③ 昆　④ 唇　⑤ 扉　⑥ 且　⑦ 薫　⑧ 囚　⑨ 喪　⑩ 酪

7 次の各組の□に共通する漢字を□から選び、記号で答えなさい。（2×5）

① □税・□借・□地
② 文□・□上・□立
③ □回・□風・□周
④ 露□・□贈・□進
⑤ □培・□盆・□輪

①	②	③	④	⑤

ア 出　イ 呈　ウ 祖　エ 献　オ 栽
カ 責　キ 施　ク 裁　ケ 租　コ 旋

8 次の熟語の組み合わせは、左のア～オのどれにあたりますか。記号で答えなさい。（1×10）

① 製靴　② 叙情　③ 未満　④ 経緯　⑤ 逸脱
⑥ 俊足　⑦ 有無　⑧ 無限　⑨ 患者　⑩ 珠玉

ア 同じような意味の漢字を重ねたもの（例 身体）
イ 反対または対応の意味を表す字を重ねたもの（例 強弱）
ウ 上の字が下の字を修飾しているもの（例 赤色）
エ 下の字が上の字の目的語・補語になっているもの（例 登山）
オ 上の字が下の字の意味を打ち消しているもの（例 不明）

9-1 次の**太字**にあてはまる漢字をそれぞれア～オから一つ選び、記号で答えなさい。（1×12）

① 李白は詩**セン**と呼ばれた。
② **セン**抜きを取ってください。
③ 美しい**セン**律を奏でる。
（ア践　イ旋　ウ仙　エ栓　オ遷）

④ 父親の**イ**厳を保つ。
⑤ 相手の**イ**向を聞く。
⑥ 有名作家の**イ**作を読む。
（ア意　イ遺　ウ慰　エ威　オ偉）

⑦ **ショウ**像画を描く。
⑧ 高**ショウ**な趣味を持つ。
⑨ 春**ショウ**一刻値千金。
（ア抄　イ肖　ウ尚　エ宵　オ升）

⑩ 新雑誌が発**カン**された。
⑪ 季節の**カン**習を大切にする。
⑫ 雨の中、試合を**カン**行する。
（ア款　イ閑　ウ慣　エ刊　オ敢）

9-2 次の**太字**を漢字に直しなさい。（1×18）

① 乱暴な扱いで洋服が**イタ**む。
② 亡き恩師を**イタ**む。
③ **キセイ**概念を捨てる。
④ **キセイ**列車で帰郷する。
⑤ 注意事項を**メイブン**化する。
⑥ 銅剣の**メイブン**を解読する。
⑦ **ゼンゴ**策。
⑧ **ゼンゴ**不覚。
⑨ 危険を**オカ**す。
⑩ 領土を**オカ**された。
⑪ 夏は食欲**フシン**だ。
⑫ **フシン**な男がいる。
⑬ 幼少時に眼を**ワズラ**った。
⑭ 都会の**ワズラ**わしさが嫌だ。
⑮ 意味**シンチョウ**な言葉。
⑯ **シンチョウ**な性格。
⑰ **イショウ**を凝らした部屋。
⑱ 彼女の**イショウ**は地味だ。

10 次の文章に間違って使われている漢字が一字ある。その字に丸をつけ、解答欄に正しい漢字を書きなさい。（2×5）

① 南海のさんご礁を取材して環境問題の核心に迫ろうと、出張が会議で決定し、昨日塔乗券を購入した。
② 仕事をする上で必要な備品を大量に購入しようと提案したが、会社の上司から抗義されたので、撤回した。
③ 警察が証拠集めに努め、犯人を起訴。裁判で被疑者は徴役五年に処する判決を受けた。
④ 連敗している相手のチーム戦力を撤夜で分析して試合に臨み、やっと出塁させることに成功した。
⑤ 会社の寮に入り、非常に諭快な先輩に出会った。絵を描くことを趣味にしている彼の話はどれも興味津津だ。

解答

5
①恭しく ②過ち ③拒まれる ④唆す ⑤堪えない ⑥速やか ⑦志す ⑧携わる ⑨薦める ⑩嫌いな ⑪柔らかい ⑫賜る ⑬憤る ⑭懐かしむ ⑮遮る ⑯償う

6
①心 ②亠 ③日 ④口 ⑤戸 ⑥一 ⑦艹 ⑧囗 ⑨口 ⑩酉

7
①ケ ②エ ③コ ④イ ⑤オ

8
①エ ②エ ③オ ④イ ⑤ア ⑥ウ ⑦イ ⑧オ ⑨ウ ⑩ア

9-1
①ウ ②エ ③イ ④エ ⑤ア ⑥イ ⑦イ ⑧ウ ⑨エ ⑩エ ⑪ウ ⑫オ

9-2
①傷 ②悼 ③既成 ④帰省 ⑤明文 ⑥銘文 ⑦善後 ⑧前後 ⑨冒 ⑩侵 ⑪不振 ⑫不審 ⑬患 ⑭煩 ⑮深長 ⑯慎重 ⑰意匠 ⑱衣装

10
①塔→搭 ②義→議 ③徴→懲 ④撤→徹 ⑤諭→愉

2級 1/8回

力試し 次の太字を漢字に直しなさい。

① うなぎの**くし**焼き。（先のとがった細長い棒）
② 飯を**どんぶり**に盛る。（茶碗より大きい器。丼鉢の略）
③ 命**ご**いをする。（長生きできるように神仏に祈ること）
④ **カブキ**の歴史を学ぶ。（日本特有の総合演劇）
⑤ 人生の**ハンリョ**を得る。（一緒に連れ立っていく者）
⑥ **おれ**の意見を聞け。（自分を指し示す語）
⑦ **キンサ**で試合に敗れる。（わずかの差）
⑧ **ゴウマン**な態度をとる。（おごりたかぶり人を見下すこと）
⑨ 教師**ミョウリ**に尽きる。（立場や境遇において受ける恩恵）
⑩ 人格を**トウヤ**する。（人の能力や性質を引き出し育てること）
⑪ **セイサン**な事故現場。（いたましい様子）
⑫ **コサツ**に詣でる。（由緒のある古い寺）

2級の漢字の中で、◆については、P.120を参照ください。

25字 185字中

漢字	画数	読み	用例
串	7	くし	串刺し（くしざし）、串焼き（くしやき）
丼	5	どんぶり、どん	丼飯（どんぶりめし）、天丼（テンどん）
乞	3	こ（う）	乞う（こう）、命乞い（いのちごい）
伎	6	キ	歌舞伎（カブキ）
侶	9	リョ	僧侶（ソウリョ）、伴侶（ハンリョ）
俺	10	おれ	俺（おれ）
◆僅	13	キン、わず（か）	僅差（キンサ）、僅か（わずか）
傲	13	ゴウ	傲然（ゴウゼン）、傲慢（ゴウマン）
冥	10	メイ、ミョウ	冥福（メイフク）、冥加（ミョウガ）
冶	7	ヤ	冶金（ヤキン）、陶冶（トウヤ）
凄	10	セイ	凄惨（セイサン）、凄絶（セイゼツ）
刹	8	サツ、セツ	名刹（メイサツ）、刹那（セツナ）

漢字の書き取り 2回練習しよう！

コラム どんな笑い方？

「失笑」はふき出してわらう、「微笑」はほほえむ、「冷笑」はさげすんでわらう、「嘲笑」はあざけりわらう、「爆笑」は口がさけんばかりにわらうなどがあります。

1 次の太字を漢字と送り仮名に直しなさい。

① **まゆつば**ものの話だ
② **かたず**をのんで見守る
③ 飯も**のど**に通らない
④ シールを**はぐ**
⑤ 世を**のろう**
⑥ 器具を作る**かじ**屋
⑦ 残りはあと**わずか**だ
⑧ **てんどん**を食べる
⑨ 教えを**こう**
⑩ 子どもを**しかる**

解答

力試し ①串 ②丼 ③乞 ④歌舞伎 ⑤伴侶 ⑥俺 ⑦僅差（僅差） ⑧傲慢 ⑨冥利 ⑩陶冶 ⑪凄惨 ⑫古刹 ⑬剝製（剥製） ⑭勃発 ⑮勾配 ⑯匂 ⑰風呂 ⑱叱責 ⑲呪文 ⑳咽喉 ㉑長唄 ㉒哺乳類 ㉓唾棄 ㉔喉頭 ㉕比喩（比喻）

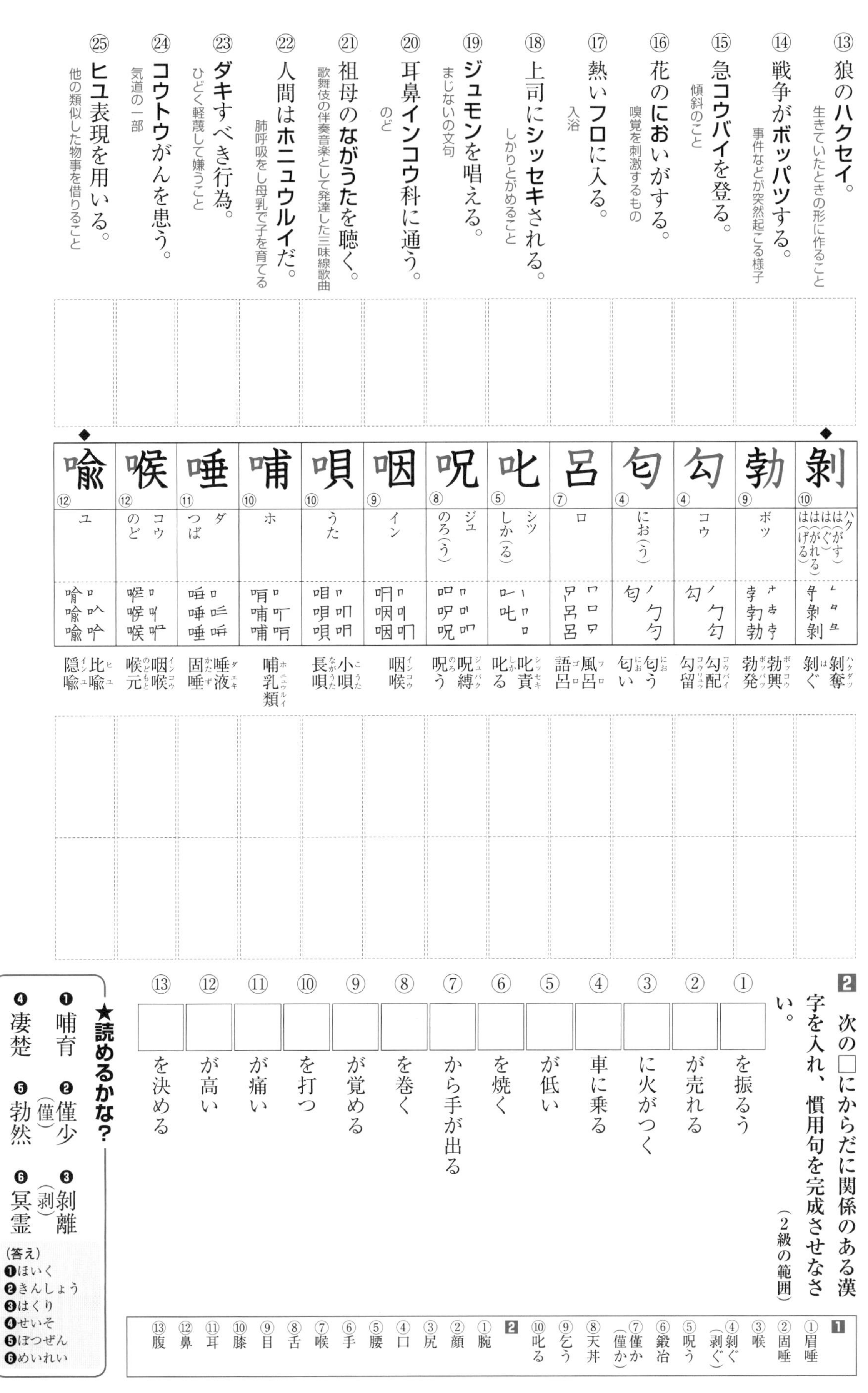

⑬ 狼の**ハクセイ**。
生きていたときの形に作ること

⑭ 戦争が**ボッパツ**する。
事件などが突然起こる様子

⑮ 急**コウバイ**を登る。
傾斜のこと

⑯ 花の**におい**がする。
嗅覚を刺激するもの

⑰ 熱い**フロ**に入る。
入浴

⑱ 上司に**シッセキ**される。
しかりとがめること

⑲ **ジュモン**を唱える。
まじないの文句

⑳ 耳鼻**インコウ**科に通う。
のど

㉑ 祖母の**ながうた**を聴く。
歌舞伎の伴奏音楽として発達した三味線歌曲

㉒ 人間は**ホニュウルイ**だ。
肺呼吸をし母乳で子を育てる

㉓ **ダキ**すべき行為。
ひどく軽蔑して嫌うこと

㉔ **コウトウ**がんを患う。
気道の一部

㉕ **ヒユ**表現を用いる。
他の類似した物事を借りること

漢字	画数	読み	用例
◆剝	⑩	ハク は(がす) は(ぐ) は(がれる) は(げる)	剝奪（ハクダツ） 剝ぐ（は）
勃	⑨	ボツ	勃興（ボッコウ） 勃発（ボッパツ）
勾	④	コウ	勾配（コウバイ） 勾留（コウリュウ）
匂	④	にお(う)	匂う（にお） 匂い（にお）
呂	⑦	ロ	風呂（フロ） 語呂（ゴロ）
叱	⑤	シツ しか(る)	叱責（シッセキ） 叱る（しか）
呪	⑧	ジュ のろ(う)	呪縛（ジュバク） 呪う（のろ）
咽	⑨	イン	咽喉（インコウ）
唄	⑩	うた	小唄（こうた） 長唄（ながうた）
哺	⑩	ホ	哺乳類（ホニュウルイ）
唾	⑪	ダ つば	唾液（ダエキ） 固唾（かたず）
喉	⑫	コウ のど	咽喉（インコウ） 喉元（のどもと）
◆喩	⑫	ユ	比喩（ヒユ） 隠喩（インユ）

2 次の□にからだに関係のある漢字を入れ、慣用句を完成させなさい。（2級の範囲）

① □を振るう
② □が売れる
③ □に火がつく
④ □車に乗る
⑤ □が低い
⑥ □を焼く
⑦ □から手が出る
⑧ □を巻く
⑨ □が覚める
⑩ □を打つ
⑪ □が痛い
⑫ □が高い
⑬ □を決める

★読めるかな？

❶ 哺育　❷ 僅少（僅）　❸ 剝離（剥）
❹ 凄楚　❺ 勃然　❻ 冥霊

（答え）
❶ほいく
❷きんしょう
❸はくり
❹せいそ
❺ぼつぜん
❻めいれい

1 ①眉唾　②固唾　③喉　④剝ぐ（剥ぐ）　⑤呪う　⑥鍛冶　⑦僅か（僅か）　⑧天井　⑨乞う　⑩叱る
2 ①腕　②顔　③尻　④口　⑤腰　⑥手　⑦喉　⑧舌　⑨目　⑩膝　⑪耳　⑫鼻　⑬腹

力試し

次の太字を漢字に直しなさい。

① **キュウカク**が発達する。（においに反応する感覚）
② 皆の**チョウショウ**を買う。（あざわらうこと）
③ **ヘイソク**した時代。（閉ざされてふさがれること）
④ 火山灰が**タイセキ**する。（積み重なること）
⑤ 損失を**ホテン**する。（不足、欠損部分を補ってうめること）
⑥ **ソウカイ**な気分になる。（さわやかで気持ちがよい）
⑦ 日本古来の**ヨウカイ**。（不思議な現象。ばけもの）
⑧ 友人の名声を**ねたむ**。（うらやんで、憎らしいと思う）
⑨ 友人の才能に**シット**する。（うらやみねたむこと。やきもち）
⑩ 手紙に**あてさき**を書く。（届け先）
⑪ **めじり**を下げる。（目の、耳に近い方の端）
⑫ **ダンガイ**絶壁。（けわしく切り立ったがけのこと）

50字 185字中

漢字	画数	読み	筆順	用例
◆嗅	⑬	キュウ / か(ぐ)	口 叩 咱 嗅 嗅 嗅	嗅覚（キュウカク） 嗅ぐ（か）
◆嘲	⑮	チョウ / あざけ(る)	口 叶 咕 啅 嘲 嘲	自嘲（ジチョウ） 嘲る（あざけ）
塞	⑬	サイ / ソク / ふさ(ぐ) / ふさ(がる)	宀 宀 宑 寉 寒 塞	要塞（ヨウサイ） 脳梗塞（ノウコウソク）
堆	⑪	タイ	土 圠 圹 坩 堆 堆	堆積（タイセキ） 堆肥（タイヒ）
◆塡	⑬	テン	土 圵 圻 埴 塡 塡	補塡（ホテン） 装塡（ソウテン）
爽	⑪	ソウ / さわ(やか)	一 丆 双 爽 爽 爽	爽快（ソウカイ） 爽やかだ（さわ）
妖	⑦	ヨウ / あや(しい)	く 女 女 妖 妖 妖	妖艶（ヨウエン） 妖しい（あや）
妬	⑧	ト / ねた(む)	く 女 女 妬 妬 妬	嫉妬（シット） 妬む（ねた）
嫉	⑬	シツ	く 女 女 姤 嫉 嫉	嫉妬（シット）
宛	⑧	あ(てる)	丶 宀 宀 宂 宛 宛	宛てる（あ） 宛先（あてさき）
尻	⑤	しり	一 コ 尸 尻 尻	尻尾（しっぽ） 尻込み（しりご）
崖	⑪	ガイ / がけ	山 山 屵 岸 崖 崖	断崖（ダンガイ） 崖下（がけした）（ガイカ）

漢字の書き取り

2回練習しよう！

1.
2.

コラム　オオザト・コザト

「阝」が漢字の右の時はオオザト、左の時はコザトと呼ばれます。オオザトは古くは『邑』と書き、コザトは『阜』と書きました。両者のもとの形は、全然別なのです。

1 次の太字を漢字と送り仮名に直しなさい。

① 大規模な**がけ**崩れ
② **さわやか**な人柄
③ 飛行士に**あこがれる**
④ 三月の別称は**やよい**
⑤ 扇子を**もてあそぶ**
⑥ 人の失敗を**あざける**
⑦ においを**かぐ**
⑧ 汗を**ぬぐう**
⑨ 両手を広げて**ふさぐ**
⑩ **あやしい**魅力

解答

力試し　①嗅覚（嗅覚）　②嘲笑（嘲笑）　③閉塞　④堆積　⑤補塡（補填）　⑥爽快　⑦妖怪　⑧妬　⑨嫉妬　⑩宛先　⑪目尻　⑫断崖　⑬砂嵐　⑭頭巾　⑮翻弄　⑯弥生　⑰危惧（危惧）　⑱戦慄　⑲憧憬　⑳憧　㉑拉致　㉒挨拶　㉓払拭　㉔挨拶　㉕頓挫

⑬ **すなあらし**が吹き荒れる。
砂を含んで激しく吹く強風

⑭ 防災**ズキン**を作る。
布製のかぶりもの

⑮ 敵を**ホンロウ**する。
手玉に取ること

⑯ **やよい**時代の遺跡。
縄文時代のあと

⑰ 将来を**キグ**する。
心配しおそれること

⑱ **センリツ**が走る。
おそろしさで体が震えること

⑲ 若者の**ショウケイ**の的。
あこがれの気持ち

⑳ 宇宙飛行士に**あこが**れる。
なりたいと思う。強く心をひかれる

㉑ 邦人が**ラチ**される。
むりに連れていくこと

㉒ **アイサツ**を交わす。
人間関係を円滑化する

㉓ 不安を**フッショク**する。
すべてぬぐい去ること

㉔ 朝の**アイサツ**。

㉕ 計画が**トンザ**する。
物事が途中で急に行き詰まること

嵐	巾	弄	弥	◆惧	慄	憬	憧	拉	拶	拭	挨	挫
⑫	③	⑦	⑧	⑪	⑬	⑮	⑮	⑧	⑨	⑨	⑩	⑩
あらし	キン	ロウ もてあそ(ぶ)	や	グ	リツ	ケイ	ショウ あこが(れる)	ラ	サツ	ショク ふ(く) ぬぐ(う)	アイ	ザ
山 屵 屵 嵐 嵐 嵐	丨 冂 巾	一 丅 王 王 弄 弄	コ 弓 弥 弥 弥 弥	丷 忄 忄 惧 惧 惧	丷 忄 忄 慄 慄 慄	丷 忄 忄 憬 憬 憬	忄 忙 忙 憧 憧 憧	扌 扌 扩 拉 拉 拉	扌 扌 拶 拶 拶 拶	扌 扌 扌 拭 拭 拭	扌 扩 扩 挨 挨 挨	扌 扌 扌 挫 挫 挫
砂嵐(すなあらし)	巾着(キンチャク) 雑巾(ゾウキン)	愚弄(グロウ) 弄(もてあそ)ぶ	弥生(やよい)	危惧(キグ)	戦慄(センリツ) 慄然(リツゼン)	憧憬(ショウケイ)(ドウケイ)	憧憬(ショウケイ)(ドウケイ) 憧(あこが)れる	拉致(ラチ)	挨拶(アイサツ)	払拭(フッショク) 拭(ぬぐ)う	挨拶(アイサツ)	頓挫(トンザ) 挫折(ザセツ)

2 次にあげたものの呼称を□から選び、記号で答えなさい。(2級の範囲)

① 手紙
② 石灯籠
③ 川
④ 香水
⑤ 葡萄
⑥ 果物
⑦ 数珠
⑧ 書棚
⑨ 飯
⑩ 額
⑪ 笛
⑫ 炭
⑬ 幕

A	B	C	D	E	F	G	H	I	J	K	L	M
架	膳	張	基	面	山	連	筋	房	滴	俵	管	通

1 ① 崖 ② 爽やか ③ 憧れる ④ 弥生 ⑤ 弄ぶ ⑥ 嘲る(嘲る) ⑦ 嗅ぐ(嗅ぐ) ⑧ 拭う ⑨ 塞ぐ ⑩ 妖しい
2 ① M ② D ③ H ④ J ⑤ I ⑥ F ⑦ G ⑧ A ⑨ B ⑩ E ⑪ L ⑫ K ⑬ C

★読めるかな?

❶ 雑巾 ❷ 塡塞(填) ❸ 弄筆
❹ 塞翁馬 ❺ 崖谷 ❻ 慄然

(答え)
❶ぞうきん
❷てんそく
❸ろうひつ
❹さいおうがうま
❺がいこく
❻りつぜん

力試し

次の太字を漢字に直しなさい。

① 敵を**ホソク**する。　つかまえること
② 作業が**シンチョク**する。　物事がはかどること
③ 費用を**ネンシュツ**する。　やりくりして時間や費用を都合すること
④ 川が**ハンラン**する。　洪水になること
⑤ **ハンヨウ**機械。　広くいろいろな方面に用いること
⑥ 正気の**サタ**ではない。　行為
⑦ 地獄の**サタ**も金次第。　裁定
⑧ **ヒヨク**な土地。　農作物がよく育つ肥えた土地
⑨ **インコウ**を規制する。
⑩ 温泉が**ユウシュツ**する。　わきでること
⑪ 子を**デキアイ**する。　むやみにかわいがること
⑫ 胃**カイヨウ**で入院する。　粘膜などの組織がただれること

75字 / 185字中

漢字	画数	読み	筆順	用例
捉	⑩	ソク / とら(える)	扌 扣 扣 捍 捉 捉	捕捉(ホソク) 捉える(とらえる)
◆捗	⑩	チョク	扌 扌ト 扌半 拌 拌 捗	進捗(シンチョク)
捻	⑪	ネン	扌 扌人 扌今 拎 捻 捻	捻出(ネンシュツ) 捻挫(ネンザ)
氾	⑤	ハン	丶 冫 氵 氵 氾 氾	氾濫(ハンラン)
汎	⑥	ハン	丶 冫 氵 汎 汎 汎	汎用(ハンヨウ)
沙	⑦	サ	冫 氵 氵 沙 沙 沙	音沙汰(おとサタ)
汰	⑦	タ	冫 氵 汁 汏 汰 汰	音沙汰(おとサタ)
沃	⑦	ヨク	冫 氵 氵 沃 沃 沃	肥沃(ヒヨク)
◆淫	⑪	イン / みだ(ら)	氵 氵 浮 浮 浮 淫	淫行(インコウ) 淫乱(インラン)
湧	⑫	ユウ / わ(く)	氵 氵 涌 涌 湧 湧	湧水(ユウスイ) 湧く(わく)
◆溺	⑬	デキ / おぼ(れる)	氵 氵 汈 溺 溺 溺	溺死(デキシ) 溺れる(おぼれる)
潰	⑮	カイ / つぶ(す) / つぶ(れる)	氵 氵 沪 沪 潰 潰	潰瘍(カイヨウ) 潰れる(つぶれる)

漢字の書き取り

2回練習しよう！

1.

2.

コラム　旦と且

「旦」のつく漢字に担・坦・胆・壇などがありますが、タン・ダンという音。「且」のつく漢字に組・租・祖・粗・査・阻などがありますが、サ行の音に関係したものばかりです。

これが旦！

1 次の**太字**を漢字と送り仮名に直しなさい。

① 足がつって**おぼれる**
② タカが獲物を**ねらう**
③ 闘志が**なえる**
④ 臭いものに**ふた**をする
⑤ 怠け者を**さげすむ**
⑥ 秋の七草の一つ、**くず**
⑦ **あい**染めの染料
⑧ 空き缶を**つぶす**
⑨ 温泉が**わく**
⑩ 特徴をうまく**とらえる**

解答

力試し ①捕捉 ②進捗(進捗) ③捻出 ④氾濫 ⑤汎用 ⑥沙汰 ⑦沙汰 ⑧肥沃 ⑨淫行(淫行) ⑩湧出 ⑪溺愛(溺愛) ⑫潰瘍 ⑬狙撃 ⑭芯 ⑮苛酷 ⑯萎縮 ⑰葛藤(葛藤) ⑱頭蓋骨 ⑲軽蔑 ⑳隠蔽(隠蔽) ㉑藤色 ㉒出藍 ㉓刹那 ㉔間隙 ㉕語彙

⑬ 犯人を**ソゲキ**する。　銃でねらい撃ちにする

⑭ りんごの**シン**を除く。　物の中心部分

⑮ **カコク**な環境に耐える。　無慈悲であまりにもむごいさま

⑯ 人前で**イシュク**する。　元気がなくなること

⑰ 親子の**カットウ**を描く。　人と人が対立し、いがみあうこと

⑱ 頭骨ともいう**ズガイコツ**　頭部を構成する骨

⑲ **ケイベツ**した笑い。　ばかにすること

⑳ 事実を**インペイ**する。　事の真実などをおおい隠すこと

㉑ **ふじいろ**の着物を着る。　紫色・白色などの蝶形花をつける

㉒ **シュツラン**の誉れ。　弟子が師匠より優れること

㉓ **セツナ**的に生きる。　きわめて短い時間のこと

㉔ **カンゲキ**を突いた攻撃。　時間的・空間的なすきま

㉕ 英語の**ゴイ**を増やす。　ある言語、地域、人などに用いられる語の全体

漢字	画数	読み	筆順	用例
狙	⑧	ソ／ねら(う)	ノ 犭 犭 犯 狙 狙	狙撃（ソゲキ）　狙う（ねら）
芯	⑦	シン	十 艹 艹 芯 芯 芯	鉛筆（エンピツ）の芯（シン）
苛	⑧	カ	一 艹 艹 苎 苛 苛	苛酷（カコク）　苛烈（カレツ）
萎	⑪	イ／な(える)	艹 芏 茉 荖 萎 萎	萎縮（イシュク）
◆葛	⑫	カツ／くず	艹 芍 苜 葛 葛 葛	葛藤（カットウ）　葛湯（くずゆ）
蓋	⑬	ガイ／ふた	艹 芏 芏 著 蓋 蓋	頭蓋骨（ズガイコツ）（トウガイコツ）　火蓋（ひぶた）
蔑	⑭	ベツ／さげす(む)	艹 茜 茜 莀 蔑 蔑	蔑視（ベッシ）　蔑む（さげす）
◆蔽	⑮	ヘイ	艹 芇 芇 莆 蔽 蔽	隠蔽（インペイ）
藤	⑱	トウ／ふじ	艹 芹 萨 藤 藤 藤	葛藤（カットウ）　藤色（ふじいろ）
藍	⑱	ラン／あい	艹 芦 蔵 藍 藍 藍	出藍（シュツラン）　藍色（あいいろ）（ランショク）
那	⑦	ナ	ヲ ヲ 刃 刃 那 那	刹那（セツナ）　旦那（ダンナ）
隙	⑬	ゲキ／すき	阝 阝 阝 隙 隙 隙	間隙（カンゲキ）　隙間（すきま）
彙	⑬	イ	ヒ 彑 彑 彖 彙 彙	語彙（ゴイ）

2 次の□に漢数字を入れて、正しい熟語を作りなさい。（2級の範囲）

① 攫□□金

② 束□□文

③ 差□□別

④ 客□□来

⑤ 分□□裂

⑥ 面□□臂

⑦ 唱□□嘆

⑧ 寒□□温

⑨ 挙□□動

⑩ 載□□遇

⑪ 発□□中

⑫ 日□□秋

★読めるかな？

❶ 沙羅　❷ 葛衣（葛）　❸ 淘汰　❹ 耽溺（溺）　❺ 藍田　❻ 沃野

（答え）
❶さら
❷かつい
❸とうた
❹たんでき
❺らんでん
❻よくや

1 ①溺れる（溺れる）　②狙う　③萎える　④蓋　⑤蔑む　⑥葛（葛）　⑦藍　⑧潰す　⑨湧く　⑩捉える

2 ①一・千　②二・三　③千・万　④千・万　⑤四・五　⑥三・六　⑦一・三　⑧三・四　⑨一・一　⑩千・一　⑪百・百　⑫一・千

2級

4/8回

力試し

次の**太字**を漢字に直しなさい。

① **オンネン**を抱く。　深くうらみに思う気持ち
② **シイ**的な解釈。　思いつきで気ままな考え
③ 盆に**シンセキ**が集まる。　親類
④ 品物を**チョウダイ**する。　いただくことをいう謙譲語
⑤ **ケンジュウ**を規制する。　片手で操作できる小型の銃
⑥ **シンシ**に努力する。　ひたむきでまじめなこと
⑦ 肌に**ハンテン**ができる。　まだらに散らばっている点
⑧ **ザンシン**な色の服。　着想が新しく珍しいさま
⑨ **イッタン**休憩しよう。　一時的に中断するさま
⑩ **ミゾウ**の大惨事となる。　今まで一度もなかったようなこと
⑪ 食欲が**オウセイ**だ。　活力が非常に盛んであるさま
⑫ 釣り**ザンマイ**の生活。　そのことに熱中すること

100字
185字中

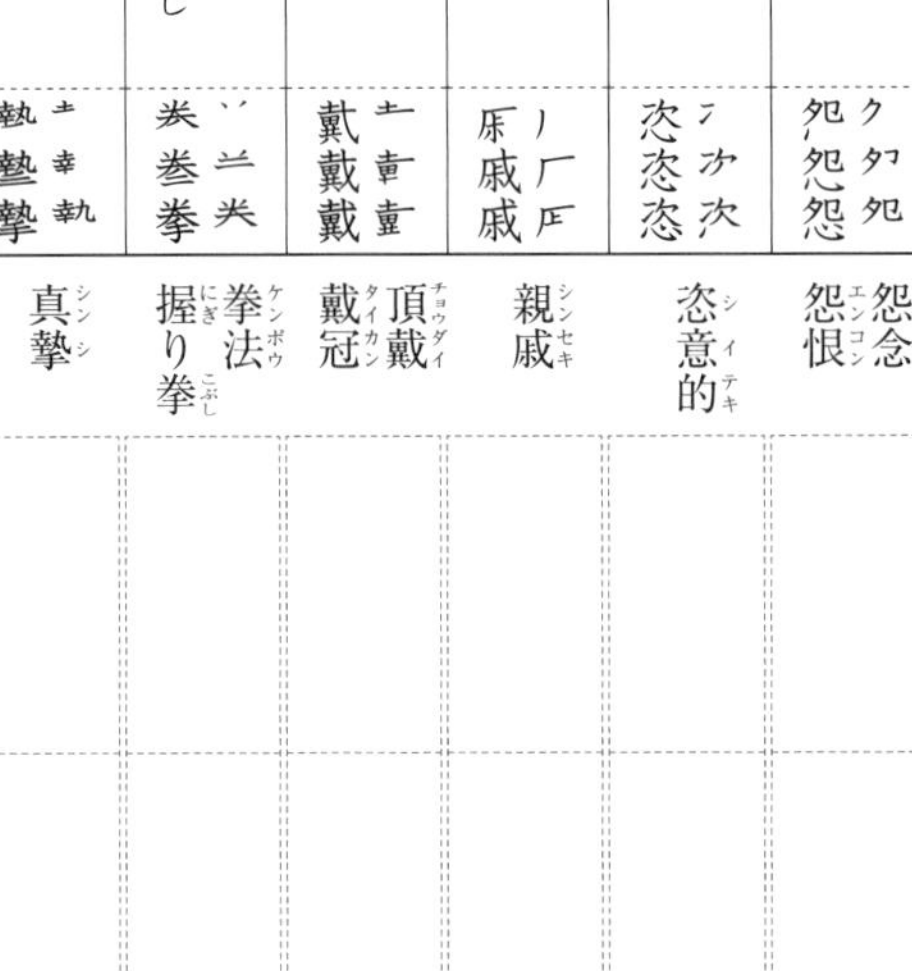

怨	恣	戚	戴	拳	摯	斑	斬	旦	曽	旺	昧
⑨	⑩	⑪	⑰	⑩	⑮	⑫	⑪	⑤	⑪	⑧	⑨
エン オン	シ	セキ	タイ	ケン こぶし	シ	ハン	ザン き(る)	タン ダン	ソウ ゾ	オウ	マイ
ク 夕 夗 夗 夗 怨	冫 冫 次 次 恣 恣	丿 厂 圧 床 戚 戚	土 吉 畫 戴 戴 戴	丷 兰 关 关 拳 拳	土 幸 執 執 摯 摯	丁 王 玎 玟 斑 斑	亘 亘 車 斬 斬 斬	丨 冂 日 日 旦	丷 丷 丷 曽 曽 曽	冂 日 日 旷 旷 旺	冂 日 日 旪 昧 昧
怨念(オンネン) 怨恨(エンコン)	恣意的(シイテキ)	親戚(シンセキ)	頂戴(チョウダイ) 戴冠(タイカン)	拳法(ケンポウ) 握り拳(にぎりこぶし)	真摯(シンシ)	斑点(ハンテン) 斑状組織(ハンジョウソシキ)	斬殺(ザンサツ) 斬る(き)	元旦(ガンタン) 旦那(ダンナ)	未曽有(ミゾウ) 曽祖父(ソウソフ)	旺盛(オウセイ)	三昧(サンマイ) 曖昧(アイマイ)

漢字の書き取り

2回練習しよう！

コラム　どんな泣き方?

「哀泣」はかなしくなく、「感泣」は感激のあまりになく、「号泣」は大声をあげてなく、「哭泣」はなきさけぶ、「悲泣」はかなしくてなくなどがあります。

1 次の**太字**を漢字と送り仮名に直しなさい。

① **こぶし**を振り上げる
② 一刀の下に**きる**
③ まぶたが**はれる**
④ **ダンナ**さまと敬意を表す
⑤ **ひじ**を痛める
⑥ **ふもと**におりる
⑦ **ソウソン**が誕生する
⑧ **エンコン**による事件
⑨ **ひざ**が痛い
⑩ **おおまた**で歩く

解答　力試し
①怨念 ②恣意 ③親戚 ④頂戴 ⑤拳銃 ⑥真摯 ⑦斑点 ⑧斬新 ⑨一旦 ⑩未曽有 ⑪旺盛 ⑫三昧 ⑬曖昧 ⑭脊髄 ⑮腎臓 ⑯肘 ⑰股関節 ⑱脇腹 ⑲腫瘍 ⑳涙腺 ㉑膝 ㉒配膳 ㉓臆病 ㉔山麓 ㉕枕

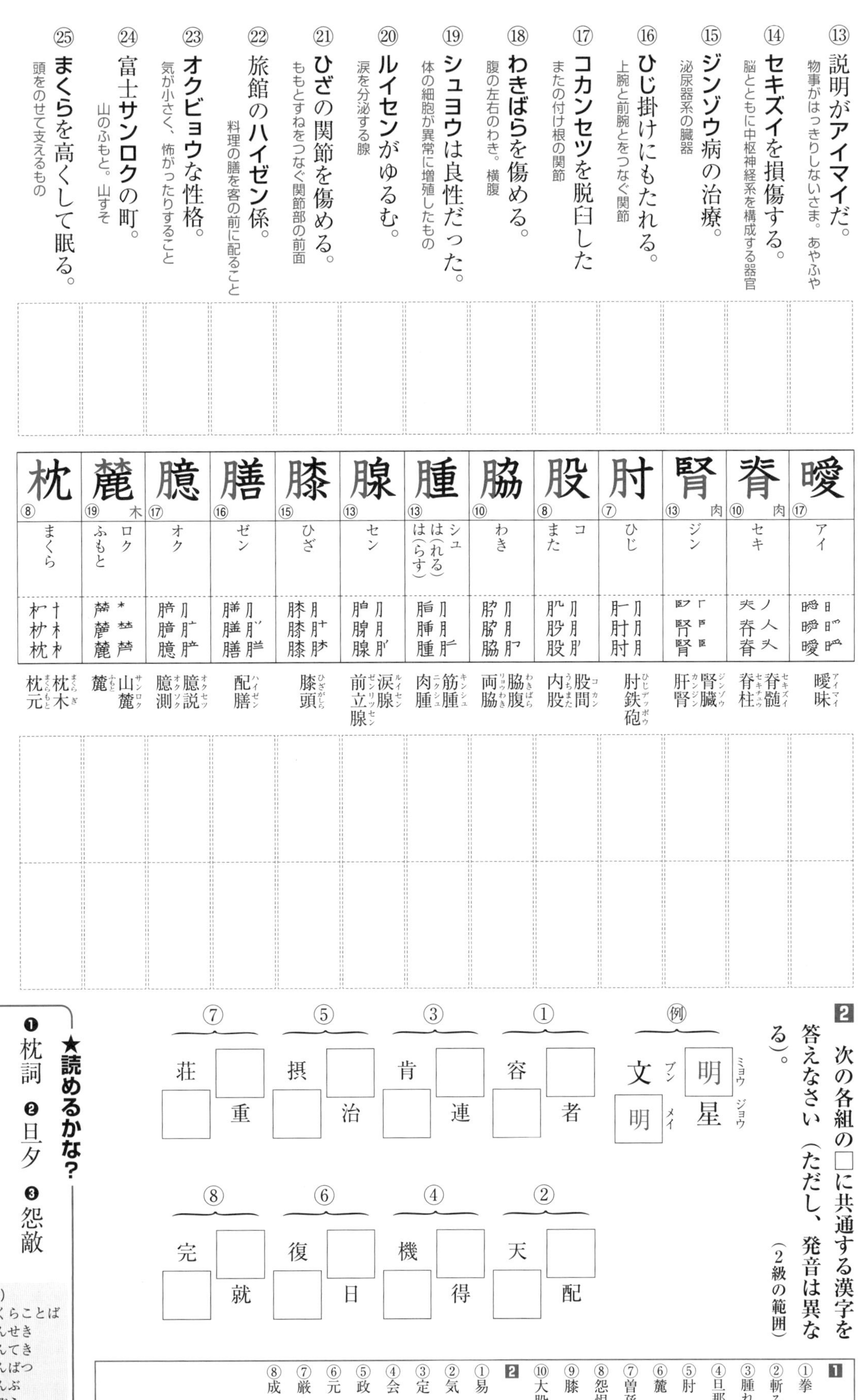

⑬ 説明が**アイマイ**だ。
物事がはっきりしないさま。あやふや

⑭ **セキズイ**を損傷する。
脳とともに中枢神経系を構成する器官

⑮ **ジンゾウ**病の治療。
泌尿器系の臓器

⑯ **ひじ**掛けにもたれる。
上腕と前腕とをつなぐ関節

⑰ **コカンセツ**を脱臼した
またの付け根の関節

⑱ **わきばら**を傷める。
腹の左右のわき。横腹

⑲ **シュヨウ**は良性だった。
体の細胞が異常に増殖したもの

⑳ **ルイセン**がゆるむ。
涙を分泌する腺

㉑ **ひざ**の関節を傷める。
ももとすねをつなぐ関節部の前面

㉒ 旅館の**ハイゼン**係。
料理の膳を客の前に配ること

㉓ **オクビョウ**な性格。
気が小さく、怖がったりすること

㉔ 富士**サンロク**の町。
山のふもと。山すそ

㉕ **まくら**を高くして眠る。
頭をのせて支えるもの

漢字	画数・部首	読み	用例
曖	⑰	アイ	曖昧（アイマイ）
脊	⑩ 肉	セキ	脊髄（セキズイ） 脊柱（セキチュウ）
腎	⑬ 肉	ジン	腎臓（ジンゾウ） 肝腎（カンジン）
肘	⑦	ひじ	肘鉄砲（ひじデッポウ）
股	⑧	コ また	股間（コカン） 内股（うちまた）
脇	⑩	わき	脇腹（わきばら） 両脇（リョウわき）
腫	⑬	シュ は（れる） は（らす）	筋腫（キンシュ） 肉腫（ニクシュ）
腺	⑬	セン	涙腺（ルイセン） 前立腺（ゼンリツセン）
膝	⑮	ひざ	膝頭（ひざがしら）
膳	⑯	ゼン	配膳（ハイゼン）
臆	⑰	オク	臆説（オクセツ） 臆測（オクソク）
麓	⑲ 木	ロク ふもと	山麓（サンロク） 麓（ふもと）
枕	⑧	まくら	枕木（まくらぎ） 枕元（まくらもと）

2 次の各組の□に共通する漢字を答えなさい（ただし、発音は異なる）。（2級の範囲）

例 明（ミョウ）星（ジョウ） 文（ブン）明（メイ）

① 容□ □者
② 天□ □配
③ 肯□ □連
④ 機□ □得
⑤ 摂□ □治
⑥ 復□ □日
⑦ 荘□ □重
⑧ 完□ □就

★読めるかな？
❶ 枕詞 ❷ 旦夕 ❸ 怨敵
❹ 斬伐 ❺ 膳部 ❻ 未曽有

（答え）
❶まくらことば
❷たんせき
❸おんてき
❹ざんばつ
❺ぜんぶ
❻みぞう

1 ①拳 ②斬る ③腫れる ④旦那様 ⑤肘 ⑥麓 ⑦曽孫 ⑧怨恨 ⑨膝 ⑩大股
2 ①易 ②気 ③定 ④会 ⑤政 ⑥元 ⑦厳 ⑧成

2級　5/8回

力試し

次の**太字**を漢字に直しなさい。

① **かき**の実を食う。（秋に黄赤色に熟す）
② 建物を**テッサク**で囲う。（鉄製のパイプなどを並べ立てて作ったかき）
③ **けたちがい**の迫力。（程度・規模などの差が大きいこと）
④ **ノウコウソク**で倒れる。（脳の血管の病気）
⑤ **イス**に腰かける。（腰をかけて座るための家具）
⑥ **セキツイ**を傷める。（体の中軸となる骨）
⑦ **カイショ**で氏名を書く。（くずさないで書く漢字の書体）
⑧ 名誉**キソン**で訴える。（体面、利益などをそこなうこと）
⑨ **センチャ**を飲む。（緑茶の一つ）
⑩ 子に**ガング**を与える。（おもちゃ）
⑪ **ルリいろ**の地球。（紫がかった濃い青色）
⑫ 人形**ジョウルリ**をみる。（三味線伴奏の語り物音楽の一つ）

126字／185字中

漢字の書き取り

2回練習しよう！

漢字	画数	読み	用例
柿	9	かき	柿色（かきいろ）　干し柿（ほしがき）
柵	9	サク	鉄柵（テッサク）
桁	10	けた	桁違い（けたちがい）　橋桁（はしげた）
梗	11	コウ	脳梗塞（ノウコウソク）　心筋梗塞（シンキンコウソク）
椅	12	イ	椅子（イス）
椎	12	ツイ	脊椎（セキツイ）　椎間板（ツイカンバン）
楷	13	カイ	楷書（カイショ）
毀	13	キ	毀損（キソン）　毀誉（キヨ）
◆煎	13	セン　い(る)	煎茶（センチャ）　煎り豆（いりまめ）
玩	8	ガン	玩具（ガング）　愛玩（アイガン）
瑠	14	ル	浄瑠璃（ジョウルリ）
璃	14	リ	瑠璃色（ルリいろ）

コラム　「仮名」のもとの字は？

「平仮名」は漢字の草書体がもとなので、曲線的なやわらかみがあります。「片仮名」は漢字の一部がもとなので、直線的で固さがみられます。

1 次の**太字**を漢字と送り仮名に直しなさい。

① **ミケン**にしわを寄せる
② 熟読**ガンミ**する
③ **ひとみ**をこらす
④ 神を**おそれる**
⑤ 豆を**いる**
⑥ 五**けた**の暗算
⑦ 川を**さかのぼる**
⑧ 傷の**あと**が痛々しい
⑨ **かき**の実がなる
⑩ 健康的に**やせる**

解答　**力試し**　①柿　②鉄柵　③桁違　④脳梗塞　⑤椅子　⑥脊椎　⑦楷書　⑧毀損　⑨煎茶（煎茶）　⑩玩具　⑪瑠璃色　⑫浄瑠璃　⑬遡上（遡上）　⑭謙遜（謙遜）　⑮完璧　⑯瓦解　⑰畏敬　⑱近畿　⑲痕跡　⑳痩　㉑腫瘍　㉒眉毛　㉓親睦　㉔瞳孔　㉕明瞭　㉖滑稽（滑稽）

⑬ 鮭が**ソジョウ**する。　流れをさかのぼっていくこと

⑭ **ケンソン**した話し方。　へりくだること

⑮ **カンペキ**な出来栄え。　まったく欠点がないこと

⑯ 幕府体制が**ガカイ**する。　一部のくずれから全体がこわれること

⑰ **イケイ**の念を抱く。　崇高なものとしておそれうやまうこと

⑱ **キンキ**地方の郷土料理。　二府五県からなる地域

⑲ **コンセキ**をとどめる。　過去に何事かがあったことを示すあと

⑳ 断食で**やせる**。　体重が減って体が細くなる

㉑ **シュヨウ**を取り除く。　体の細胞が異常に増殖したもの

㉒ **まゆげ**をととのえる。　まゆの一本一本の毛

㉓ **シンボク**を深める。　仲良くすること

㉔ **ドウコウ**が開く。　眼球の虹彩が囲む円形の小孔

㉕ 発音が**メイリョウ**だ。　はっきりしていること

㉖ **コッケイ**な話をする。　おかしかったり、ばかばかしかったりすること

漢字	画数	読み	筆順	用例
◆遡	⑭	ソ / さかのぼ(る)	朔 朔 朔 遡 遡 遡	遡及（ソキュウ）　遡上（ソジョウ）
◆遜	⑭	ソン	子 孫 孫 孫 遜 遜	謙遜（ケンソン）　不遜（フソン）
璧	⑱	ヘキ	尸 启 辟 辟 辟 璧	完璧（カンペキ）　双璧（ソウヘキ）
瓦	⑤	ガ / かわら	一 厂 瓦 瓦 瓦	瓦解（ガカイ）　瓦屋根（かわらやね）
畏	⑨	イ / おそ(れる)	口 罒 田 畏 畏 畏	畏敬（イケイ）　畏怖（イフ）
畿	⑮	キ	幺 丝 畿 畿 畿 畿	近畿（キンキ）　畿内（キナイ）（キダイ）
痕	⑪	コン / あと	亠 广 疒 疒 疒 痕	血痕（ケッコン）　傷痕（きずあと）（ショウコン）
痩	⑫	ソウ / や(せる)	亠 广 疒 疒 疒 痩	痩身（ソウシン）　痩せる（やせる）
瘍	⑭	ヨウ	广 疒 疒 疒 疒 瘍	腫瘍（シュヨウ）　潰瘍（カイヨウ）
眉	⑨	ビ / ミ / まゆ	㇇ 尸 尸 眉 眉 眉	眉目（ビモク）（ミめ）　眉間（ミケン）（ビカン）
睦	⑬	ボク	目 目 目 睦 睦 睦	親睦（シンボク）　和睦（ワボク）
瞳	⑰	ドウ / ひとみ	目 目 目 瞳 瞳 瞳	瞳孔（ドウコウ）
瞭	⑰	リョウ	目 目 目 瞭 瞭 瞭	明瞭（メイリョウ）
◆稽	⑮	ケイ	千 禾 禾 稽 稽 稽	稽古（ケイコ）　滑稽（コッケイ）

2 次のことわざの□にあてはまる漢字を書きなさい。（2級の範囲）

① 医者の□□□

② 馬の耳に□□

③ 好事□多し

④ □は友を呼ぶ

⑤ うそも□□

⑥ □半分

⑦ 水と□

⑧ □を追う者は山を見ず

⑨ ひょうたんから□

⑩ 三人寄れば□□の□□

⑪ 九死に□□を得る

⑫ □寸の虫にも□分の魂

⑬ □□の道も一歩から

★読めるかな？

❶ 畏縮　❷ 桔梗　❸ 痩身　❹ 毀言　❺ 遜色（遜）　❻ 双璧

（答え）
❶いしゅく
❷ききょう
❸そうしん
❹きげん
❺そんしょく
❻そうへき

1 ①眉間　②玩味　③瞳　④畏れる　⑤煎る（煎る）　⑥桁　⑦遡る（遡る）　⑧痕　⑨柿　⑩痩せる
2 ①不養生　②念仏　③魔　④類　⑤方便　⑥話　⑦油　⑧鹿　⑨駒　⑩文珠・知恵　⑪一生　⑫一・五　⑬千里

2級

6/8回

力試し

次の太字を漢字に直しなさい。

① 悪の**ソウクツ**となる。
隠れ住む場所

② 相手を**バトウ**する。
激しくののしること

③ **ハン**そでの服を着る。

④ 上着の**すそ**をつめる。
衣服の下の縁

⑤ **ビンセン**に思いを綴る。
手紙を書くための用紙

⑥ **はし**で食事する。
物をはさむのに使う二本の細長い棒

⑦ **ロウジョウ**作戦をとる。
城などにたてこもること

⑧ 経営が**ハタン**する。
物事が修復できない状態に陥ること

⑨ **チミツ**な作業。
細かいところまで手落ちがないこと

⑩ 肩を**ダッキュウ**する。
骨の関節がはずれること

⑪ 船が**ウゲン**に傾く。
船尾から船首に向かい右側の船ばた

⑫ **ヨウエン**な魅力の女優。
あやしいほどになまめかしく美しいこと

152字
185字中

漢字	画数	読み	筆順	用例
窟	⑬	クツ	宀 穴 穸 窟 窟 窟	巣窟(ソウクツ) 洞窟(ドウクツ)
罵	⑮	バ ののし(る)	冖 罒 罒 罵 罵 罵	罵声(バセイ) 罵る(ののし)
袖	⑩	シュウ そで	衤 衤 衤 袖 袖 袖	領袖(リョウシュウ) 半袖(ハンそで)
裾	⑬	すそ	衤 衤 衤 裾 裾 裾	裾野(すその)
◆箋	⑭	セン	⺮ 笁 笺 箋 箋 箋	便箋(ビンセン) 処方箋(ショホウセン)
◆箸	⑮	はし	⺮ 笙 笋 箸 箸 箸	箸置き(はしお)
籠	㉒	ロウ かご こ(もる)	⺮ 笁 箮 籠 籠 籠	籠城(ロウジョウ) 籠もる(こ)
綻	⑭	タン ほころ(びる)	糸 紵 紵 綻 綻 綻	破綻(ハタン) 綻びる(ほころ)
緻	⑯	チ	幺 糸 紷 緻 緻 緻	緻密(チミツ) 精緻(セイチ)
臼	⑥	キュウ うす	ノ ⺧ 臼 臼 臼 臼	脱臼(ダッキュウ) 石臼(いしうす)
舷	⑪	ゲン	ノ 舟 舟 舷 舷 舷	右舷(ウゲン) 舷側(ゲンソク)
艶	⑲	エン つや	曲 曲 豊 豊 艶 艶	妖艶(ヨウエン) 色艶(いろつや)

漢字の書き取り

1.
2.
2回練習しよう！

コラム

方位のつく熟語

方位を表すのに、東は青・春、南は赤・夏、西は白・秋、北は黒・冬と、色や季節を当てたりしています。方位にこだわりすぎると、とても読めません。

西瓜(すいか)　北叟笑(ほくそえ)む　南瓜(かぼちゃ)　東雲(しののめ)　南風(はえ)　東風(こち)

1 次の**太字**を漢字と送り仮名に直しなさい。

① 声に**つや**がある

② 神社に**もうでる**

③ 本を**むさぼり**読む

④ 危険な**コケツ**

⑤ 石**うす**で豆をひく

⑥ 留学を**あきらめる**

⑦ 祈願のため寺に**こもる**

⑧ 人も**うらやむ**仲

⑨ 人前で**ののしられる**

⑩ 顔が**ほころびる**

解答

力試し ①巣窟 ②罵倒 ③半袖 ④裾 ⑤便箋（便箋） ⑥箸（箸） ⑦籠城 ⑧破綻 ⑨緻密 ⑩脱臼 ⑪右舷 ⑫妖艶 ⑬虎 ⑭蜜 ⑮虹 ⑯蜂起 ⑰羞恥心 ⑱羨望 ⑲訃報 ⑳参詣 ㉑詮索（詮索） ㉒誰 ㉓俳諧 ㉔諦観 ㉕謎（謎） ㉖貪欲

⑬ **とら**の威を借る狐。
猛獣

⑭ 甘い**ミツ**をすする。
甘い液

⑮ 空に**にじ**が架かる。
雨上がりに見られる円弧状の七色の帯

⑯ 民衆が**ホウキ**する。
大勢がいっせいに行動を起こすこと

⑰ **シュウチシン**を感じる。
はずかしく感じること

⑱ **センボウ**の的となる。
人をうらやましく思うこと

⑲ **フホウ**の知らせを受ける。
人の死去の知らせ

⑳ 古寺に**サンケイ**する。
寺や神社におまいりすること

㉑ 過去を**センサク**する。
調べ求めること

㉒ **だれ**かに助けを求める。
名前を知らない人

㉓ **ハイカイ**を志す。
正統的な和歌に対し、滑稽味をおびた和歌

㉔ 時代を**テイカン**する。
本質をしっかりと見極めること

㉕ **なぞ**かけをする。
不思議な事柄

㉖ 彼は**ドンヨク**な男だ。
非常に欲深いこと

虎	蜜	虹	蜂	羞	羨	訃	詣	詮 ◆	誰	諧	諦	謎 ◆	貪
⑧	⑭	⑨	⑬	⑪	⑬	⑨	⑬	⑬	⑮	⑯	⑯	⑰	⑪
コ とら	ミツ	にじ	ホウ はち	シュウ	セン うらや(む) うらや(ましい)	フ	ケイ もう(でる)	セン	だれ	カイ	テイ あきら(める)	なぞ	ドン むさぼ(る)
丨 ト ⺊ 广 卢 虍 虎	宀 宀 宓 宓 密 蜜	口 中 虫 虫 虹 虹	口 虫 虫 虫 蚉 蜂	䒑 羊 羊 羊 羞 羞	䒑 䒑 羊 羊 羨 羨	亠 言 言 言 訃 訃	亠 言 言 言 詣 詣	亠 言 言 詮 詮 詮	亠 言 言 言 誰 誰	亠 言 言 言 諧 諧	亠 言 言 言 諦 諦	言 言 言 言 謎 謎	人 今 今 貪 貪 貪
虎穴(コケツ) 猛虎(モウコ)	蜜月(ミツゲツ) 蜂蜜(はちミツ)	虹色(にじいろ)	蜂起(ホウキ) 蜜蜂(ミツばち)	羞恥心(シュウチシン)	羨望(センボウ) 羨(うらや)む	訃報(フホウ)	参詣(サンケイ) 初詣(はつもうで)	詮索(センサク) 所詮(ショセン)	誰(だれ)	俳諧(ハイカイ)	諦念(テイネン) 諦(あきら)める	謎解(なぞと)き	貪欲(ドンヨク) 貪(むさぼ)る

2 次の□に対義語や類義語を入れて、熟語をつくりなさい。（2級の範囲）

① □勉　② □枯　③ □怖　④ □助　⑤ □降　⑥ □痛　⑦ □憂

⑧ 道□　⑨ 断□　⑩ 去□　⑪ 真□　⑫ 浮□　⑬ 悲□　⑭ 賛□

★読めるかな？

❶ 付箋（箋）　❷ 籠手　❸ 虎視眈眈
❹ 臼杵　❺ 袖手　❻ 艶冶

（答え）
❶ふせん
❷こて
❸こしたんたん
❹きゅうしょ
❺しゅうしゅ
❻えんや

1 ①艶 ②詣でる ③貪り ④虎穴 ⑤臼 ⑥諦める ⑦籠もる ⑧羨む ⑨罵られる ⑩綻びる
2 ①勤 ②栄 ③恐 ④援 ⑤昇 ⑥苦 ⑦喜 ⑧路 ⑨絶 ⑩来 ⑪偽 ⑫沈 ⑬哀 ⑭否

2級

7/8回

力試し

次の**太字**を漢字に直しなさい。

① 切手を**チョウフ**する。（はりつけること）

② **ワイロ**を贈る。（不正な目的のために贈る金品などのこと）

③ **トバク**罪に問われる。（金品をかけて勝負をあらそう）

④ 容疑者が**シッソウ**する。（行方をくらますこと）

⑤ 敵を**イッシュウ**する。（簡単に相手を負かすこと）

⑥ **ラツワン**を振るう。（すご腕なこと）

⑦ **ショウチュウ**を飲む。（いもなどから作る蒸留酒）

⑧ 才能が**カクセイ**する。（目を覚ますこと）

⑨ **カッサイ**を浴びる。（さかんにほめそやすこと）

⑩ 昼食は**メン**類にする。（そば・うどん・ラーメンなど）

⑪ 町の姿が**ヘンボウ**する。（様子や姿がすっかり変わること）

⑫ 同じ**かま**の飯を食う。（金属製の器具）

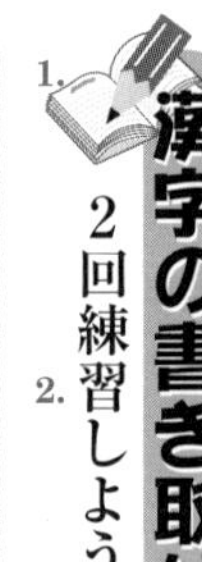

漢字	貼	賂	◆賭	踪	蹴	辣	酎	醒	采	麺	貌	釜
画数	⑫	⑬	⑯	⑮	⑲	⑭	⑩	⑯	⑧	⑯	⑭	⑩ 金
読み	チョウ は（る）	ロ	ト か（ける）	ソウ	シュウ け（る）	ラツ	チュウ	セイ	サイ	メン	ボウ	かま
筆順	冂 貝 貝ト 貼 貼 貼	冂 貝 貝夂 賂 賂 賂	冂 貝 貝土 賭 賭 賭	口 𧾷 𧾷宀 踪 踪 踪	口 𧾷 𧾷亠 蹴 蹴 蹴	立 辛 辛丶 辣 辣 辣	一 襾 酉 酎 酎 酎	冂 酉 酉日 醒 醒 醒	一 爫 采 采 采 采	十 龶 麦 麺 麺 麺	丿 豸 豸 貌 貌 貌	八 父 父 釜 釜 釜
用例	貼付（チョウフ）（テンプ） 貼る（は）	賄賂（ワイロ）	賭場（トば） 賭け（か）	失踪（シッソウ）	一蹴（イッシュウ） 蹴散らす（けち）	辣腕（ラツワン） 辛辣（シンラツ）	焼酎（ショウチュウ）	覚醒（カクセイ）	喝采（カッサイ） 采配（サイハイ）	麺類（メンルイ）	変貌（ヘンボウ） 美貌（ビボウ）	釜飯（かまめし）

漢字の書き取り

1.

2回練習しよう！

2.

コラム 永字八法

「永字八法」という言葉が書道にあります。『永』の一字に備わっていて、すべての漢字に共通する八通りの基本的な運筆法のことです。

1 次の**太字**を漢字と送り仮名に直しなさい。

① 壁にポスターを**はる**

② きれいな**にしき**エ

③ 家族で**なべ**を囲む

④ ボールを**ける**

⑤ 玄関の**かぎ**

⑥ **あご**が外れた

⑦ **かま**をかける

⑧ 正月に**もち**を食べる

⑨ 勝負に金を**かける**

⑩ **かま**でご飯を炊く

解答

力試し ①貼付 ②賄賂 ③賭博（賭博） ④失踪 ⑤一蹴 ⑥辣腕 ⑦焼酎 ⑧覚醒 ⑨喝采 ⑩麺 ⑪変貌 ⑫釜 ⑬錦絵 ⑭禁錮 ⑮鍵盤 ⑯鍋 ⑰鎌 ⑱暗闇 ⑲頃 ⑳必須 ㉑頓着 ㉒頬（頰） ㉓顎 ㉔餌食（餌食） ㉕尻餅（尻餅）

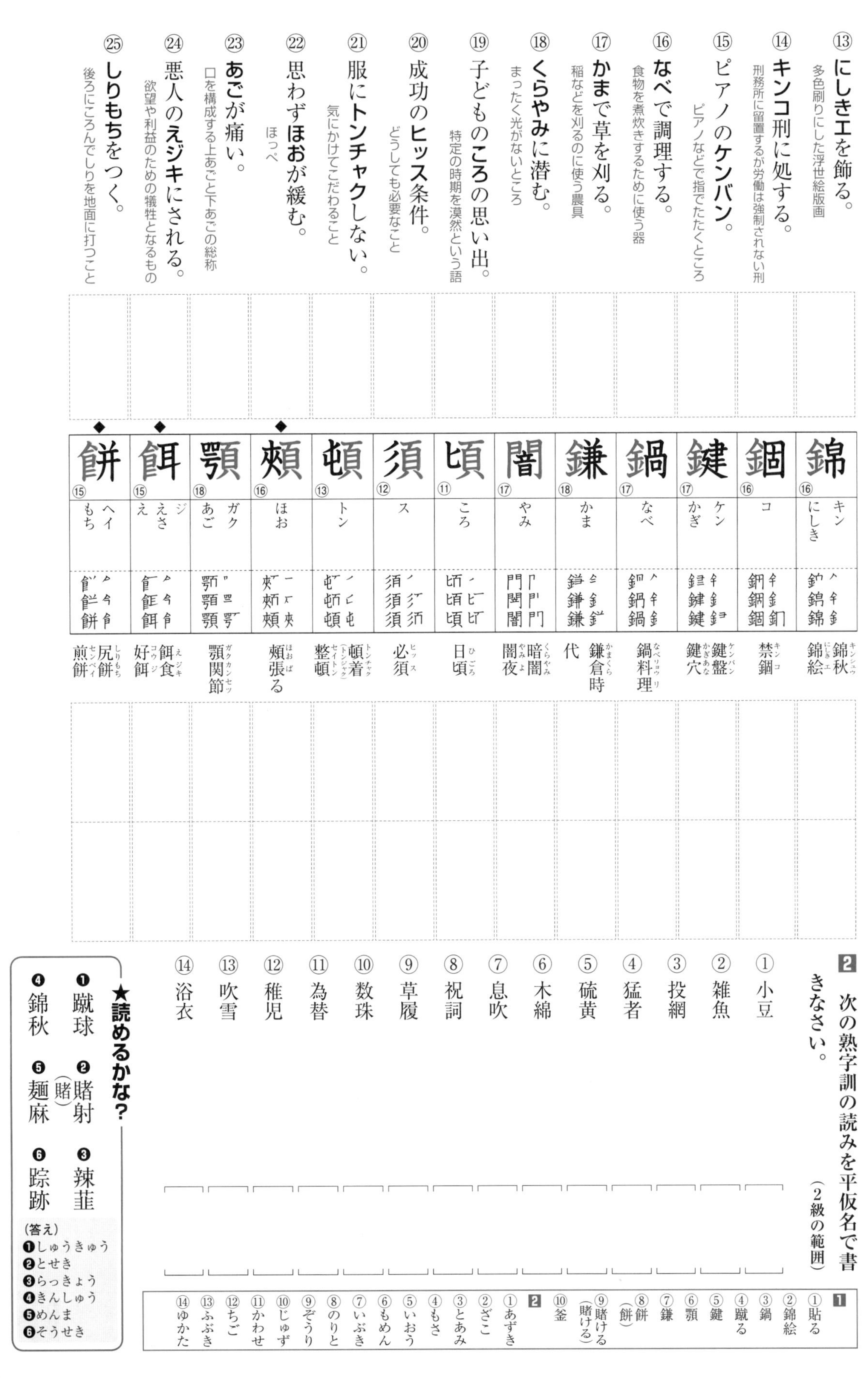

⑬ **にしきエ**を飾る。　多色刷りにした浮世絵版画
⑭ **キンコ**刑に処する。　刑務所に留置するが労働は強制されない刑
⑮ ピアノの**ケンバン**。　ピアノなどで指でたたくところ
⑯ **なべ**で調理する。　食物を煮炊きするために使う器
⑰ **かま**で草を刈る。　稲などを刈るのに使う農具
⑱ **くらやみ**に潜む。　まったく光がないところ
⑲ 子どもの**ころ**の思い出。　特定の時期を漠然という語
⑳ 成功の**ヒッス**条件。　どうしても必要なこと
㉑ 服に**トンチャク**しない。　気にかけてこだわること
㉒ 思わず**ほお**が緩む。　ほっぺ
㉓ **あご**が痛い。　口を構成する上あごと下あごの総称
㉔ 悪人の**えジキ**にされる。　欲望や利益のための犠牲となるもの
㉕ **しりもち**をつく。　後ろにころんでしりを地面に打つこと

漢字	読み	用例
錦 ⑯	キン / にしき	錦秋（キンシュウ）　錦絵（にしきエ）
錮 ⑯	コ	禁錮（キンコ）
鍵 ⑰	ケン / かぎ	鍵盤（ケンバン）　鍵穴（かぎあな）
鍋 ⑰	なべ	鍋料理（なべリョウリ）
鎌 ⑱	かま	鎌倉時代（かまくら）
闇 ⑰	やみ	暗闇（くらやみ）　闇夜（やみよ）
頃 ⑪	ころ	日頃（ひごろ）
須 ⑫	ス	必須（ヒッス）
頓 ⑬	トン	頓着（トンチャク）（トンジャク）　整頓（セイトン）
◆頰 ⑯	ほお	頰張る（ほおば）
顎 ⑱	ガク / あご	顎関節（ガクカンセツ）
◆餌 ⑮	ジ / え / えさ	餌食（えジキ）　好餌（コウジ）
◆餅 ⑮	ヘイ / もち	尻餅（しりもち）　煎餅（センベイ）

2 次の熟字訓の読みを平仮名で書きなさい。（2級の範囲）

① 小豆
② 雑魚
③ 投網
④ 猛者
⑤ 硫黄
⑥ 木綿
⑦ 息吹
⑧ 祝詞
⑨ 草履
⑩ 数珠
⑪ 為替
⑫ 稚児
⑬ 吹雪
⑭ 浴衣

1 ①貼る ②錦絵 ③鍋 ④蹴る ⑤鍵 ⑥顎 ⑦鎌 ⑧餅（餠） ⑨賭ける（賭ける） ⑩釜
2 ①あずき ②ざこ ③とあみ ④もさ ⑤いおう ⑥もめん ⑦いぶき ⑧のりと ⑨ぞうり ⑩じゅず ⑪かわせ ⑫ちご ⑬ふぶき ⑭ゆかた

★読めるかな？

❶ 蹴球　❷ 賭射（賭）　❸ 辣韮
❹ 錦秋　❺ 麺麻　❻ 踪跡

（答え）
❶しゅうきゅう
❷とせき
❸らっきょう
❹きんしゅう
❺めんま
❻そうせき

2級

8/8回

力試し

次の**太字**を漢字に直しなさい。

① 持ち**ごま**を使い切る。（将棋で盤上に置いて動かすもの）
② 動物の**シガイ**。（しかばね）
③ **カンコク**を旅する。
④ **ユウウツ**な気分になる。（気持ちがふさいでいる様子）
⑤ **つる**が飛来する。（亀とともに長寿の象徴）
⑥ 敵の**ガジョウ**に迫る。（ある組織や勢力などの中心となる場所）
⑦ **つめ**に火をともす。（非常にけちなことのたとえ）
⑧ 関係に**キレツ**が生じる。（割れ目、ひび割れ）

185字
185字中
乙女百合（おとめゆり）

1. 漢字の書き取り 2. 2回練習しよう！

駒 ⑮	骸 ⑯	韓 ⑱	鬱 ㉙	鶴 ㉑	◆牙 ④	爪 ④	亀 ⑪
こま	ガイ	カン	ウツ	つる	ガ ゲ きば	つめ つま	キ かめ
持ち駒（もちごま）	死骸（シガイ） 形骸化（ケイガイカ）	韓国（カンコク）	鬱憤（ウップン） 憂鬱（ユウウツ）	千羽鶴（センばづる）	牙城（ガジョウ） 象牙（ゾウゲ）	生爪（なまづめ） 爪先（つまさき）	亀裂（キレツ） 亀（かめ）

コラム 部首わかりますか？

漢字の学習が苦手な人に、部首を覚えることをお勧めします。一つの部首の意味を理解することは、それに関係する漢字を十個、いや二十個を覚えたことになるのです。

先っちょ（部首）
漢字
漢字
漢字

1 次の**太字**を漢字に直しなさい。

① **こま**が足りない
② **きば**を研ぐ
③ **センばづる**を送る
④ 焼跡の**ザンガイ**
⑤ **つまさき**で立つ
⑥ **ウップン**を晴らす
⑦ 鶴は千年**かめ**は万年
⑧ 日**カン**会談
⑨ 世界でも貴重な**ゾウゲ**
⑩ 壁に**キレツ**が生じる

◆のついた次に掲げる漢字は、いずれも▒の漢字の許容字体です。

106⑦ 僅〔僅〕	110② 捗〔捗〕	115⑭ 遜〔遜〕	119㉒ 頰〔頬〕
107⑬ 剝〔剥〕	110⑨ 淫〔淫〕	115㉖ 稽〔稽〕	119㉔ 餌〔餌〕
107㉕ 喩〔喻〕	110⑪ 溺〔溺〕	116⑤ 箋〔箋〕	119㉕ 餅〔餅〕
108① 嗅〔嗅〕	111⑰ 葛〔葛〕	116⑥ 箸〔箸〕	120⑥ 牙〔牙〕
108② 嘲〔嘲〕	111⑳ 蔽〔蔽〕	117㉑ 詮〔詮〕	
108⑤ 塡〔填〕	114⑨ 煎〔煎〕	117㉕ 謎〔謎〕	
109⑰ 惧〔惧〕	115⑬ 遡〔遡〕	118③ 賭〔賭〕	

解答

力試し ①駒 ②死骸 ③韓国 ④憂鬱 ⑤鶴 ⑥牙城（牙城） ⑦爪 ⑧亀裂

1 ①駒 ②牙（牙） ③千羽鶴 ④残骸 ⑤爪先 ⑥鬱憤 ⑦亀 ⑧韓 ⑨象牙（象牙） ⑩亀裂

実力試験（2級）

P.106～120

1 次のカタカナを漢字に直しなさい。（2×20）

①読書家で**ゴイ**の豊かな人だ。
②**ミツバチ**は作物の受粉に役立つ。
③**イス**に座って休んだ。
④目もくらむような**ダンガイ**だ。
⑤**ラチ**された要人が救出された。
⑥廊下に**ゾウキン**がけをする。
⑦幕府体制が**ガカイ**した。
⑧**ヤミクモ**に走って逃げた。
⑨業務の**シンチョク**状況を伝える。
⑩今朝は気分が**ソウカイ**だ。
⑪年表を**ゴロ**合わせで覚える。
⑫履歴書に写真を**チョウフ**する。
⑬論文の文意を**ハソク**する。
⑭**ネンザ**した足首を冷やす。
⑮今でも**セキジツ**の面影を残す。
⑯**ゲンソク**から水平線を眺める。
⑰彼は**フウサイ**が上がらない。
⑱身内で**セイゼツ**な争いになる。
⑲検診で**キンシュ**が見つかった。
⑳**コッケイ**な話をする。

①	②	③	④	⑤	⑥	⑦	⑧	⑨	⑩

⑪	⑫	⑬	⑭	⑮	⑯	⑰	⑱	⑲	⑳

2 次の――線の漢字の読みを平仮名で書きなさい。（1×20）

①痛恨の極み。
②台風の爪痕。
③未曽有の災害。
④曽祖父と暮らす。
⑤畏敬の念をもつ。
⑥神を畏れる。
⑦両手を広げて行く手を塞ぐ。
⑧閉塞した時代。
⑨払拭しきれない不信感。
⑩ハンカチで汗を拭う。
⑪僅差で負けた。
⑫残りはあと僅かだ。
⑬焦眉の急。
⑭眉につばを塗る。
⑮車と車の間隙をぬって進む。
⑯油断も隙もない。
⑰貪欲に知識を吸収する。
⑱本を貪り読む。
⑲牙を鳴らす。
⑳敵軍の牙城に迫る。

①	②	③	④	⑤	⑥	⑦	⑧	⑨	⑩

⑪	⑫	⑬	⑭	⑮	⑯	⑰	⑱	⑲	⑳

1 /40
2 /20
3 /20
4 /20
5 /10
6 /30
7 /20
8 /20
9 /20
/200

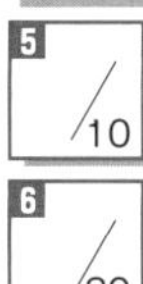
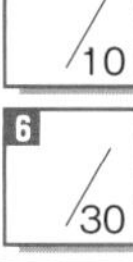
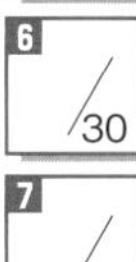

3 後の□の中の平仮名を漢字に直し、四字熟語を完成させなさい。□の中の平仮名は一度だけ使い、□に二字書きなさい。（2×10）

ア　朝三□□

イ　一挙□□

ウ　晴耕□□

エ　一攫□□

オ　千客□□

カ　□□一律

キ　□□未聞

ク　□□点睛

ケ　□□暮改

コ　□□四温

さんかん・ばんらい
いちどう・せんきん
ぼし・がりょう
ぜんだい・うどく
せんぺん・ちょうれい

4 次の空欄に入る語を□から選び、漢字に直して対義語・類義語を完成させなさい。（2×10）

〈対義語〉

① 潤沢 ⇕ □

② 快諾 ⇕ □

③ 飽食 ⇕ □

④ 不足 ⇕ □

⑤ 堕落 ⇕ □

〈類義語〉

⑥ 突如 ― □

⑦ 核心 ― □

⑧ 譲歩 ― □

⑨ 容赦 ― □

⑩ 折衝 ― □

こうせい・ふい
こかつ・きが
こうしょう・かんべん
こじ・ちゅうすう
かじょう・だきょう

5 次の漢字の部首を書きなさい。（1×10）

〈例〉快　忄　列　刂

① 羞　□

② 顎　□

③ 戴　□

④ 毀　□

⑤ 麓　□

⑥ 串　□

⑦ 拳　□

⑧ 釜　□

⑨ 爽　□

⑩ 塞　□

解答

1

①語彙　②蜜蜂　③椅子　④断崖　⑤拉致　⑥雑巾　⑦瓦解　⑧闇雲　⑨進捗（進捗）　⑩爽快　⑪語呂　⑫貼付　⑬把捉　⑭捻挫　⑮昔日　⑯舷側　⑰風采　⑱凄絶　⑲筋腫　⑳滑稽（滑稽）

2

①つうこん　②つめあと　③みぞう　④そうそふ　⑤いけい　⑥おそ　⑦ふさ　⑧へいそく　⑨ふっしょく　⑩ぬぐ　⑪きんさ　⑫わず　⑬しょうび　⑭まゆ　⑮かんげき　⑯すき　⑰どんよく　⑱むさぼ　⑲きば　⑳がじょう

3

ア暮四　イ一動　ウ雨読　エ千金　オ万来　カ千編　キ前代　ク画竜　ケ朝令　コ三寒

4

①枯渇　②固辞　③飢餓　④過剰　⑤更生　⑥不意　⑦中枢　⑧妥協　⑨勘弁　⑩交渉

5

①羊　②頁　③戈　④殳　⑤木　⑥丨　⑦手　⑧金　⑨大　⑩土

6 次の――線の漢字の読みを平仮名で書きなさい。（1×30）

① 風呂敷を広げる。
② 理念は形骸化している。
③ 筆を弄ぶ。
④ 刹那的な快楽。
⑤ 出藍の誉れ。
⑥ 加害者に対して怨念を抱く。
⑦ 恣意的な解釈。
⑧ 妖しい魅力にとりつかれる。
⑨ 防災頭巾をかぶった。
⑩ 日光を遮蔽する。
⑪ 気力が萎える。
⑫ 富士の裾野。
⑬ 悪者の餌食になる。
⑭ 神社に詣でる。
⑮ もはや詮方ない。

①	②	③	④	⑤	⑥	⑦	⑧	⑨	⑩	⑪	⑫	⑬	⑭	⑮

⑯ 香水の種類を嗅ぎ分ける。
⑰ 眉間にしわを寄せる。
⑱ 悪の巣窟となる。
⑲ ギターを爪弾く。
⑳ 踪跡をくらます。
㉑ 漫画を読んで時間を潰した。
㉒ 世間で取り沙汰する。
㉓ 傲然と構える。
㉔ 尻尾を出す。
㉕ 禁錮三年。
㉖ 役者冥利に尽きる。
㉗ 臆測でものを言う。
㉘ 相手を蔑む。
㉙ 凄惨な光景。
㉚ 事業が頓挫する。

⑯	⑰	⑱	⑲	⑳	㉑	㉒	㉓	㉔	㉕	㉖	㉗	㉘	㉙	㉚

7 次の熟語の組み合わせは、左のア～オのどれにあたりますか。記号で答えなさい。（2×10）

① 苛酷	② 消火	③ 悲哀	④ 無視	⑤ 去来

⑥ 栄枯	⑦ 新築	⑧ 握手	⑨ 河川	⑩ 非凡

ア 同じような意味の漢字を重ねたもの（例 身体）
イ 反対または対応の意味を表す字を重ねたもの（例 強弱）
ウ 上の字が下の字を修飾しているもの（例 赤色）
エ 下の字が上の字の目的語・補語になっているもの（例 登山）
オ 上の字が下の字の意味を打ち消しているもの（例 不明）

8 次の**太字**を漢字に直しなさい。（2×10）

① **コウトウ**がんが見つかる。
② 地価が**コウトウ**する。
③ **ハンラン**軍に対抗する。
④ 豪雨で川が**ハンラン**する。
⑤ 眼球の中央にある**ドウコウ**。
⑥ 景気の**ドウコウ**を探る。
⑦ 妖**エン**な魅力。
⑧ **エン**恨による傷害事件。
⑨ **カンセイ**な郊外に住む。
⑩ **カンセイ**塔から指示を出す。

①	②	③	④	⑤	⑥	⑦	⑧	⑨	⑩

9 次の——線のカタカナを漢字と送り仮名に直しなさい。（2×10）

① 日程が**アワタダシイ**。
② 屋上に看板を**カカゲル**。
③ 処分は**マヌカレル**だろう。
④ 今日、**モシクハ**明日。
⑤ 進学をきっぱりと**アキラメル**。
⑥ 自動車が道路を**フサグ**。
⑦ 寝不足でまぶたが**ハレル**。
⑧ 本を**ムサボリ**読む。
⑨ 怠け者の弟を**サゲスム**。
⑩ **アヤシイ**魅力にとりつかれる。

①	②	③	④	⑤	⑥	⑦	⑧	⑨	⑩

解答

6
①ふろしき
②けいがいか
③もてあそ
④せつな
⑤しゅつらん
⑥おんねん　⑦しい
⑧あや　⑨ずきん
⑩しゃへい　⑪な
⑫すその　⑬えじき
⑭もう　⑮せんかた
⑯か　⑰みけん(びかん)
⑱そうくつ　⑲つま
⑳そうせき　㉑つぶ
㉒ざた　㉓ごうぜん
㉔しっぽ　㉕きんこ
㉖みょうり
㉗おくそく
㉘さげす
㉙せいさん
㉚とんざ

7
①ア　②エ
③ア　④オ
⑤イ　⑥イ
⑦ウ　⑧エ
⑨ア　⑩オ

8
①喉頭　②高騰
③反乱　④氾濫
⑤瞳孔　⑥動向
⑦艶　⑧怨
⑨閑静　⑩管制

9
①慌ただしい
②掲げる　③免れる
④若しくは
⑤諦める　⑥塞ぐ
⑦腫れる　⑧貪り
⑨蔑む　⑩妖しい

常用漢字表「付表1」（熟字訓）

1 次の読みを平仮名で書き、表を完成させなさい。（熟字訓とは、二字以上の漢字によるあて字、熟語などで、特別な読み方をするものです。）

小学校で学習する語

① 明日（　）
② 大人（　）
③ 母さん（　）
④ 河原・川原（　）
⑤ 昨日（　）
⑥ 今日（　）
⑦ 果物（　）
⑧ 今朝（　）
⑨ 景色（　）
⑩ 今年（　）
⑪ 清水（　）
⑫ 上手（　）
⑬ 七夕（　）
⑭ 一日（　）
⑮ 手伝う（　）
⑯ 父さん（　）
⑰ 時計（　）
⑱ 友達（　）
⑲ 兄さん（　）
⑳ 姉さん（　）
㉑ 博士（　）
㉒ 二十日（　）
㉓ 一人（　）
㉔ 二人（　）
㉕ 二日（　）
㉖ 下手（　）
㉗ 部屋（　）
㉘ 迷子（　）
㉙ 真面目（　）
㉚ 真っ赤（　）
㉛ 真っ青（　）
㉜ 眼鏡（　）
㉝ 八百屋（　）

中学校で学習する語

㉞ 小豆（　）
㉟ 硫黄（　）
㊱ 意気地（　）
㊲ 田舎（　）
㊳ 海原（　）
㊴ 乳母（　）
㊵ 浮つく（　）
㊶ 笑顔（　）
㊷ 叔父・伯父（　）
㊸ 乙女（　）
㊹ 叔母・伯母（　）
㊺ お巡りさん（　）
㊻ 鍛冶（　）
㊼ 風邪（　）
㊽ 固唾（　）
㊾ 仮名（　）
㊿ 為替（　）
51 心地（　）
52 早乙女（　）
53 差し支える（　）
54 五月（　）
55 早苗（　）

解答

1
①あす ②おとな ③かあさん ④かわら ⑤きのう ⑥きょう ⑦くだもの ⑧けさ ⑨けしき ⑩ことし ⑪しみず ⑫じょうず ⑬たなばた ⑭ついたち ⑮てつだう ⑯とうさん ⑰とけい ⑱ともだち ⑲にいさん ⑳ねえさん ㉑はかせ ㉒はつか ㉓ひとり ㉔ふたり ㉕ふつか ㉖へた ㉗へや ㉘まいご ㉙まじめ ㉚まっか ㉛まっさお ㉜めがね ㉝やおや ㉞あずき ㉟いおう ㊱いくじ ㊲いなか ㊳うなばら ㊴うば ㊵うわつく ㊶えがお ㊷おじ ㊸おとめ ㊹おば ㊺おまわりさん ㊻かじ ㊼かぜ ㊽かたず ㊾かな ㊿かわせ 51ここち 52さおとめ 53さしつかえる 54さつき 55さなえ

㊻ 五月雨
㊼ 時雨
㊽ 尻尾
㊾ 竹刀
㊿ 老舗
(61) 芝生
(62) 三味線
(63) 砂利
(64) 白髪
(65) 相撲
(66) 草履
(67) 太刀
(68) 立ち退く
(69) 足袋
(70) 梅雨
(71) 凸凹
(72) 名残
(73) 雪崩
(74) 二十 / 二十歳
(75) 波止場
(76) 日和

(77) 吹雪
(78) 土産
(79) 息子
(80) 紅葉
(81) 木綿
(82) 最寄り
(83) 大和
(84) 弥生
(85) 行方
(86) 若人

高等学校で学習する語

(87) 海女 / 海士
(88) 息吹
(89) 浮気
(90) お神酒
(91) 母屋 / 母家
(92) 神楽
(93) 河岸
(94) 蚊帳
(95) 玄人

(96) 居士
(97) 雑魚
(98) 桟敷
(99) 数珠
(100) 素人
(101) 師走
(102) 数寄屋 / 数奇屋
(103) 山車
(104) 稚児
(105) 築山
(106) 伝馬船
(107) 投網
(108) 十重二十重
(109) 読経
(110) 仲人
(111) 野良
(112) 祝詞
(113) 猛者
(114) 八百長
(115) 浴衣
(116) 寄席

解答

(56) さみだれ (57) しぐれ (58) しっぽ (59) しない (60) しにせ (61) しばふ (62) しゃみせん (63) じゃり (64) しらが (65) すもう (66) ぞうり (67) たち (68) たちのく (69) たび (70) つゆ (71) でこぼこ (72) なごり (73) なだれ (74) はたち (75) はとば (76) ひより (77) ふぶき (78) みやげ (79) むすこ (80) もみじ (81) もめん (82) もより (83) やまと (84) やよい (85) ゆくえ (86) わこうど (87) あま
(88) いぶき (89) うわき (90) おみき (91) おもや (92) かぐら (93) かし (94) かや (95) くろうと (96) こじ (97) ざこ (98) さじき (99) じゅず (100) しろうと (101) しわす（しはす） (102) すきや (103) だし (104) ちご (105) つきやま (106) てんません (107) とあみ (108) とえはたえ (109) どきょう (110) なこうど (111) のら (112) のりと (113) もさ (114) やおちょう (115) ゆかた (116) よせ

常用漢字表「付表2」（都道府県）

2 次の表のキーワードにあてはまる都道府県を上の地図から探し、番号（①～⑫）を書きなさい。また、都道府県名を漢字で書きなさい。（都道府県名の漢字には、その場合にのみ用いられる特別な読みがあります。）

	特産品・観光名所・ゆかりのある歴史上の人物など	番号	都道府県名
(1)	ホタルイカ、医薬品、黒部(くろべ)ダム		
(2)	白川郷合掌造(しらかわごうがっしょうづく)り集落、下呂(げろ)温泉、鵜飼(うか)い		
(3)	中華街(ちゅうかがい)、鎌倉(かまくら)大仏、箱根(はこね)温泉、金沢文庫(かなざわぶんこ)		
(4)	砂丘(さきゅう)、二十世紀梨(なし)、らっきょう、ズワイガニ		
(5)	たこ焼き、道頓堀(どうとんぼり)、岸和田(きしわだ)だんじり祭り		
(6)	法隆寺(ほうりゅうじ)、東大寺(とうだいじ)大仏、柿(かき)の葉寿司(ずし)、鹿(しか)		
(7)	琵琶湖(びわこ)、彦根城(ひこねじょう)、鮒(ふな)ずし、信楽焼(しがらきやき)、最澄(さいちょう)		
(8)	由布院(ゆふいん)温泉、別府(べっぷ)温泉、関(せき)さば、乾椎茸(ほししいたけ)		
(9)	桜島(さくらじま)、さつまいも、屋久島(やくしま)、西郷隆盛(さいごうたかもり)		
(10)	納豆(なっとう)、干し芋(いも)、霞ケ浦(かすみがうら)、偕楽園(かいらくえん)、筑波山(つくばさん)		
(11)	七夕(たなばた)まつり、松島(まつしま)、金華山(きんかさん)、伊達政宗(だてまさむね)		
(12)	かんきつ類、養殖(ようしょく)まだい、タオル、道後(どうご)温泉		

解答

2
(1) ⑯ 富山県
(2) ㉑ 岐阜県
(3) ⑭ 神奈川県
(4) ㉛ 鳥取県
(5) ㉗ 大阪府
(6) ㉙ 奈良県
(7) ㉕ 滋賀県
(8) ㊹ 大分県
(9) ㊻ 鹿児島県
(10) ⑧ 茨城県
(11) ④ 宮城県
(12) ㊳ 愛媛県

筆順の原則

一つの漢字に一つの筆順と決められないものもあり、ここでは原則を示してあります。（文部省編「筆順指導の手びき」（昭和三三年三月）などによる）

大原則

上から下へ

★上の部分から下の部分へ書いていく。

三→一二三　言→亠亠言言　丁　己　弓

富→宀宀宫富　営　愛　喜　景　客　築　菜

左から右へ

★左の部分から右の部分へ書いていく。

川→丿川川　州→丶丬州州　学→丶⺍⺍学

帯→十卄卅帯　挙　魚　斉→文产斉斉

林　心→丶心心心　側　湖

横画が先

横画と縦画が交差するときは、横画を先に書く。

十→一十　土　士　去　古　支　七　大　寸

共→一十廾共　花→一十艹花　散　荷　帯

用→丿月月用　通　末→一二末　夫　春　実

耕→一二三耕　井→一二井井　囲

例外
座→座座座
丘→丘丘丘
升→丿升升

横画が後

次の場合は、横画と縦画が交差しても、縦画を先に書く。

田→冂田田　男　異　町　細

由→冂巾由由　黄　角→角角角角　再　構

王→丅干王　主　玉　生→牛牛生　麦　表

馬→丨厂𫝀馬　進　寒

中が先

ⓐ左右が一、二画の場合　ⓑ中が二本の場合　ⓒ中が複雑な場合

ⓐ小→亅小小　水→才水　少　示　京

ⓑ赤→赤赤赤　兼→兼兼兼　変　業

ⓒ承→承承承　楽→楽楽楽　薬　率

例外
非→非非非
性→性性性
火→火火火

外側が先

囲む形のものは、外側の囲みを先に書く。

国→冂国国　四　図　囲　同→冂同　円　内

間→門間　開　関　句→勹句　司→𠃌司

日→冂日　月→冂月　目→冂目　田→冂田田

例外
区→一ヌ区
巨→丨厂巨巨巨

左払いが先

左払いと右払いが交差する場合、左払いを先に書く。

父→八ク父　文→亠ナ文　丈　史　又　支

祭→夕夕夕祭　発→発発発発

貫く縦画は最後

字の全体を貫く縦画は、最後に書く。

中→口中　申　神　車　半　事　律

書→書書書　平→平平平　妻　羊

里→日甲里　重→重重重　黒　野

＊上下に貫かない場合は上→縦→下の順。

例外
上→丨卜上
企→人个企
収→丨ㄐ収

貫く横画は最後

字の全体を貫く横画は、最後に書く。

女→く女女　子→了子　母→口母母

舟→舟舟舟　与→一与与　冊→冂冊冊

例外
世→一十廿世

横画と左払い

払いを先に書くものと、払いを後で書くものがある。

・払いが先…右→ノナ右　有　布　希　九→ノ九　乃　及

・払いが後…左→一ナ左　友　存　在　力→フ力　刃　万

「にょう」

先に書くものと、後で書くものがある。

・先に書く…起→走起　超　越　趣　題→是題　処　勉

・後に書く…近→斤近　道　造　進　建→聿建　延　廷

ここもチェック

筆順が二つ以上あるもの

いずれも右側の筆順が適切とされている。下の例のほかにも多数ある。

上　耳　発

出　感　無

馬　必　飛

1 次の漢字の赤字部分は何画目か、算用数字で答えなさい。

① 延　② 集　③ 壮　④ 劇　⑤ 押　⑥ 権　⑦ 盾　⑧ 岳　⑨ 凸　⑩ 衰　⑪ 匿　⑫ 済　⑬ 屈　⑭ 発　⑮ 可

2 次の漢字の赤字部分は何画目か、また総画数は何画か、算用数字で答えなさい。

（何画目）（総画数）

① 輪　② 歳　③ 繭　④ 推　⑤ 泌　⑥ 励　⑦ 及　⑧ 弦　⑨ 域　⑩ 爽　⑪ 奇　⑫ 魂　⑬ 愚　⑭ 把　⑮ 若

3 次の漢字の筆順はア・イどちらですか。記号で答えなさい。

		ア	イ
①	再	一 丆 冂 币 再 再	一 丆 冂 冃 再 再
②	兆	丿 儿 儿 兆 兆 兆	丿 丬 丬 兆 兆 兆
③	博	十 十 恒 博 博 博	十 十 恒 博 博 博
④	痛	广 疒 疒 病 痛 痛	广 疒 疒 病 痛 痛
⑤	進	亻 仁 仹 隹 隹 進	亻 仁 仁 隹 隹 進
⑥	黄	一 艹 艹 昔 昔 黄	一 艹 艹 昔 昔 黄
⑦	駅	厂 冂 馬 馬 駅 駅	厂 冂 馬 馬 駅 駅
⑧	報	幸 幸 幸 報 報 報	幸 幸 幸 報 報 報
⑨	別	口 口 另 另 別 別	口 口 另 另 別 別
⑩	密	宀 宀 宓 宓 密 密	宀 宀 宓 宓 密 密
⑪	暇	日 旪 暇 暇 暇 暇	日 旪 暇 暇 暇 暇
⑫	斎	斉 斉 斉 斉 斎 斎	斉 斉 斉 斉 斎 斎
⑬	越	土 走 走 赴 赴 越	土 走 走 赴 赴 越
⑭	凹	⺊ 凵 凵 凹 凹	丨 凵 凵 凹 凹
⑮	虐	卢 卢 虍 虍 虐 虐	广 卢 虍 虍 虐 虐

解答

1 ①8　②2　③1　④3　⑤6　⑥12　⑦4　⑧6　⑨4　⑩6　⑪3　⑫11　⑬4　⑭4　⑮5

2 ①12・15　②5・13　③6・18　④9・11　⑤6・8　⑥4・7　⑦1・3　⑧4・8　⑨9・11　⑩10・11　⑪5・8　⑫5・14　⑬7・13　⑭5・7　⑮4・8

3 ①ア　②イ　③ア　④ア　⑤イ　⑥イ　⑦ア　⑧ア　⑨イ　⑩ア　⑪イ　⑫イ　⑬ア　⑭ア　⑮イ

送り仮名の付け方

（昭和四八年六月一八日 内閣告示第二号「送り仮名の付け方」、平成二二年一一月三〇日 内閣告示第三号（一部改正）による）

単独の語／1　活用のある語（動詞・形容詞・形容動詞）

本則

活用のある語は、活用語尾を送る。

例 書く　実る　生きる　考える　荒い　潔い　濃い　主だ

例外

(1) 語幹が「し」で終わる形容詞は、「し」から送る。

例 著しい　惜しい　悔しい　恋しい　珍しい

(2) 活用語尾の前に「か」「やか」「らか」を含む形容動詞は、その音節から送る。

例 暖かだ　静かだ　穏やかだ　健やかだ　明らかだ　柔らかだ

(3) 次の語は、次に示すように送る。

明らむ　味わう　哀れむ　平たい　新ただ　同じだ　関わる

食らう　異なる　逆らう　哀れだ　幸いだ　幸せだ

許容

次の語は、活用語尾の前の音節から送ることができる。

表す（表わす）　現れる（現われる）　行う（行なう）　断る（断わる）

本則

活用語尾以外の部分に他の語を含む語は、含まれている語の送り仮名の付け方によって送る。（含まれている語を〔　〕の中に示す）

(1) 動詞の活用形又はそれに準ずるものを含むもの。

例 動かす〔動く〕　生まれる〔生む〕　恐ろしい〔恐れる〕

(2) 形容詞・形容動詞の語幹を含むもの。

例 重んずる〔重い〕　悲しむ〔悲しい〕　細かい〔細かだ〕

(3) 名詞を含むもの。

例 春めく〔春〕　男らしい〔男〕　後ろめたい〔後ろ〕

許容

読み間違えるおそれのない場合は、活用語尾以外の部分について、送り仮名を省くことができる。

浮かぶ（浮ぶ）　変わる（変る）

単独の語／2　活用のない語

本則

名詞は、送り仮名を付けない。

例 月　鳥　花　山　男　女　彼　何

例外

(1) 次の語は、最後の音節を送る。

例 辺り　勢い　傍ら　幸い　全て　半ば　情け　斜め　独り　自ら

(2) 数をかぞえる「つ」を含む名詞は、その「つ」を送る。

例 一つ　二つ　三つ　幾つ

単独の語／2　活用のない語（名詞・副詞・連体詞・接続詞）

本則

活用のある語から転じた名詞及び活用のある語に「さ」、「み」、「げ」などの接尾語が付いて名詞になったものは、もとの語の送り仮名の付け方によって送る。

(1) 活用のある語から転じたもの。

例 動き　願い　晴れ　当たり　答え　香り　初め　近く

(2) 「さ」、「み」、「げ」などの接尾語が付いたもの。

例 暑さ　大きさ　正しさ　明るみ　重み　憎しみ　惜しげ

例外

次の語は送り仮名を付けない。

謡　虞　趣　氷　印　頂　帯　畳　卸　煙　恋　志　次

富　恥　話　光　舞　折　係　掛　組　肥　並　巻　割

本則

副詞・連体詞・接続詞は、最後の音節を送る。

例 必ず　更に　少し　再び　全く　最も　来る　去る　及び

例外

(1) 次の語は、次に示すように送る。

明くる　大いに　直ちに　並びに　若しくは

(2) 次の語は、送り仮名を付けない。

又

(3) 次のように、他の語を含む語は、含まれている語の送り仮名の付け方によって送る。

例 至って〔至る〕　例えば〔例える〕　互いに〔互い〕

複合の語

本則

複合の語の送り仮名は、その複合の語を書き表す漢字の、それぞれの音訓を用いた単独の語の送り仮名の付け方による。

(1) 活用のある語

例 書き抜く　聞き苦しい　心細い　若々しい　望み薄だ

(2) 活用のない語

例 石橋　後ろ姿　落書き　入り江　行き帰り　休み休み

本則

複合の語のうち、次のような名詞は、慣用に従って、送り仮名を付けない。

(1) 特定の領域の語で、慣用が固定していると認められるもの。

例 関取　取締役　（博多）織　書留　切手　取引（所）　申込（書）

(2) 一般に、慣用が固定していると認められるもの。

例 木立　試合　番組　植木　立場　建物　受付　絵巻物

1 次の――線にあてはまる送り仮名を［　］に平仮名で書きなさい。

①大切に扱――。［　］
②年末は忙――。［　］
③商店を営――。［　］
④注文を承――。［　］
⑤危機に陥――。［　］
⑥幸運が訪――。［　］
⑦外国に赴――。［　］
⑧自分の行動を省――。［　］
⑨問題に答――。［　］
⑩旬の野菜を味――。［　］
⑪はしごを支――。［　］
⑫折りたたみ傘を携――。［　］
⑬罪を償――。［　］
⑭友人を慰――。［　］
⑮雰囲気が和――。［　］

2 次の――線にあてはまる送り仮名を［　］に平仮名で書きなさい。

①暖――春が来た。［　］
②過――を犯す。［　］
③潔――負けを認める。［　］
④著――移りかわる。［　］
⑤気を失――病院に運ばれる。［　］
⑥彼に促――て入部する。［　］
⑦年長者を敬――気持ちを持つ。［　］
⑧厳――な雰囲気。［　］
⑨年齢より幼――見える。［　］
⑩穏――な気候。［　］
⑪歴史を顧――考える。［　］
⑫輝――記録を残す。［　］
⑬賢――人に勉強を習う。［　］
⑭机が傾――ていて危ない。［　］
⑮傍――に飲み物を置く。［　］
⑯寝る前に必――歯をみがく。［　］
⑰軽――な身のこなし。［　］
⑱試合に負けて悔――思いをする。［　］
⑲険――山道を歩く。［　］
⑳快――手伝う。［　］
㉑使い方を細――説明する。［　］
㉒失敗に懲――慎重になった。［　］
㉓健――に育つ。［　］
㉔友人に薦――本を読む。［　］
㉕彼は頼――人物だ。［　］
㉖タイムを縮――努力をする。［　］
㉗長年培――能力をいかす。［　］
㉘私語を慎――なさい。［　］
㉙努――明るくふるまう。［　］
㉚雪混――の雨。［　］
㉛全――夢のような話だ。［　］
㉜難――問題を解く。［　］
㉝珍――事件が起こる。［　］

解答

1 ①う ②しい ③む ④る ⑤る ⑥れる ⑦く ⑧みる ⑨える ⑩わう ⑪える ⑫える ⑬う ⑭める ⑮む

2 ①かい ②ち〔り〕 ③く ④しく ⑤い ⑥され ⑦う ⑧か ⑨く ⑩やか ⑪みて ⑫かしい〔く〕 ⑬い ⑭い ⑮ら ⑯ず ⑰やか ⑱しい ⑲しい ⑳く ㉑かく ㉒りて ㉓やか ㉔められた ㉕もしい ㉖める ㉗った〔われた〕 ㉘み ㉙めて ㉚じり ㉛く ㉜しい ㉝しい

熟語の組み立て

熟語とは、二つ以上の単語が結合してできた言葉。その結び付き方を分類すると、次のようになります。

二字熟語の組み立て

同じような意味の漢字を重ねたもの
永久　豊富　貧乏　濃厚　軽薄　道路　河川　岩石　詳細
上昇　過去　満足　禁止　建設　森林　身体　依頼　絵画

反対または対応する意味の漢字を重ねたもの
高低　強弱　明暗　苦楽　寒暖　前後　勝敗　吉凶　送迎

上の字が下の字の意味を修飾しているもの
高地　悪人　弱点　強敵　美談　売店　会員　国語　山道

下の字が上の字の目的・対象などを示すもの
読書　作文　登山　乗車　着席　失恋　決意　消灯　覆面
注意　換気　提案　就職　開会　防災　執務　給食　耐震

上の字が主語、下の字が述語になっているもの
地震　日没　雷鳴　人造　人為　国有　県営　市立　私設

上の字が下の字に対し、打ち消しているもの
不幸　不正　無限　無用　未定　未明　非常　非力　否決

上に「所」・「被」の漢字をつけたもの
所感　所用　所在　所望　所蔵　被害　被告　被服　被縛　被災

下の字に接尾語（「化」、「的」、「性」、「然」など）がついたもの
強化　俗化　進化　美的　詩的　陽性　野性　慢性　突然

同じ字を重ねたもの
人人　堂堂　転転　洋洋　刻刻　少少　朗朗　淡淡　個個

三字以上の熟語を略したもの
定休（定期休業）　特急（特別急行）　学割（学生割引）

三字熟語の組み立て

一字＋一字＋一字
市町村　松竹梅　衣食住　雪月花

一字＋二字
修飾　大問題　最高潮　秘文書　再出発
打ち消し　不可能　不合理　未成年　未解決

二字＋一字
修飾　管理人　参考書　自由権　優越感
接尾語　近代化　具体化　合理的　本格的
感傷的　生産性　協調性　国民性

四字熟語の組み立て

一字＋一字＋一字＋一字
都道府県　花鳥風月　春夏秋冬

二字＋二字
修飾　暗中模索　付和雷同　隠忍自重
似た意味　公明正大　自由自在　絶体絶命
同じ字を重ねたもの　平平凡凡　津津浦浦　奇奇怪怪
反対の意味　有名無実　弱肉強食　異口同音
栄枯盛衰　利害得失　離合集散
主語と述語　呉越同舟　意味深長　危機一髪
大器晩成　首尾一貫　旧態依然
数字を含んだもの　一朝一夕　一喜一憂　一触即発
一網打尽　二足三文　三寒四温
四方八方　七転八倒　九死一生
十人十色　百発百中　千載一遇

ここもチェック　熟語の読み

☆原則として
・上の字を音読すれば、下の字も音読する。
例　特（トク）色（ショク）　甲（カン）板（パン）　人（ニン）間（ゲン）　感（カン）想（ソウ）
・上の字を訓読すれば、下の字も訓読する。
例　面（おも）影（かげ）　黒（くろ）潮（しお）

☆重箱（ばこ）読み
・上の字が音読、下の字が訓読のもの。
例　派（ハ）手（て）　献（コン）立（だて）　縁（エン）組（ぐみ）　素（ス）顔（がお）

☆湯桶（ゆとう）読み
・上の字が訓読、下の字が音読のもの。
例　敷（しき）布（フ）　道（みち）順（ジュン）　身（み）分（ブン）　端（は）数（スウ）

◆熟語の構成◆

㋐ 同じような意味の漢字を重ねたもの
〈例〉河川

㋑ 反対または対応の意味を表す字を重ねたもの
〈例〉強弱

㋒ 上の字が下の字を修飾しているもの
〈例〉山道

㋓ 下の字が上の字の目的語・補語になっているもの
〈例〉作文

㋔ 主語と述語の関係にあるもの
〈例〉日没

次の熟語は上記◆熟語の構成◆の㋐～㋔のうち、どれにあたるか。記号で記しなさい。答え合わせをし、□に熟語を一回練習しなさい。

〈記号〉〈熟語〉

① 握手（　）
② 圧迫（　）
③ 機器（　）
④ 漢字（　）
⑤ 華麗（　）
⑥ 依頼（　）
⑦ 有無（　）
⑧ 永住（　）
⑨ 延期（　）
⑩ 過去（　）
⑪ 気絶（　）
⑫ 発着（　）
⑬ 宮殿（　）
⑭ 着陸（　）
⑮ 断定（　）

⑯ 新鮮（　）
⑰ 伸縮（　）
⑱ 詳細（　）
⑲ 出題（　）
⑳ 主従（　）
㉑ 重視（　）
㉒ 指名（　）
㉓ 師弟（　）
㉔ 執務（　）
㉕ 地震（　）
㉖ 細心（　）
㉗ 護身（　）
㉘ 厳禁（　）
㉙ 断続（　）
㉚ 短気（　）

㉛ 耐震（　）
㉜ 尊敬（　）
㉝ 美醜（　）
㉞ 難易（　）
㉟ 提案（　）
㊱ 早熟（　）
㊲ 選択（　）
㊳ 水流（　）
㊴ 尽力（　）
㊵ 人造（　）
㊶ 血管（　）
㊷ 軽重（　）
㊸ 経緯（　）
㊹ 物価（　）
㊺ 雷鳴（　）

解答

①エ ②ア ③ア ④ウ ⑤ア ⑥ア ⑦イ ⑧ウ ⑨エ ⑩ア ⑪オ ⑫イ ⑬ア ⑭エ ⑮ウ ⑯ア ⑰イ ⑱ア ⑲エ ⑳イ ㉑ウ ㉒エ ㉓イ ㉔エ ㉕オ
㉖ウ ㉗エ ㉘ウ ㉙イ ㉚ウ ㉛エ ㉜ア ㉝イ ㉞イ ㉟エ ㊱ウ ㊲ア ㊳オ ㊴エ ㊵オ ㊶ウ ㊷イ ㊸イ ㊹ウ ㊺オ

同音異義語

次の**太字**を漢字に直しなさい。

① 同音**イギ**語。
② **イギ**を唱える。
③ 有**イギ**に過ごす。
④ 六時**イコウ**は家にいる。
⑤ **イコウ**を放つ。
⑥ 相手の**イコウ**を聞く。
⑦ 制度が**イコウ**される。
⑧ 作家の**イコウ**を載せる。
⑨ **イシ**が強い人。
⑩ **イシ**表示をする。
⑪ 父親の**イシ**を継ぐ。
⑫ 春の人事**イドウ**。
⑬ 体育館に**イドウ**する。
⑭ **カイシン**の作ができた。
⑮ 犯人が**カイシン**する。
⑯ **カイシン**の時間になる。
⑰ 話の**カクシン**に触れる。
⑱ 技術の**カクシン**。
⑲ 勝利を**カクシン**する。

⑳ 晴れを**カテイ**した計画。
㉑ **カテイ**料理。
㉒ 教職**カテイ**。
㉓ 成長の**カテイ**。
㉔ 雨季と**カンキ**。
㉕ 上空の強い**カンキ**。
㉖ 注意を**カンキ**する。
㉗ 部屋を**カンキ**する。
㉘ **カンキ**の声をあげる。
㉙ **カンキ**をこうむる。
㉚ 試合に**カンショウ**する。
㉛ 他人に**カンショウ**しない。
㉜ **カンショウ**的な気分。
㉝ 花を**カンショウ**する。
㉞ 映画**カンショウ**会。
㉟ **キセイ**概念を捨てる。
㊱ この服は**キセイ**品だ。
㊲ 交通**キセイ**をする。
㊳ **キセイ**ラッシュ。

㊴ 精密**キカイ**。
㊵ **キカイ**体操。
㊶ 次の**キカイ**を待つ。
㊷ **コウイ**に感謝する。
㊸ 相手に**コウイ**を寄せる。
㊹ 失礼な**コウイ**を反省する。
㊺ **コウエン**を聴きに行く。
㊻ 演劇部の定期**コウエン**。
㊼ 近所の**コウエン**で遊ぶ。
㊽ 野球部の**コウエン**会。
㊾ 順番の**サイゴ**。
㊿ 壮絶な**サイゴ**を遂げる。
51 **シコウ**力を養う。
52 法令が**シコウ**される。
53 **シコウ**錯誤の連続。
54 本物**シコウ**が強い。
55 交通安全**シュウカン**。
56 早起きの**シュウカン**。
57 **シュウカン**誌を読む。

解答

①異義 ②異議 ③意義 ④以降 ⑤威光 ⑥意向 ⑦移行 ⑧遺稿 ⑨意志 ⑩意思 ⑪遺志 ⑫異動 ⑬移動 ⑭会心 ⑮改心 ⑯回診 ⑰核心 ⑱革新 ⑲確信 ⑳仮定 ㉑家庭 ㉒課程 ㉓過程 ㉔乾季 ㉕寒気 ㉖喚起 ㉗換気 ㉘歓喜 ㉙勘気
㉚完勝 ㉛干渉 ㉜感傷 ㉝観賞 ㉞鑑賞 ㉟既成 ㊱既製 ㊲規制 ㊳帰省 ㊴機械 ㊵器械 ㊶機会 ㊷厚意 ㊸好意 ㊹行為 ㊺講演 ㊻公演 ㊼公園 ㊽後援 ㊾最後 ㊿最期 51思考 52施行 53試行 54志向 55週間 56習慣 57週刊

58 予算案のシュウセイ。
59 写真をシュウセイする。
60 シュウセイ恩を忘れない。
61 猫のシュウセイ。
62 シンキ一転する。
63 シンキに入会する。
64 シンコウ心があつい。
65 電車のシンコウ方向。
66 シンコウを深める。
67 シンコウ住宅街。
68 地域のシンコウをはかる。
69 外国へシンコウする。
70 借金をセイサンする。
71 運賃をセイサンする。
72 米のセイサン量。
73 ソッコウ性のある薬。
74 ソッコウで敵を倒す。
75 ソッコウの掃除をする。
76 ソウゾウ的な仕事。
77 未来をソウゾウする。

78 左右タイショウ。
79 タイショウ的な性格。
80 調査のタイショウ。
81 政治タイセイを考える。
82 無理なタイセイをとる。
83 受け入れタイセイ。
84 作家としてタイセイする。
85 理想をツイキュウする。
86 真理をツイキュウする。
87 責任をツイキュウする。
88 花火にテンカする。
89 責任テンカ。
90 テンカ分け目の戦い。
91 不法トウキは犯罪。
92 トウキの皿。
93 建物のトウキ所に行く。
94 トクイな教科。
95 トクイな体質。
96 先にトクテンを入れる。
97 初回限定トクテン。

98 人間フシンになる。
99 夏場は食欲フシンになる。
100 挙動フシンな人。
101 話題がホウフな人。
102 今年のホウフを語る。
103 利益をホショウする。
104 損害をホショウする。
105 安全をホショウする。
106 ムジョウな別れ。
107 この世はムジョウだ。
108 銀行からユウシを受ける。
109 富士山がユウシを現す。
110 ユウシ以来の出来事。
111 会社をユウタイする。
112 ユウタイ券を使う。
113 ヨウシをまとめる。
114 ヨウシ端麗な人。
115 ヨウシを育てる。
116 ルイケイを出す。
117 ルイケイ的な人物。

解答

58 修正 59 修整 60 終生 61 習性 62 心機 63 新規 64 信仰 65 進行 66 親交 67 新興 68 振興 69 侵攻 70 清算 71 精算 72 生産 73 即効 74 速攻 75 側溝 76 創造 77 想像 78 対称 79 対照 80 対象 81 体制 82 体勢 83 態勢 84 大成 85 追求 86 追究 87 追及

88 点火 89 転嫁 90 天下 91 投棄 92 陶器 93 登記 94 得意 95 特異 96 得点 97 特典 98 不信 99 不振 100 不審 101 豊富 102 抱負 103 保証 104 補償 105 保障 106 無情 107 無常 108 融資 109 勇姿 110 有史 111 勇退 112 優待 113 要旨 114 容姿 115 養子 116 累計 117 類型

同訓異字

次の文に合うよう、**太字**を漢字に直しなさい。また、その漢字を下の［　］へ入れ、熟語を完成させなさい。

番号	問題文	熟語（上）	熟語（下）
①	気が**あう**仲間。	［　］（ゴウ）	意（イ）
②	久々に友人と**あう**。	再（サイ）	［　］（カイ）
③	にわか雨に**あう**。	［　］（ソウ）	難（ナン）
④	成績を**あげる**。	［　］（ジョウ）	京（キョウ）
⑤	えびフライを**あげる**。	浮（フ）	［　］（ヨウ）
⑥	手を**あげる**。	選（セン）	［　］（キョ）
⑦	**あつい**夏。	残（ザン）	［　］（ショ）
⑧	**あつい**湯に入る。	［　］（ネッ）	心（シン）
⑨	**あつい**本を読む。	［　］（あつ）	着（ぎ）
⑩	計算を**あやまる**。	［　］（ゴ）	解（カイ）
⑪	素直に**あやまる**。	［　］（シャ）	罪（ザイ）
⑫	波が**あらい**。	［　］（コウ）	天（テン）
⑬	目が**あらい**布。	［　］（ソ）	雑（ザツ）
⑭	言葉に**あらわす**。	［　］（ヒョウ）	記（キ）
⑮	姿を**あらわす**。	出（シュツ）	［　］（ゲン）
⑯	書物を**あらわす**。	［　］（チョ）	書（ショ）
⑰	果物が**いたむ**。	重（ジュウ）	［　］（ショウ）
⑱	死を**いたむ**。	追（ツイ）	［　］（トウ）
⑲	心が**いたむ**。	［　］（ツウ）	切（セツ）
⑳	とても気に**いる**。	［　］（ニュウ）	場（ジョウ）
㉑	一日中家に**いる**。	隠（イン）	［　］（キョ）
㉒	お金が**いる**。	必（ヒツ）	［　］（ヨウ）
㉓	弓で矢を**いる**。	発（ハッ）	［　］（シャ）
㉔	風鈴を**いる**。	［　］（チュウ）	造（ゾウ）
㉕	球を**うつ**。	［　］（ダ）	率（リツ）
㉖	敵を**うつ**。	［　］（トウ）	論（ロン）
㉗	鳥を**うつ**。	［　］（ゲキ）	沈（チン）
㉘	罪を**おかす**。	［　］（ハン）	行（コウ）
㉙	危険を**おかす**。	［　］（ボウ）	険（ケン）
㉚	国境を**おかす**。	［　］（シン）	入（ニュウ）
㉛	手紙を**おくる**。	［　］（ソウ）	信（シン）
㉜	お祝いを**おくる**。	寄（キ）	［　］（ゾウ）
㉝	学費を**おさめる**。	［　］（ノウ）	品（ヒン）
㉞	勝利を**おさめる**。	［　］（シュウ）	穫（カク）
㉟	内乱を**おさめる**。	［　］（チ）	安（アン）
㊱	学業を**おさめる**。	［　］（シュウ）	学（ガク）
㊲	ダンスを**おどる**。	舞（ブ）	［　］（ヨウ）
㊳	胸が**おどる**。	［　］（ヤク）	動（ドウ）

解答

①合　合意　②会　再会　③遭　遭難　④上　上京　⑤揚　浮揚　⑥挙　選挙　⑦暑　残暑　⑧熱　熱心　⑨厚　厚着　⑩誤　誤解　⑪謝　謝罪　⑫荒　荒天　⑬粗　粗雑　⑭表　表記　⑮現　出現　⑯著　著書　⑰傷　重傷　⑱悼　追悼　⑲痛　痛切

⑳入　入場　㉑居　隠居　㉒要　必要　㉓射　発射　㉔鋳　鋳造　㉕打　打率　㉖討　討論　㉗撃　撃沈　㉘犯　犯行　㉙冒　冒険　㉚侵　侵入　㉛送　送信　㉜贈　寄贈　㉝納　納品　㉞収　収穫　㉟治　治安　㊱修　修学　㊲踊　舞踊　㊳躍　躍動

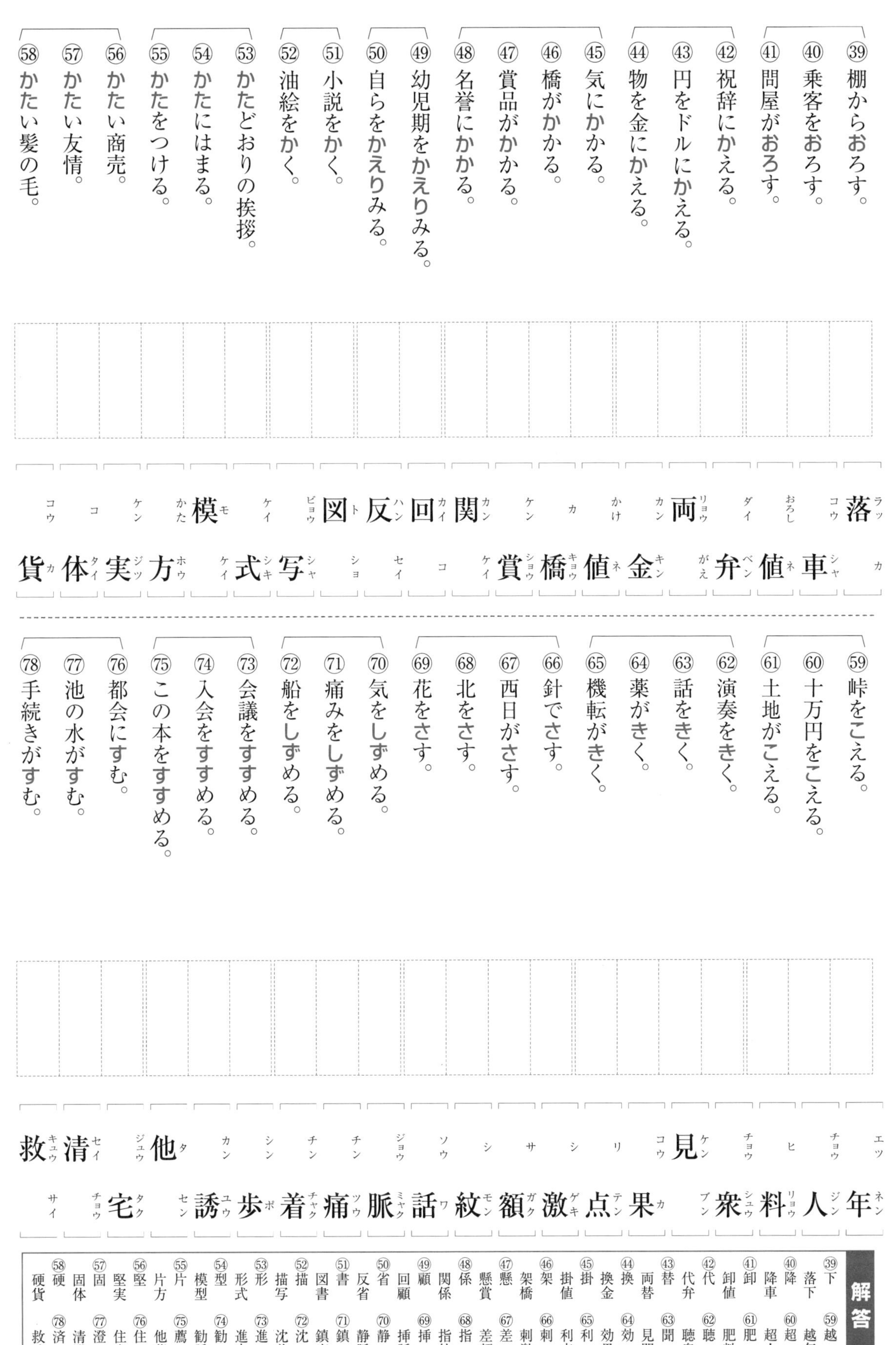

39 棚からおろす。
40 乗客をおろす。
41 問屋がおろす。
42 祝辞にかえる。
43 円をドルにかえる。
44 物を金にかえる。
45 気にかかる。
46 橋がかかる。
47 賞品がかかる。
48 名誉にかかる。
49 幼児期をかえりみる。
50 自らをかえりみる。
51 小説をかく。
52 油絵をかく。
53 かたどおりの挨拶。
54 かたにはまる。
55 かたをつける。
56 かたい商売。
57 かたい友情。
58 かたい髪の毛。

落(ラッ)／(カ)
(コウ)／車(シャ)
(おろし)／値(ネ)
(ダイ)／弁(ベン)
両(リョウ)／(がえ)
(カン)／金(キン)
(かけ)／値(ネ)
(カ)／橋(キョウ)
(ケン)／賞(ショウ)
関(カン)／(ケイ)
回(カイ)／(コ)
反(ハン)／(セイ)
図(ト)／(ショ)
(ビョウ)／写(シャ)
(ケイ)／式(シキ)
模(モ)／(ケイ)
(かた)／方(ホウ)
(ケン)／実(ジツ)
(コ)／体(タイ)
(コウ)／貨(カ)

59 峠をこえる。
60 十万円をこえる。
61 土地がこえる。
62 演奏をきく。
63 話をきく。
64 薬がきく。
65 機転がきく。
66 針でさす。
67 西日がさす。
68 北をさす。
69 花をさす。
70 気をしずめる。
71 痛みをしずめる。
72 船をしずめる。
73 会議をすすめる。
74 入会をすすめる。
75 この本をすすめる。
76 都会にすむ。
77 池の水がすむ。
78 手続きがすむ。

(エツ)／年(ネン)
(チョウ)／人(ジン)
(ヒ)／料(リョウ)
(チョウ)／衆(シュウ)
見(ケン)／(ブン)
(コウ)／果(カ)
(リ)／点(テン)
(シ)／激(ゲキ)
(サ)／額(ガク)
(シ)／紋(モン)
(ソウ)／話(ワ)
(ジョウ)／脈(ミャク)
(チン)／痛(ツウ)
(チン)／着(チャク)
(シン)／歩(ポ)
(カン)／誘(ユウ)
他(タ)／(セン)
(ジュウ)／宅(タク)
清(セイ)／(チョウ)
救(キュウ)／(サイ)

解答

39 下 落下　40 降 降車　41 卸 卸値　42 代 代弁　43 替 両替　44 換 換金　45 掛 掛値　46 架 架橋　47 懸 懸賞　48 係 関係　49 顧 回顧　50 省 反省　51 書 図書　52 描 描写　53 形 形式　54 型 模型　55 片 片方　56 堅 堅実　57 固 固体　58 硬 硬貨

59 越 越年　60 超 超人　61 肥 肥料　62 聴 聴衆　63 聞 見聞　64 効 効果　65 利 利点　66 刺 刺激　67 差 差額　68 指 指紋　69 挿 挿話　70 静 静脈　71 鎮 鎮痛　72 沈 沈着　73 進 進歩　74 勧 勧誘　75 薦 他薦　76 住 住宅　77 澄 清澄　78 済 救済

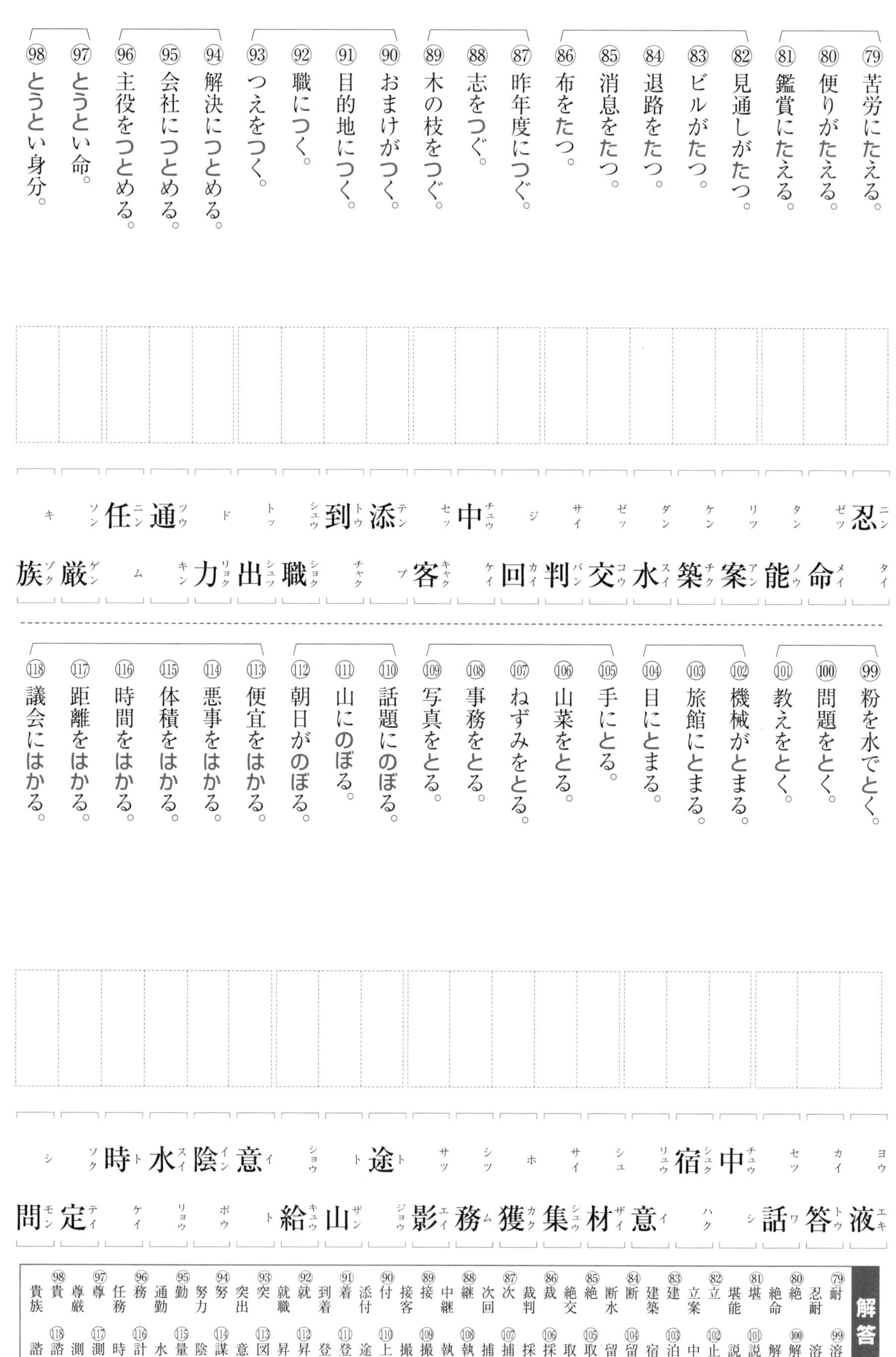

⑦⑨ 苦労にたえる。
⑧⓪ 便りがたえる。
⑧① 鑑賞にたえる。
⑧② 見通しがたつ。
⑧③ ビルがたつ。
⑧④ 退路をたつ。
⑧⑤ 消息をたつ。
⑧⑥ 布をたつ。
⑧⑦ 昨年度につぐ。
⑧⑧ 志をつぐ。
⑧⑨ 木の枝をつぐ。
⑨⓪ おまけがつく。
⑨① 目的地につく。
⑨② 職につく。
⑨③ つえをつく。
⑨④ 解決につとめる。
⑨⑤ 会社につとめる。
⑨⑥ 主役をつとめる。
⑨⑦ とうとい命。
⑨⑧ とうとい身分。

忍(ニン) ゼツ タン リツ ケン ダン ゼツ サイ ジ 中(チュウ) セツ 添(テン) 到(トウ) シュウ トツ ド 通(ツウ) 任(ニン) ソン キ

タイ 命(メイ) 能(ノウ) 案(アン) 築(チク) 水(スイ) 交(コウ) 判(バン) 回(カイ) ケイ 客(キャク) ブ チャク 職(ショク) 出(シュツ) 力(リョク) キン ム 厳(ゲン) 族(ゾク)

---

⑨⑨ 粉を水でとく。
⑩⓪ 問題をとく。
⑩① 教えをとく。
⑩② 機械がとまる。
⑩③ 旅館にとまる。
⑩④ 目にとまる。
⑩⑤ 手にとる。
⑩⑥ 山菜をとる。
⑩⑦ ねずみをとる。
⑩⑧ 事務をとる。
⑩⑨ 写真をとる。
⑪⓪ 話題にのぼる。
⑪① 山にのぼる。
⑪② 朝日がのぼる。
⑪③ 便宜をはかる。
⑪④ 悪事をはかる。
⑪⑤ 体積をはかる。
⑪⑥ 時間をはかる。
⑪⑦ 距離をはかる。
⑪⑧ 議会にはかる。

ヨウ カイ セツ 中(チュウ) 宿(シュク) リュウ シュ サイ ホ シツ サツ 途(ト) ト ショウ 意(イ) 陰(イン) 水(スイ) 時(ト) ソク シ

液(エキ) 答(トウ) 話(ワ) シ ハク 意(イ) 材(ザイ) 集(シュウ) 獲(カク) 務(ム) 影(エイ) ジョウ 山(ザン) 給(キュウ) ト ボウ リョウ ケイ 定(テイ) 問(モン)

解答

⑦⑨耐 忍耐 ⑧⓪絶 絶命 ⑧①堪 堪能 ⑧②立 立案 ⑧③建 建築 ⑧④断 断水 ⑧⑤絶 絶交 ⑧⑥裁 裁判 ⑧⑦次 次回 ⑧⑧継 中継 ⑧⑨接 接客 ⑨⓪付 添付 ⑨①着 到着 ⑨②就 就職 ⑨③突 突出 ⑨④努 努力 ⑨⑤勤 通勤 ⑨⑥務 任務 ⑨⑦尊 尊厳 ⑨⑧貴 貴族

⑨⑨溶 溶液 ⑩⓪解 解答 ⑩①説 説話 ⑩②止 中止 ⑩③泊 宿泊 ⑩④留 留意 ⑩⑤取 取材 ⑩⑥採 採集 ⑩⑦捕 捕獲 ⑩⑧執 執務 ⑩⑨撮 撮影 ⑪⓪上 途上 ⑪①登 登山 ⑪②昇 昇給 ⑪③図 意図 ⑪④謀 陰謀 ⑪⑤量 水量 ⑪⑥計 時計 ⑪⑦測 測定 ⑪⑧諮 諮問

⑲ 田はたを耕す。
⑳ はたを織る。
㉑ はたを振る。
㉒ 川のはた。
㉓ 牛を野にはなす。
㉔ 目をはなす。
㉕ 理由をはなす。
㉖ 氷がはる。
㉗ ポスターをはる。
㉘ 息をはく。
㉙ 床をはく。
㉚ 下駄（げた）をはく。
㉛ 笛をふく。
㉜ 煙をふく火山。
㉝ 雪がふる。
㉞ バットをふる。
㉟ 体重がへる。
㊱ 年月をへる
㊲ 仏像をほる。
㊳ 井戸をほる。

はた　危（キ）　国（コッ）　末（マッ）　ホウ　リ　ワ　出（シュッ）チョウ　テン　ト　ソウ　リ　スイ　フン　コウ　シン　ゲン　ケイ　チョウ　発（ハッ）

作（サク）　キ　キ　タン　牧（ボク）　別（ベツ）　題（ダイ）　チョウ　プ付（フ）　露（ロ）　除（ジ）　行（コウ）　奏（ソウ）　火（カ）　雨（ウ）　幅（プク）　量（リョウ）　過（カ）　刻（コク）　クツ

㊴ 各地をまわりたい。
㊵ 家のまわり。
㊶ 羊がむれる。
㊷ 汗でむれる。
㊸ 青空のもと。
㊹ 火のもとに注意。
㊺ もとを正す。
㊻ 資料をもとにする。
㊼ 雨がもる。
㊽ ご飯をもる。
㊾ やさしい問題。
㊿ 心のやさしい人。
(151) 紙がやぶれる。
(152) 試合にやぶれる。
(153) 行儀がよい。
(154) よい行い。
(155) 港による。
(156) 事故による渋滞。
(157) 思いわずらう。
(158) 長くわずらう。

巡（ジュン）　シュウ　大（タイ）　ジョウ　天（テン）　もと　ホン　キ　ロウ　セイ　容（ヨウ）　ユウ　ハ　ハイ　リョウ　ゼン　キ　イン　ボン　カン

カイ　囲（イ）　グン　発（ハッ）　カ　値（ネ）　来（ライ）　準（ジュン）　水（スイ）　況（キョウ）　イ　美（ビ）　産（サン）　者（シャ）　質（シツ）　行（コウ）　港（コウ）　習（シュウ）　悩（ノウ）　者（ジャ）

解答

⑲畑 畑作　⑳機 危機　㉑旗 国旗　㉒端 末端　㉓放 放牧　㉔離 離別　㉕話 話題　㉖張 出張　㉗貼 貼付　㉘吐 吐露　㉙掃 掃除　㉚履 履行　㉛吹 吹奏　㉜噴 噴火　㉝降 降雨　㉞振 振幅　㉟減 減量　㊱経 経過　㊲彫 彫刻　㊳掘 発掘

㊴回 巡回　㊵周 周囲　㊶群 大群　㊷蒸 蒸発　㊸下 天下　㊹元 元値　㊺本 本来　㊻基 基準　㊼漏 漏水　㊽盛 盛況　㊾易 容易　㊿優 優美　(151)破 破産　(152)敗 敗者　(153)良 良質　(154)善 善行　(155)寄 寄港　(156)因 因習　(157)煩 煩悩　(158)患 患者

三字熟語

次の［　］に入る一字を□から選び、漢字に直して三字熟語を完成させなさい。答え合わせをし、正しい三字熟語を□に一回練習しなさい。

① ［　］二才（さい）　経験の浅い男性を軽蔑して言う言葉。
② 意（い）［　］地（じ）　つまらないことに意地を張ること。→片意地
③ 一段（いちだん）［　］　物事に一応のくぎりがつくこと。
④ 有（う）［　］天（てん）　喜びで夢中になり、我を忘れること。
⑤ 往（おう）［　］際（ぎわ）　死ぬとき。
⑥ ［　］一的（いってき）　すべてが一様にそろっていること。
⑦ ［　］渡期（とき）　物事が移り変わる不安定な時期。
⑧ 紙一（かみひと）［　］　非常にわずかな違いのたとえ。
⑨ 皮（かわ）［　］用（よう）　手に入れていない物をあてにして予定をたてる。
⑩ ［　］一髪（いっぱつ）　ぎりぎりのところ。
⑪ 感（かん）［　］性（せい）　物事を感じ取る力。
⑫ 感（かん）［　］量（りょう）　胸いっぱいにしみじみと感じること。→感慨無量
⑬ 几（き）［　］面（めん）　性格や行動が厳格できちんとしているさま。
⑭ 金字（きんじ）［　］　後世に残るようなすぐれた業績。
⑮ 下馬（げば）［　］　第三者のする評判。
⑯ 紅（こう）［　］点（てん）　男の中に女が一人だけまじっていること。

いっ	ちょう	じゅ	ざん	か	じょう	こ	ひょう	あお	らく	とう	かく	ちょう	え	かん	む

⑰ ［　］理化（りか）　無駄を省いて能率を上げること。
⑱ 最高（さいこう）［　］　気持ちや状態が最も高まること。
⑲ 試（し）［　］石（せき）　価値や力量を試す基準となる物事。
⑳ 御（ご）［　］分（ぶん）　大部分がそうであること。
㉑ 自（じ）［　］心（しん）　プライド。
㉒ ［　］交的（こうてき）　進んで人と付き合おうとする様子。
㉓ 集大（しゅうたい）［　］　たくさんのものを集めて一つにまとめあげること。
㉔ ［　］観的（かんてき）　自分だけの考えに基づいた。↔客観的
㉕ 初一（しょいち）［　］　最初に心に決めた考えや望み。
㉖ 序破（じょは）［　］　物事の一部始終。展開のようす。
㉗ 真（しん）［　］頂（ちょう）　本来の姿。
㉘ ［　］美眼（びがん）　美しいものを見分ける力。
㉙ 世間（せけん）［　］　世間の人に対する体面。みえ。
㉚ 瀬（せ）［　］際（ぎわ）　勝敗や生死などの重大な分かれ目。
㉛ ［　］後策（ごさく）　うまく後始末をつけるための方策。
㉜ 先（せん）［　］観（かん）　前から持っているものの見方。

きん	そん	ねん	きゅう	てい	ごう	にゅう	ぜん	こっ	と	ちょう	しゃ	せい	しん	しゅ	た

解答

①青二才　②意固地　③一段落　④有頂天　⑤往生際　⑥画一的　⑦過渡期　⑧紙一重　⑨皮算用　⑩間一髪　⑪感受性　⑫感無量　⑬几帳面　⑭金字塔　⑮下馬評　⑯紅一点　⑰合理化　⑱最高潮　⑲試金石　⑳御多分　㉑自尊心　㉒社交的　㉓集大成　㉔主観的　㉕初一念　㉖序破急　㉗真骨頂　㉘審美眼　㉙世間体　㉚瀬戸際　㉛善後策　㉜先入観

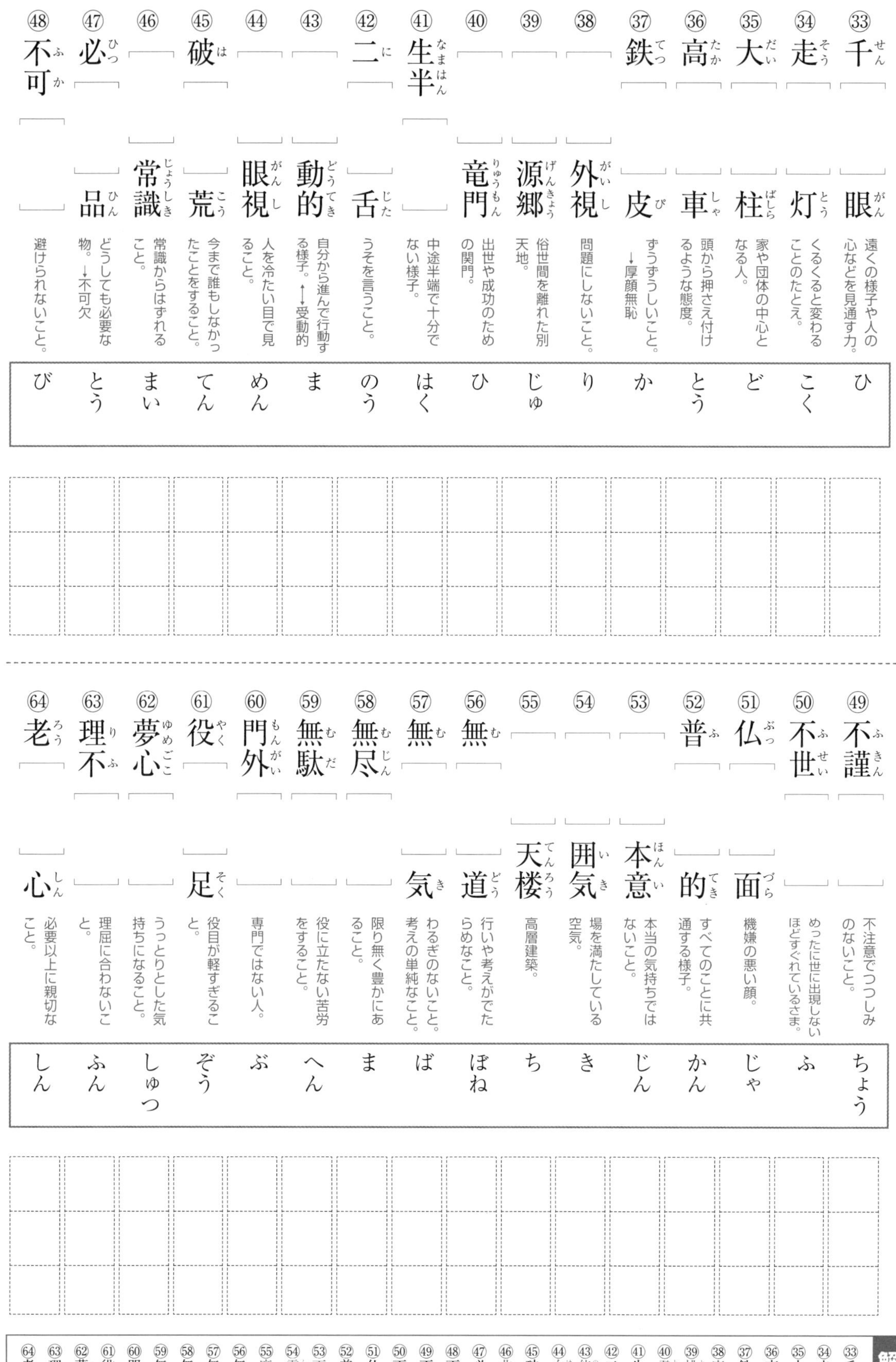

㉝ 千□眼　遠くの様子や人の心などを見通す力。
㉞ 走□灯　くるくると変わることのたとえ。
㉟ 大□柱　家や団体の中心となる人。
㊱ 高□車　頭から押さえ付けるような態度。
㊲ 鉄□皮　ずうずうしいこと。→厚顔無恥
㊳ □外視　問題にしないこと。
㊴ □源郷　俗世間を離れた別天地。
㊵ □竜門　出世や成功のための関門。
㊶ 生半□　中途半端で十分でない様子。
㊷ 二□舌　うそを言うこと。
㊸ □動的　自分から進んで行動する様子。↔受動的
㊹ □眼視　人を冷たい目で見ること。
㊺ 破□荒　今まで誰もしなかったことをすること。
㊻ □常識　常識からはずれること。
㊼ 必□品　どうしても必要な物。→不可欠
㊽ 不可□　避けられないこと。

ひ　こく　ど　とう　か　り　じゅ　ひ　はく　のう　ま　めん　てん　まい　とう　び

㊾ 不謹□　不注意でつつしみのないこと。
㊿ 不世□　めったに世に出現しないほどすぐれているさま。
51 仏□面　機嫌の悪い顔。
52 普□的　すべてのことに共通する様子。
53 □本意　本当の気持ちではないこと。
54 □囲気　場を満たしている空気。
55 □天楼　高層建築。
56 無□道　行いや考えがでたらめなこと。
57 無□気　わるぎのないこと。考えの単純なこと。
58 無尽□　限り無く豊かにあること。
59 無駄□　役に立たない苦労をすること。
60 門外□　専門ではない人。
61 役□足　役目が軽すぎること。
62 夢心□　うっとりとした気持ちになること。
63 理不□　理屈に合わないこと。
64 老□心　必要以上に親切なこと。

ちょう　ふ　じゃ　かん　じん　き　ち　ぼね　ば　ま　へん　ぶ　ぞう　しゅつ　ふん　しん

解答

㉝千里眼　㉞走馬灯　㉟大黒柱　㊱高飛車　㊲鉄面皮　㊳度外視　㊴桃源郷　㊵登竜門　㊶生半可　㊷二枚舌　㊸能動的　㊹白眼視　㊺破天荒　㊻非常識　㊼必需品　㊽不可避　㊾不謹慎　㊿不世出　51仏頂面　52普遍的　53不本意　54雰囲気　55摩天楼　56無軌道　57無邪気　58無尽蔵　59無駄骨　60門外漢　61役不足　62夢心地　63理不尽　64老婆心

四字熟語

1 次の「　」に入る一字を□から選び、漢字に直して四字熟語を完成させなさい。答え合わせをし、正しい四字熟語を□に一回練習しなさい。

① 「　」別離苦　愛する者との別れのつらさ。
② 曖昧「　」糊　はっきりせず、あやふやなこと。
③ 悪戦苦「　」　死にものぐるいで戦うこと。
④ 唯唯「　」諾　人の言いなりになること。
⑤ 「　」気消沈　がっかりして元気がなくなること。
⑥ 「　」心伝心　無言のうちに気持ちが通じ合うこと。
⑦ 一「　」一会　一生に一度限りであること。
⑧ 一日千「　」　とても待ち遠しいこと。
⑨ 一喜一「　」　喜んだり心配したりすること。
⑩ 一「　」千金　少しの時間に非常に大きな価値があること。
⑪ 一触「　」発　小さなきっかけで一大事になりそうな様子。
⑫ 一進一「　」　良くなったり悪くなったりすること。
⑬ 一「　」不乱　わき目もふらず、集中すること。
⑭ 一朝一「　」　ひと朝かひと晩、わずかの時間。
⑮ 意味「　」長　表面には表れない深い意味があること。

い　しゅう　ご　そく　しん　せき　ゆう　あい　だく　も　たい　こく　しん　い　とう

⑯ 玉「　」混交　優れたものと劣ったものが入り交じっていること。
⑰ 栄「　」盛衰　栄えたり衰えたりすること。
⑱ 「　」善懲悪　善事をすすめ悪事をこらしめること。
⑲ 危機一「　」　あとわずかで大変なことになる状態。
⑳ 起「　」転結　文章や物事の順序。
㉑ 奇想「　」外　思いもよらない奇抜なこと。
㉒ 空前「　」後　たいへん珍しいこと。
㉓ 「　」忍不抜　じっと我慢し、心を動かさないこと。
㉔ 厚顔無「　」　ずうずうしくて恥しらずなこと。
㉕ 呉越同「　」　仲の悪いもの同士が同じ場所にいること。
㉖ 孤立無「　」　一人きりで助けがないこと。
㉗ 五里「　」中　様子が分からず、判断に迷うこと。
㉘ 自「　」自賛　自分で自分をほめること。
㉙ 四苦「　」苦　ひどく苦しむこと。
㉚ 自「　」自得　自分がしたことで報いを受けること。

こ　しょう　ち　はっ　が　しゅう　かん　せき　てん　ごう　む　えん　ぜつ　ぱつ　けん

解答
①愛別離苦　②曖昧模糊　③悪戦苦闘　④唯唯諾諾　⑤意気消沈　⑥以心伝心　⑦一期一会　⑧一日千秋　⑨一喜一憂　⑩一刻千金　⑪一触即発　⑫一進一退　⑬一心不乱　⑭一朝一夕　⑮意味深長　⑯玉石混交　⑰栄枯盛衰　⑱勧善懲悪　⑲危機一髪　⑳起承転結　㉑奇想天外　㉒空前絶後　㉓堅忍不抜　㉔厚顔無恥　㉕呉越同舟　㉖孤立無援　㉗五里霧中　㉘自画自賛　㉙四苦八苦　㉚自業自得

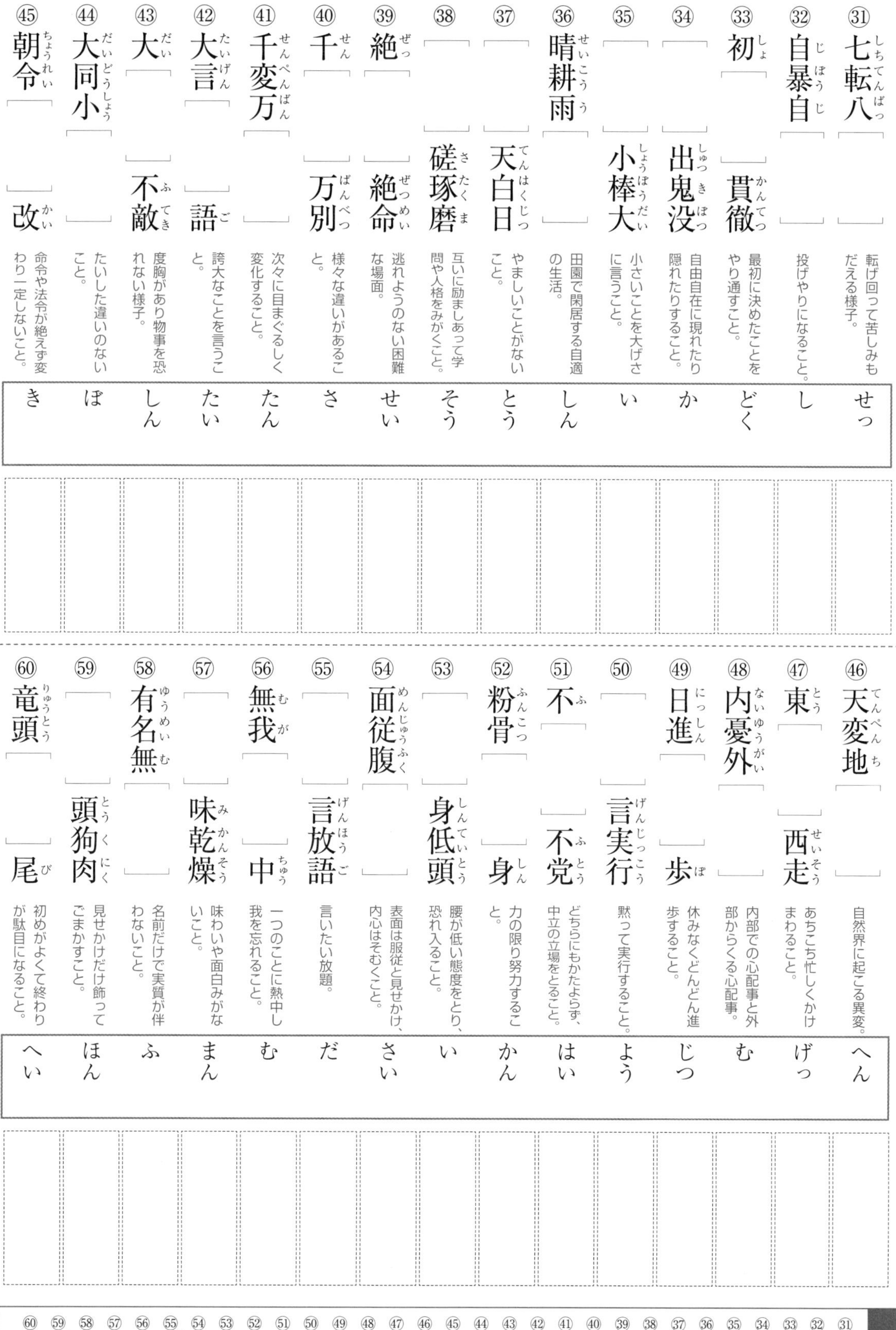

㉛ 七転八□（しちてんばっ）　転げ回って苦しみもだえる様子。

㉜ 自暴自□（じぼうじ）　投げやりになること。

㉝ 初□貫徹（しょ・かんてつ）　最初に決めたことをやり通すこと。

㉞ □出鬼没（しゅつきぼつ）　自由自在に現れたり隠れたりすること。

㉟ □小棒大（しょうぼうだい）　小さいことを大げさに言うこと。

㊱ 晴耕雨□（せいこうう）　田園で閑居する自適の生活。

㊲ □天白日（てんはくじつ）　やましいことがないこと。

㊳ □磋琢磨（さたくま）　互いに励ましあって学問や人格をみがくこと。

㊴ 絶□絶命（ぜっ・ぜつめい）　逃れようのない困難な場面。

㊵ 千□万別（せん・ばんべつ）　様々な違いがあること。

㊶ 千変万□（せんぺんばん）　次々に目まぐるしく変化すること。

㊷ 大言□語（たいげん・ご）　誇大なことを言うこと。

㊸ 大□不敵（だい・ふてき）　度胸があり物事を恐れない様子。

㊹ 大同小□（だいどうしょう）　たいした違いのないこと。

㊺ 朝令□改（ちょうれい・かい）　命令や法令が絶えず変わり一定しないこと。

せっ　し　どく　か　い　しん　とう　そう　せい　さ　たん　たい　しん　ぼ　き

㊻ 天変地□（てんぺんち）　自然界に起こる異変。

㊼ 東□西走（とう・せいそう）　あちこち忙しくかけまわること。

㊽ 内憂外□（ないゆうがい）　内部での心配事と外部からくる心配事。

㊾ 日進□歩（にっしん・ぽ）　休みなくどんどん進歩すること。

㊿ □言実行（げんじっこう）　黙って実行すること。

51 不□不党（ふ・ふとう）　どちらにもかたよらず、中立の立場をとること。

52 粉骨□身（ふんこつ・しん）　力の限り努力すること。

53 □身低頭（しんていとう）　腰が低い態度をとり、恐れ入ること。

54 面従腹□（めんじゅうふく）　表面は服従と見せかけ、内心はそむくこと。

55 □言放語（げんほうご）　言いたい放題。

56 無我□中（むが・ちゅう）　一つのことに熱中し我を忘れること。

57 □味乾燥（みかんそう）　味わいや面白みがないこと。

58 有名無□（ゆうめいむ）　名前だけで実質が伴わないこと。

59 □頭狗肉（とうくにく）　見せかけだけ飾ってごまかすこと。

60 竜頭□尾（りゅうとう・び）　初めがよくて終わりが駄目になること。

へん　げっ　む　じつ　よう　はい　かん　い　さい　だ　む　まん　ふ　ほん　へい

解答

㉛七転八倒　㉜自暴自棄　㉝初志貫徹　㉞神出鬼没　㉟針小棒大　㊱晴耕雨読　㊲青天白日　㊳切磋琢磨　㊴絶体絶命　㊵千差万別　㊶千変万化　㊷大言壮語　㊸大胆不敵　㊹大同小異　㊺朝令暮改　㊻天変地異　㊼東奔西走　㊽内憂外患　㊾日進月歩　㊿不言実行　51不偏不党　52粉骨砕身　53平身低頭　54面従腹背　55漫言放語　56無我夢中　57無味乾燥　58有名無実　59羊頭狗肉　60竜頭蛇尾

四字熟語

2 次の［　］に入る二字を□から選び、漢字に直して四字熟語を完成させなさい。答え合わせをし、正しい四字熟語を□に一回練習しなさい。

① 暗中［　　］ 手掛かりなしであれこれやってみること。
② 阿鼻［　　］ 絶え間ない苦しみで泣き叫ぶこと。
③ ［　　］同音 多くの人が同じことを言うこと。
④ 一網［　　］ 一度に全部捕らえること。
⑤ 一刀［　　］ 物事を思いきって処理すること。
⑥ ［　　］応報 行いに応じて必ずその報いがあること。
⑦ ［　　］転変 世の中が絶えず移り変わり、はかないこと。
⑧ ［　　］霧消 跡形もなく消えてなくなること。
⑨ ［　　］定離 会うものは必ず別れる定めにある。
⑩ ［　　］知新 古いことから新しい知識を開く。
⑪ 快刀［　　］ もつれた問題を鮮やかに解決する様子。
⑫ ［　　］引水 自分に都合良く取り計ること。
⑬ ［　　］点睛 大事な部分。最後の仕上げ。
⑭ ［　　］奪胎 古人の詩文をもとに新しい作品を作ること。
⑮ ［　　］回生 絶望的な状態から勢いを盛りかえすこと。

いく　りょうだん　えしゃ　がでん　がりょう　きし　うんさん　もさく　だじん　らんま　うい　かんこつ　おんこ　いんが　きょうかん

⑯ 疑心［　　］ 疑う心が起こるとすべて疑わしくなること。
⑰ ［　　］依然 進歩・発展がない様子。
⑱ ［　　］玉条 この上なく大切にして従うべききまり。
⑲ 軽挙［　　］ 軽はずみで向こうみずな行動をとること。
⑳ ［　　］牛後 大集団の後ろより小集団の先頭がよい。
㉑ ［　　］術数 人をたくみにだますはかりごと。
㉒ 巧言［　　］ 言葉や表現だけをよくすること。
㉓ 言語［　　］ もってのほか。とんでもないこと。
㉔ ［　　］水明 山や水の景色が美しく清らかなこと。
㉕ ［　　］一体 別々の三つのものが一つに結びつくこと。
㉖ 試行［　　］ 試みと失敗を重ねて目標に向かうこと。
㉗ 質実［　　］ 飾り気がなく、強くしっかりしていること。
㉘ 縦横［　　］ 自由自在。思う存分。
㉙ ［　　］転倒 物事の軽重、本来を取り違えること。
㉚ ［　　］選択 必要なものをとり、不必要なものを捨てる。

きんか　れいしょく　どうだん　さくご　むじん　しゅしゃ　けいこう　きゅうたい　さんし　さんみ　ほんまつ　もうどう　ごうけん　けんぼう　あんき

解答
①暗中模索 ②阿鼻叫喚 ③異口同音 ④一網打尽 ⑤一刀両断 ⑥因果応報 ⑦有為転変 ⑧雲散霧消 ⑨会者定離 ⑩温故知新 ⑪快刀乱麻 ⑫我田引水 ⑬画竜点睛 ⑭換骨奪胎 ⑮起死回生 ⑯疑心暗鬼 ⑰旧態依然 ⑱金科玉条 ⑲軽挙妄動 ⑳鶏口牛後 ㉑権謀術数 ㉒巧言令色 ㉓言語道断 ㉔山紫水明 ㉕三位一体 ㉖試行錯誤 ㉗質実剛健 ㉘縦横無尽 ㉙本末転倒 ㉚取捨選択

㉛ 順風（じゅんぷう）［　　］　物事が順調に進む様子。

㉜ ［　　］末節（まっせつ）　どうでもよい細かい部分。

㉝ ［　　］滅裂（めつれつ）　ばらばらでまとまりのないこと。

㉞ 新進（しんしん）［　　］　新しく進出して勢いが盛んな様子。

㉟ 森羅（しんら）［　　］　宇宙に存在するすべてのもの。

㊱ 酔生（すいせい）［　　］　何もせずむだに一生を過ごすこと。

㊲ ［　　］潔白（けっぱく）　心が清らかで、汚れがないこと。

㊳ ［　　］一遇（いちぐう）　めったにないすばらしい機会。

㊴ ［　　］未聞（みもん）　今まで聞いたことがないこと。

㊵ 大器（たいき）［　　］　すぐれた人は遅れて大成する。

㊶ 泰然（たいぜん）［　　］　落ち着いて物事に動じない様子。

㊷ ［　　］直入（ちょくにゅう）　すぐに本題に入ること。

㊸ 徹頭（てっとう）［　　］　最初から最後まで一貫するさま。

㊹ 天衣（てんい）［　　］　飾り気のない様子。

㊺ 電光（でんこう）［　　］　非常に素早いこと。

むし　ばんしょう　せんざい　じじゃく　むほう　ぜんだい　まんぱん　しり　せっか　たんとう　てつび　ばんせい　せいれん　きえい　しよう

㊻ 当意（とうい）［　　］　即座に機転をきかすこと。

㊼ ［　　］北馬（ほくば）　絶えず方々に旅行すること。

㊽ ［　　］東風（とうふう）　人の意見を聞き流すこと。

㊾ ［　　］麗句（れいく）　うわべだけを飾った言葉。

㊿ ［　　］雷同（らいどう）　すぐに人の意見に賛成すること。

51 ［　　］無人（ぶじん）　自分勝手にふるまうこと。

52 ［　　］止水（しすい）　邪念がなく澄みきった心境。

53 優柔（ゆうじゅう）［　　］　ぐずぐずして決断が遅いこと。

54 勇猛（ゆうもう）［　　］　勇ましくて強く、決断力に富むこと。

55 用意（ようい）［　　］　用意が十分に行き届いていること。

56 理非（りひ）［　　］　理にかなっていることとかなっていないこと。

57 ［　　］飛語（ひご）　確かな根拠がない無責任なうわさ。

58 ［　　］整然（せいぜん）　話や物事の筋が通っていること。

59 ［　　］応変（おうへん）　その場に適した対応をすること。

60 和洋（わよう）［　　］　和風と洋風をうまく取り混ぜること。

りんき　きょくちょく　りゅうげん　ぼうじゃく　なんせん　めいきょう　ふわ　せっちゅう　りろ　ふだん　びじ　そくみょう　ばじ　かかん　しゅうとう

解答

㉛ 順風満帆（まんぱん）　㉜ 枝葉（しよう）末節　㉝ 支離（しり）滅裂　㉞ 新進気鋭（きえい）　㉟ 森羅万象（ばんしょう）　㊱ 酔生夢死（むし）　㊲ 清廉（せいれん）潔白　㊳ 千載（せんざい）一遇　㊴ 前代（ぜんだい）未聞　㊵ 大器晩成（ばんせい）　㊶ 泰然自若（じじゃく）　㊷ 単刀（たんとう）直入　㊸ 徹頭徹尾（てつび）　㊹ 天衣無縫（むほう）　㊺ 電光石火（せっか）　㊻ 当意即妙（そくみょう）　㊼ 南船（なんせん）北馬　㊽ 馬耳（ばじ）東風　㊾ 美辞（びじ）麗句　㊿ 付和（ふわ）雷同　51 傍若（ぼうじゃく）無人　52 明鏡（めいきょう）止水　53 優柔不断（ふだん）　54 勇猛果敢（かかん）　55 用意周到（しゅうとう）　56 理非曲直（きょくちょく）　57 流言（りゅうげん）飛語　58 理路（りろ）整然　59 臨機（りんき）応変　60 和洋折衷（せっちゅう）

対義語

次の語の対義語を［　］から選び、漢字に直して書きなさい。

①赤字　②悪意　③悪質　④悪評　⑤厚着　⑥安全　⑦異常　⑧偉人　⑨依存　⑩一致　⑪移動　⑫違法　⑬陰気　⑭運動　⑮永遠

ヨウキ・クロジ・ウスギ・ゼンイ
リョウシツ・キケン・ボンジン
コウヒョウ・ムジュン・コテイ
ゴウホウ・ジリツ・セイジョウ
シュンカン・セイシ

⑯栄転　⑰得手　⑱広大　⑲延長　⑳円満　㉑遠洋　㉒応用　㉓汚染　㉔汚点　㉕穏健　㉖音読　㉗開始　㉘加害　㉙拡大　㉚過去

ニガテ・タンシュク・キンカイ
セイジョウ・カゲキ・シュウリョウ
シュクショウ・ミライ・ヒガイ
モクドク・ビテン・キソ・フワ
キョウショウ・サセン

㉛過疎　㉜過度　㉝加入　㉞加熱　㉟歓喜　㊱閑散　㊲感情　㊳簡単　㊴記憶　㊵期待　㊶到着　㊷希望　㊸義務　㊹逆境　㊺客観

ジュンキョウ・カミツ・ケンリ
テキド・ゼツボウ・ダッタイ
シュカン・レイキャク・シュッパツ
ヒアイ・シツボウ・タボウ
ボウキャク・リセイ・フクザツ

㊻急性　㊼供給　㊽共同　㊾許可　㊿勤勉　(51)偶然　(52)空想　(53)具体　(54)軽率　(55)軽蔑（けいべつ）　(56)結果　(57)謙虚　(58)健康　(59)建設　(60)原則

タイダ・ジュヨウ・ハカイ・キンシ
ゲンジツ・シンチョウ・ゲンイン
コウマン・レイガイ・ビョウジャク
ソンケイ・チュウショウ・ヒツゼン
マンセイ・タンドク

解答

①黒字　②善意　③良質　④好評　⑤薄着　⑥危険　⑦正常　⑧凡人　⑨自立　⑩矛盾　⑪固定　⑫合法　⑬陽気　⑭静止　⑮瞬間　⑯左遷　⑰苦手　⑱狭小　⑲短縮　⑳不和　㉑近海　㉒基礎　㉓清浄　㉔美点　㉕過激　㉖黙読　㉗終了　㉘被害　㉙縮小　㉚未来
㉛過密　㉜適度　㉝脱退　㉞冷却　㉟悲哀　㊱多忙　㊲理性　㊳複雑　㊴忘却　㊵失望　㊶出発　㊷絶望　㊸権利　㊹順境　㊺主観　㊻慢性　㊼需要　㊽単独　㊾禁止　㊿怠惰　(51)必然　(52)現実　(53)抽象　(54)慎重　(55)尊敬　(56)原因　(57)高慢　(58)病弱　(59)破壊　(60)例外

⑥1 倹約
⑥2 故意
⑥3 高価
⑥4 攻撃
⑥5 高尚
⑥6 肯定
⑥7 興奮
⑥8 国産
⑥9 極楽
⑦0 困難
⑦1 混乱
⑦2 細分
⑦3 削減
⑦4 削除
⑦5 差別
⑦6 賛成

ボウギョ・ヒテイ・カシツ・ロウヒ
レンカ・テイゾク・テンカ・ジゴク
ハクライ・ヨウイ・ゾウダイ
ハンタイ・ビョウドウ・タイベツ
チツジョ・レイセイ

⑦7 自然
⑦8 子孫
⑦9 質疑
⑧0 実践
⑧1 支配
⑧2 集合
⑧3 重厚
⑧4 詳細
⑧5 称賛
⑧6 承諾
⑧7 消費
⑧8 勝利
⑧9 素人
⑨0 真実
⑨1 衰退
⑨2 垂直

スイヘイ・ヒナン・キョギ・キョヒ
ジンコウ・ハッテン・クロウト
リロン・オウトウ・センゾ
カイサン・ハイボク・ケイハク
セイサン・ガイリャク・ジュウゾク

⑨3 絶対
⑨4 戦争
⑨5 全体
⑨6 総合
⑨7 早熟
⑨8 促進
⑨9 粗雑
⑩0 損害
⑩1 単純
⑩2 誕生
⑩3 淡白
⑩4 徴収
⑩5 陳腐
⑩6 都会
⑩7 難解
⑩8 廃止

ブンセキ・ブブン・リエキ
ソウタイ・バンセイ・ヨクセイ
シボウ・ヘイワ・フクザツ・シンキ
セイミツ・ノウコウ・イナカ
ヘイイ・カンプ・ソンゾク

⑩9 販売
⑪0 不足
⑪1 分解
⑪2 平面
⑪3 膨脹
⑪4 豊富
⑪5 保護
⑪6 保守
⑪7 無理
⑪8 明示
⑪9 裕福
⑫0 隆起
⑫1 理論
⑫2 臨時
⑫3 冷淡
⑫4 和解

リッタイ・ドウリ・チンカ・アンジ
カジョウ・ゴウセイ・ヒンコン
ケツレツ・ケツボウ・ジッセン
ハクガイ・シンセツ・コウニュウ
カクシン・テイレイ・シュウシュク

解答

⑥1 浪費 ⑥2 過失 ⑥3 廉価 ⑥4 防御 ⑥5 低俗 ⑥6 否定 ⑥7 冷静 ⑥8 舶来 ⑥9 地獄 ⑦0 容易 ⑦1 秩序 ⑦2 大別 ⑦3 増大 ⑦4 添加 ⑦5 平等 ⑦6 反対 ⑦7 人工 ⑦8 先祖 ⑦9 応答 ⑧0 理論 ⑧1 従属 ⑧2 解散 ⑧3 軽薄 ⑧4 概略 ⑧5 非難 ⑧6 拒否 ⑧7 生産 ⑧8 敗北 ⑧9 玄人 ⑨0 虚偽 ⑨1 発展 ⑨2 水平

⑨3 相対 ⑨4 平和 ⑨5 部分 ⑨6 分析 ⑨7 晩成 ⑨8 抑制 ⑨9 精密 ⑩0 利益 ⑩1 複雑 ⑩2 死亡 ⑩3 濃厚 ⑩4 還付 ⑩5 新奇 ⑩6 田舎 ⑩7 平易 ⑩8 存続 ⑩9 購入 ⑪0 過剰 ⑪1 合成 ⑪2 立体 ⑪3 収縮 ⑪4 欠乏 ⑪5 迫害 ⑪6 革新 ⑪7 道理 ⑪8 暗示 ⑪9 貧困 ⑫0 沈下 ⑫1 実践 ⑫2 定例 ⑫3 親切 ⑫4 決裂

類義語

次の語の類義語を□から選び、漢字に直して書きなさい。

①案外　②安全　③案内　④異議　⑤異国　⑥委細　⑦一隅　⑧異例　⑨永遠　⑩縁者　⑪大雨　⑫温和　⑬改善　⑭改訂　⑮覚悟

カイリョウ・オンジュン・イッカク
イゾン・タコク・シンルイ・ゴウウ
ユウドウ・ケッシン・イガイ
ショウサイ・ブジ・レイガイ
エイキュウ・カイセイ

⑯加勢　⑰形見　⑱我慢　⑲環境　⑳刊行　㉑感心　㉒関心　㉓肝心　㉔官吏　㉕関連　㉖気化　㉗起源　㉘気候　㉙気質　㉚基準

ジョウハツ・ニンタイ・ヤクニン
イヒン・ケイフク・ヒョウジュン
カンヨウ・キョウグウ・キョウミ
エンジョ・シュッパン・セイカク
カンケイ・テンコウ・ユライ

㉛議題　㉜貴重　㉝機転　㉞希望　㉟寄与　㊱境遇　㊲強迫　㊳虚構　㊴技量　㊵勤勉　㊶区域　㊷屈指　㊸苦難　㊹訓練　㊺経歴

ドリョク・キチ・コウケン・カクウ
シュワン・タイセツ・リレキ
ギアン・ガンボウ・タンレン
ナンギ・カンキョウ・ハンイ
イアツ・ユウスウ

㊻欠点　㊼原因　㊽倹約　㊾厚意　㊿光栄　(51)向上　(52)考慮　(53)作用　(54)残念　(55)施行　(56)仕事　(57)失神　(58)使命　(59)収入　(60)手段

セツヤク・キゼツ・コウジョウ
サギョウ・シアン・ショトク
イカン・シンポ・タンショ・ニンム
ホウホウ・ジッシ・キノウ・メイヨ
リユウ

解答

①意外　②無事　③誘導　④異存　⑤他国　⑥詳細　⑦一角　⑧例外　⑨永久　⑩親類　⑪豪雨　⑫温順　⑬改良　⑭改正　⑮決心　⑯援助　⑰遺品　⑱忍耐　⑲境遇　⑳出版　㉑敬服　㉒興味　㉓肝要　㉔役人　㉕関係　㉖蒸発　㉗由来　㉘天候　㉙性格　㉚標準　㉛議案　㉜大切　㉝機知　㉞願望　㉟貢献　㊱環境　㊲威圧　㊳架空　㊴手腕　㊵努力　㊶範囲　㊷有数　㊸難儀　㊹鍛練〔鍛錬〕　㊺履歴　㊻短所　㊼理由　㊽節約　㊾厚情　㊿名誉　(51)進歩　(52)思案　(53)機能　(54)遺憾　(55)実施　(56)作業　(57)気絶　(58)任務　(59)所得　(60)方法

61 手腕
62 順序
63 準備
64 情勢
65 消息
66 承知
67 将来
68 書物
69 迅速
70 制圧
71 生産
72 成分
73 世間
74 説明
75 善意
76 専心

ジョウタイ・チンアツ・ショウダク
カイセツ・キビン・ギリョウ
シダイ・コウイ・ヨウイ・シャカイ
セイゾウ・トショ・ボットウ
オンシン・ミライ・ヨウソ

---

77 相談
78 祖国
79 損得
80 体験
81 対談
82 対等
83 太陽
84 大略
85 他界
86 立場
87 地位
88 知己
89 地形
90 長所
91 展示
92 天然

ニチリン・エイミン・ガイヨウ
キョウギ・キョウチ・ケイケン
ゴカク・ビテン・チンレツ・チセイ
タイワ・シンユウ・シゼン・ココク
ミブン・リガイ

---

93 同意
94 同感
95 道徳
96 独占
97 突然
98 中身
99 日常
100 値段
101 薄情
102 抜群
103 秘伝
104 病人
105 普通
106 不平
107 不滅
108 勉強

リンリ・カンジャ・フイ・ヘイソ
グチ・ガクシュウ・サンセイ
タクシュツ・オウギ・ナイヨウ
フキュウ・キョウメイ・センユウ
レイタン・カカク・イッパン

---

109 返答
110 満足
111 民衆
112 命令
113 矢面
114 野心
115 用心
116 様子
117 来歴
118 落胆
119 留守
120 隷属
121 歴然
122 露見
123 論旨
124 了解

タイシュウ・ジントウ・タイボウ
シツボウ・サシズ・ケハイ・シュシ
カイシン・オウトウ・ジュウゾク
ユイショ・チュウイ・ナットク
ハッカク・フザイ・ハンゼン

解答

61 技量 62 次第 63 用意 64 状態 65 音信 66 承諾 67 未来 68 図書 69 機敏 70 鎮圧 71 製造 72 要素 73 社会 74 解説 75 好意 76 没頭 77 協議 78 故国 79 利害 80 経験 81 対話 82 互角 83 日輪 84 概要 85 永眠 86 境地 87 身分 88 親友 89 地勢 90 美点 91 陳列 92 自然

93 賛成 94 共鳴 95 倫理 96 専有 97 不意 98 内容 99 平素 100 価格 101 冷淡 102 卓出 103 奥義 104 患者 105 一般 106 愚痴 107 不朽 108 学習 109 応答 110 会心 111 大衆 112 指図 113 陣頭 114 大望 115 注意 116 気配 117 由緒 118 失望 119 不在 120 従属 121 判然 122 発覚 123 主旨 124 納得

故事成語・ことわざ

1 次の故事成語・ことわざの意味を□から選び記号で答えなさい。

(1)

㋐ 青は藍より出でて藍より青し（　　）
㋑ 虻蜂取らず（　　）
㋒ 雨垂石を穿つ（　　）
㋓ 一文吝みの百知らず（　　）
㋔ 井の中の蛙大海を知らず（　　）
㋕ 魚心あれば水心（　　）
㋖ 有卦に入る（　　）

A 広い世界のことを知らず身辺の狭い範囲だけでいい気になる。
B 相手が好意を持てば、こちらもそれに応ずる用意があるということ。
C あれもこれもとねらって、結局どれも得られないこと。
D 弟子が師よりもすぐれた人物になること。
E 目前のわずかの銭を惜しんで、後に大損失すること。
F よい運にめぐり合うことの意。
G 力が弱いものでも、根気よく行えば成功するものである。

(2)

㋐ 独活の大木（　　）
㋑ 隗より始めよ（　　）
㋒ 河童の川流れ（　　）
㋓ 奇貨居くべし（　　）
㋔ 機先を制す（　　）
㋕ 九牛の一毛（　　）
㋖ 窮すれば通ず（　　）
㋗ 琴瑟相和す（　　）

A えがたい機会だから、うまくこれを利用しなければならない。
B 体は大きいが、弱くて役に立たない人のたとえ。
C 他に先んじて事を行い、自分の方を有利にする。
D 事を起こすには、まず自分自身から着手しなさいということ。
E 夫婦仲がよいこと。
F 取るに足りない小事。
G ゆきづまって困ると、かえって活路が見いだされること。
H 達人も時には失敗するということ。

(3)

㋐ 紺屋の白袴（　　）
㋑ 鱓の歯軋り（　　）
㋒ 大山鳴動して鼠一匹（　　）
㋓ 多多益益弁ず（　　）
㋔ 天網恢恢疎にして漏らさず（　　）
㋕ 蟷螂の斧（　　）
㋖ 虎の威をかる狐（　　）
㋗ 生兵法は大怪我のもと（　　）
㋘ 人間到る処青山あり（　　）

A 故郷だけが墳墓の地とは限らない。人間が活動する場所はどこにでもある。
B 力の及ばない者がくやしがること。
C 多ければ多いほど好都合なこと。
D 天罰を免れることはできない。
E 他人のためにばかり忙しく自分の暇のないこと。
F いいかげんな知識などを頼りに事を起こすと失敗する。
G 自分の力の弱さを知らず敵にはむかうこと。
H 前ぶれの騒ぎは大きく、結果は小さいこと。
I 有力者の権力をかさに着ていばる小人物のこと。

(4)

㋐ 馬脚を露す（　　）
㋑ 火のない所に煙は立たぬ（　　）
㋒ 貧すれば鈍する（　　）
㋓ 水清ければ魚棲まず（　　）
㋔ 濡手で粟（　　）
㋕ 昔とった杵柄（　　）
㋖ 病膏肓に入る（　　）
㋗ 夜目遠目笠のうち（　　）
㋘ 洛陽の紙価を高める（　　）

A 貧乏すれば人間がだめになる。
B うわさが出るからには根拠となる事実があるはずだ。
C 女性が実際より美しく見えるということ。
D 苦労せず利益を得ること。
E 病気が重くなり回復の見込みがないこと。物事に夢中になること。
F あまりに清廉すぎるとかえって人に親しまれないこと。
G 著書が好評を博してさかんに売れること。
H かくしていた事があらわれる。
I 過去にきたえた腕前。修練した技量のこと。

解答

1 (1) ㋐D ㋑C ㋒G ㋓E ㋔A ㋕B ㋖F (2) ㋐B ㋑D ㋒H ㋓A ㋔C ㋕F ㋖G ㋗E (3) ㋐E ㋑B ㋒H ㋓C ㋔D ㋕G ㋖I ㋗F ㋘A (4) ㋐H ㋑B ㋒A ㋓F ㋔D ㋕I ㋖E ㋗C ㋘G

2 次の故事成語・ことわざを完成させなさい。

① 青菜(あおな)に［　しお　］　元気なくしおれるさまの意。

② 羹(あつもの)に［　こ　］りて膾(なます)を吹(ふ)く　一度失敗したことにこりて、用心しすぎることのたとえ。

③ ［　あん　］ずるより産(う)むが易(やす)し　あらかじめ心配するよりも、いよいよ実行する段になると、案外たやすいこと。

④ 一炊(いっすい)の［　ゆめ　］　人生の栄華ははかないものであるということ。

⑤ ［　いのち　］あっての物種(ものだね)　何事も命があっての上のことだということ。

⑥ 韋編(いへん)三(み)たび［　た　］つ　読書に熱心なこと。

⑦ ［　おに　］の霍乱(かくらん)　いつもは極めて丈夫な人が病気になることのたとえ。

⑧ ［　おび　］に短(みじか)し襷(たすき)に長(なが)し　中途半端で役に立たないこと。

⑨ 快刀乱(かいとうらん)［　ま　］を断(た)つ　物事をうまく処断すること。

⑩ 亀(かめ)の［　こう　］より年(とし)の劫(こう)※　年長者の経験は貴ぶべきであるということ。（※劫は功とも書く）

⑪ 眼光紙背(がんこうしはい)に［　てっ　］す　読書をして、字句の解釈にとどまらず、その深意をきわめること。

⑫ 汗馬(かんば)の［　ろう　］　馬を走らせて戦場で活躍した手柄のこと。

⑬ 牛耳(ぎゅうじ)を［　と　］る　一つの党派・団体の中心になって支配すること。

⑭ 逆鱗(げきりん)に［　ふ　］れる　君子の怒り、または目上の人の怒りにあうこと。

⑮ 恒産(こうさん)なき［　もの　］は恒心(こうしん)なし　定まった財産や生業のない人は定まった正しい心がない。

⑯ 黒白(こくびゃく)を［　あらそ　］う　ことの是非・善悪をはっきりさせること。

⑰ 塞翁(さいおう)が［　うま　］　人生の幸不幸は予測できないものだというたとえ。

---

⑱ 三顧(さんこ)の［　れい　］　目上の人がある人物を特別に信頼し、厚い礼をもって遇すること。

⑲ 三人(さんにん)［　よ　］れば文殊(もんじゅ)の知恵(ちえ)　三人集まって相談すればよい知恵がでること。

⑳ 小人(しょうじん)［　かん　］居(きょ)して不善(ふぜん)をなす　小人物はひまですることがないと、ろくなことをしない。

㉑ 青(せい)［　てん　］の霹靂(へきれき)　突然に起こる変動。

㉒ 他山(たざん)の［　いし　］　どんなつまらないできごとや批評でも、自分の知徳をみがく助けとなること。

㉓ 蓼食(たでく)う［　むし　］も好(す)き好(ず)き　人の好みはさまざまであること。

㉔ ［　つの　］を矯(た)めて牛(うし)を殺(ころ)す　欠点などを直そうとして執った手段の度が過ぎ、かえってそのものをだめにすること。

㉕ 塗炭(とたん)の［　くる　］しみ　泥にまみれ、火に焼かれるようなひどい苦しみ。

㉖ ［　なさ　］けは人(ひと)の為(ため)ならず　他人に親切にしておけば必ず自分にもよい報いがあること。

㉗ 三(み)つ子(ご)の［　たましい　］百(ひゃく)まで　幼い時の性質は一生消えない。

㉘ 能(のう)ある鷹(たか)は爪(つめ)を［　かく　］す　本当に才能のある者はみだりにそれを現さないこと。

㉙ 暖簾(のれん)に［　うで　］押(お)し　力を入れてやっても、手ごたえがないことのたとえ。

㉚ 敗軍(はいぐん)の将(しょう)は［　へい　］を語(かた)らず　失敗した者は、その事について意見を述べる資格がないということ。

㉛ 引(ひ)かれ［　もの　］の小唄(こうた)　負けおしみで強がりを言うことのたとえ。

㉜ ［　ふく　］水盆(すいぼん)に返(かえ)らず　一度失敗した事は、取り返しがつかないということ。

㉝ 刎頸(ふんけい)の［　まじ　］わり　生死を共にする親しい交際。

㉞ 目(め)から［　はな　］へ抜(ぬ)ける　抜け目がなくすばやい。

㉟ 類(るい)は［　とも　］を呼(よ)ぶ　気のあう友人が自然と集まること。

解答 2　①塩　②懲　③案　④夢　⑤命　⑥絶　⑦鬼　⑧帯　⑨麻　⑩甲　⑪徹　⑫労　⑬執　⑭触　⑮者　⑯争　⑰馬　⑱礼　⑲寄　⑳閑　㉑天　㉒石　㉓虫　㉔角　㉕苦　㉖情　㉗魂　㉘隠　㉙腕　㉚兵　㉛者　㉜覆　㉝交　㉞鼻　㉟友

読みが難しい熟語

次の［　］に上の熟語の読みを平仮名で書きなさい。

（＊印は常用漢字表にない漢字、または常用漢字表にあっても音訓が掲げられていない読みの漢字を含む熟語です。）

□悪食　あくじき
□悪癖　①［　］
□＊校倉　あぜくら
□圧巻　あっかん
□圧搾　あっさく
□行脚　②［　］
□安穏　あんのん
□幾多　いくた
□委嘱　いしょく
□居候　いそうろう
□一括　いっかつ
□一矢　いっし
□違背　いはい
□衣鉢　③［　］
□遺漏　いろう
□引率　いんそつ
□隠匿　いんとく
□因縁　いんねん
□初陣　ういじん
□請負　うけおい
□産着　うぶぎ
□雲泥　うんでい
□＊永劫　えいごう
□営巣　えいそう
□回向　④［　］
□会式　えしき
□＊似非　えせ

□会得　⑤［　］
□縁故　えんこ
□押収　おうしゅう
□往生　おうじょう
□大字　おおあざ
□悪寒　⑥［　］
□汚職　おしょく
□面影　おもかげ
□＊思惑　おもわく
□恩賜　おんし
□音声　おんじょう
□温床　おんしょう
□恩沢　おんたく
□音頭　おんど
□穏便　おんびん
□開眼　⑦［　］
□回忌　かいき
□悔恨　かいこん
□懐柔　⑧［　］
□会心　かいしん
□回生　⑨［　］
□隔意　かくい
□架空　かくう
□確執　かくしつ
□禍根　かこん
□過言　かごん
□堅気　かたぎ

□割愛　かつあい
□合戦　かっせん
□寡聞　かぶん
□看過　かんか
□閑暇　かんか
□汗顔　かんがん
□感泣　かんきゅう
□甘言　かんげん
□緩衝　かんしょう
□完遂　かんすい
□含蓄　がんちく
□神主　かんぬし
□感応　かんのう
□甲板　かんぱん
□完膚　かんぷ
□感冒　かんぼう
□陥没　かんぼつ
□緩慢　かんまん
□気韻　きいん
□帰依　きえ
□既往　⑩［　］
□祈願　きがん
□機宜　きぎ
□疑似　ぎじ
□帰省　きせい
□詰問　⑪［　］
□忌避　きひ
□給仕　きゅうじ

□糾弾　きゅうだん
□急坂　きゅうはん
□旧弊　きゅうへい
□境涯　きょうがい
□胸襟　きょうきん
□教唆　きょうさ
□凝視　ぎょうし
□凝集　ぎょうしゅう
□恭順　きょうじゅん
□享年　きょうねん
□岐路　きろ
□均衡　きんこう
□吟味　ぎんみ
□宮司　ぐうじ
□久遠　⑫［　］
□駆逐　くちく
□口伝　くでん
□功徳　⑬［　］
□工面　くめん
□供物　くもつ
□庫裏　⑭［　］
□経緯　けいい
□迎合　げいごう
□警鐘　けいしょう
□継承　けいしょう
□境内　⑮［　］
□＊怪我　けが
□＊戯作　げさく

□化身　けしん
□外題　げだい
□解脱　⑯［　］
□欠陥　けっかん
□欠如　けつじょ
□解熱　げねつ
□嫌悪　けんお
□嫌疑　けんぎ
□堅固　けんご
□減殺　げんさい
□還俗　げんぞく
□言質　⑰［　］
□顕著　けんちょ
□厳秘　げんぴ
□香華　⑱［　］
□格子　こうし
□控除　こうじょ
□拘泥　こうでい
□更迭　こうてつ
□虚空　⑲［　］
□酷似　こくじ
□黒白　こくびゃく
□鼓吹　こすい
□克己　こっき
□声色　こわいろ
□今生　こんじょう
□紺青　こんじょう
□懇請　こんせい

□建立　こんりゅう
□最期　⑳［　］
□宰相　さいしょう
□詐欺　さぎ
□錯誤　さくご
□早急　さっきゅう
□刷新　さっしん
□暫時　㉑［　］
□参内　さんだい
□示威　じい
□詩歌　しいか
□児戯　じぎ
□至極　しごく
□私淑　ししゅく
□自粛　じしゅく
□市井　㉒［　］
□支度　したく
□疾患　しっかん
□疾病　㉓［　］
□思慕　しぼ
□耳目　㉔［　］
□赤銅　㉕［　］
□縦横　じゅうおう
□衆寡　しゅうか
□祝言　㉖［　］
□醜態　しゅうたい
□拾得　しゅうとく

解答

①あくへき　②あんぎゃ　③いはつ　④えこう　⑤えとく　⑥おかん　⑦かいげん　⑧かいじゅう　⑨かいせい　⑩きおう　⑪きつもん　⑫くおん　⑬くどく　⑭くり　⑮けいだい　⑯げだつ　⑰げんち　⑱こうげ　⑲こくう　⑳さいご　㉑ざんじ　㉒しせい　㉓しっぺい　㉔じもく　㉕しゃくどう　㉖しゅうげん

□宿弊 しゅくへい
□述懐 じゅっかい
□潤沢 じゅんたく
□遵法 じゅんぽう
□掌握 しょうあく
□精進 しょうじん
□焦燥 しょうそう
□上人 しょうにん
□障壁 しょうへき
□渉猟 しょうりょう
□嘱託 ㉗［　　］
□所望 しょもう
□代物 しろもの
□親疎 しんそ
□神道 しんとう
□遂行 すいこう
□枢要 すうよう
□星霜 ㉘［　　］
□昔日 せきじつ
□惜別 せきべつ
□世襲 せしゅう
□是正 ㉙［　　］
□世相 せそう
□殺生 せっしょう
□雪辱 せつじょく
□拙速 せっそく
□折衷 せっちゅう
□窃盗 せっとう
□是認 ぜにん

□施療 せりょう
□漸次 ぜんじ
□遷都 せんと
□浅薄 せんぱく
□早暁 ㉚［　　］
□相殺 ㉛［　　］
□挿話 そうわ
□息災 そくさい
□阻喪 そそう
□塑像 そぞう
□貸借 ㉜［　　］
□滞納 たいのう
*□頽廃 たいはい
□内裏 だいり
□卓抜 たくばつ
□手綱 ㉝［　　］
□惰眠 だみん
□担架 たんか
□弾劾 だんがい
□端緒 たんしょ
□丹精 たんせい
□探訪 たんぼう
□反物 たんもの
□知音 ちいん
□知己 ㉞［　　］
□逐次 ㉟［　　］
□窒息 ちっそく
□衷心 ちゅうしん

□懲戒 ちょうかい
□重宝 ちょうほう
□直轄 ちょっかつ
□通夜 つや
□定款 ㊱［　　］
□逓減 ていげん
□泥酔 でいすい
□抵触 ていしょく
□適宜 てきぎ
□転嫁 てんか
□添削 てんさく
□天賦 てんぷ
□等閑 とうかん
□灯明 とうみょう
*□陶冶 とうや
□読経 どきょう
□督促 ㊲［　　］
□匿名 ㊳［　　］
□塗炭 とたん
□難渋 なんじゅう
□柔弱 にゅうじゃく
□如実 にょじつ
□粘膜 ねんまく
□納涼 のうりょう
□媒介 ばいかい
□陪審 ばいしん
□排斥 はいせき
□薄暮 はくぼ

□博労 ばくろう
□覇権 はけん
□末子 ばっし
□法度 はっと
□発憤 はっぷん
□煩雑 はんざつ
□版図 はんと
□頒布 はんぷ
□煩悶 はんもん
□凡例 ㊴［　　］
□罷業 ひぎょう
□比肩 ひけん
□非業 ひごう
□批准 ひじゅん
□卑俗 ひぞく
□必携 ひっけい
□必定 ひつじょう
□筆舌 ㊵［　　］
□匹敵 ひってき
□碑文 ひぶん
□疲弊 ひへい
□罷免 ひめん
□兵糧 ㊶［　　］
□頻繁 ひんぱん
*□吹聴 ふいちょう
□不易 ふえき
□不穏 ふおん
□福音 ふくいん
□腹背 ふくはい

□不肖 ふしょう
□侮辱 ぶじょく
□普請 ㊷［　　］
□風情 ふぜい
□敷設 ㊸［　　］
□浮沈 ふちん
□払暁 ふつぎょう
□物故 ぶっこ
□物騒 ぶっそう
□払底 ふってい
□賦与 ふよ
□無頼 ㊹［　　］
□紛糾 ふんきゅう
□奮迅 ふんじん
*□憤怒 ふんぬ
□弁償 べんしょう
□包含 ほうがん
□放逐 ほうちく
□火影 ㊺［　　］
□撲滅 ぼくめつ
□発起 ほっき
□発端 ほったん
□法体 ほったい
□煩悩 ㊻［　　］
□埋没 まいぼつ
□抹殺 まっさつ
□目深 ㊼［　　］
□魅惑 みわく
□矛盾 むじゅん

□謀反 ㊽［　　］
□喪中 もちゅう
□模倣 もほう
□躍如 やくじょ
□唯一 ㊾［　　］
□由緒 ㊿［　　］
□融通 ゆうずう
□遊説 ゆうぜい
□幽明 ゆうめい
□猶予 ゆうよ
□窯業 ようぎょう
□謡曲 ようきょく
□養蚕 ようさん
□容赦 ようしゃ
*□来迎 らいごう
□礼賛 (51)［　　］
□類似 るいじ
□類推 るいすい
□累卵 るいらん
□流転 (52)［　　］
□流布 るふ
□霊験 れいげん
□零落 れいらく
□廉恥 れんち
□業師 わざし

解答

㉗しょくたく ㉘せいそう ㉙ぜせい ㉚そうぎょう ㉛そうさい ㉜たいしゃく ㉝たづな ㉞ちき ㉟ちくじ ㊱ていかん ㊲とくそく ㊳とくめい ㊴はんれい ㊵ひつぜつ ㊶ひょうろう ㊷ふしん ㊸ふせつ ㊹ぶらい ㊺ほかげ ㊻ぼんのう ㊼まぶか ㊽むほん ㊾ゆいいつ ㊿ゆいしょ (51)らいさん (52)るてん

日本漢字能力検定について

検定実施日

・日程※

第一回　六月中の日曜日
第二回　十月中の日曜日
第三回　翌年の二月中の日曜日
（※準会場では実施日前後で実施する場合があります。事前に確認しましょう。）

合格基準

各級とも二〇〇点満点です。７級から準２級は70％、２級は80％程度が合格の目安です。

字体

漢字の書き取り問題の解答は、楷書体ではっきりと書いてください。くずしたり、乱雑な書き方は、採点の対象になりません。とめるところ、はねるところなどをしっかりと、わかりやすく書いてください。

仮名遣い、送り仮名

内閣告示「現代仮名遣い」「送り仮名の付け方」によります。

部首

日本漢字能力検定協会の『漢検要覧　2～10級対応』収録の「部首一覧表と部首別の常用漢字」によります。

筆順

筆順の原則については、文部省編『筆順指導の手びき』、常用漢字一字一字の筆順については、日本漢字能力検定協会の『漢検要覧　2～10級対応』によります。

踊り字

津津浦浦→津々浦々　漢字能力検定試験では、踊り字（々）の使用を認めていますので、踊り字を使用してもしなくても正解となります。

漢字検定級別主な出題範囲一覧

級／対象漢字数	漢字の読み	筆順・画数	部首・部首名	熟語の構成	送り仮名	対義語・類義語	三字・四字熟語	同音・同訓異字	誤字訂正	漢字の書き取り
7級（642字）	○	○	○		○	対義語	三字熟語	同音異字		○
6級（835字）	○	○	○	○	○	○	三字熟語	○		○
5級（1026字）	○	○	○	○	○	○	四字熟語	○	○	○
4級（1339字）	○		○	○	○	○	四字熟語	○	○	○
3級（1623字）	○		○	○	○	○	四字熟語	○	○	○
準2級（1951字）	○		○	○	○	○	四字熟語	○	○	○
2級（2136字）	○		○	○	○	○	四字熟語	○	○	○

索引

5級～2級の常用漢字を掲載し、音読み（音読みのない漢字は訓読み）で、五十音順に並べています。○囲みの数字は級を表しています（※準2級は②、2級は❷）。下の数字は掲載ページです。

部首一覧表

代表的な部首を取り上げています。形の似ている部首を集め、「偏（へん）→旁（つくり）→冠（かんむり）→脚（あし）→垂（たれ）→繞（にょう）→構（かまえ）→その他」の順に並べてあります。例字の中の赤字は部首を間違えやすい字です。矢印下に正しい部首を示しました。本書は、『漢検要覧　2〜10級対応』（日本漢字能力検定協会刊）をよりどころにしました。

部首	部首名	例字
休	にんべん	作・他・信・修・偉・化→匕
今	ひとやね	会・倉・令・全→入・命→口
人	ひと	人・以
味	くちへん	唱・吸・咲・喚・喝・鳴→鳥
口	くち	右・古・合・周・呈・舌→舌
地	つちへん	場・坂・塩・堤・塊・塚・培
土	つち	堂・墓・堅・塗・塁・寺→寸
始	おんなへん	姉・好・婦・娯・婚・嫌・媒
女	おんな	委・妻・姿・婆・妥・要→襾
孫	こへん	孫・孤・孔
子	こ	学・子・字・季・孝・存
岐	やまへん	峠・峰・岐・峡・崎・岬
山	やま	岩・岸・島・崩・崇・炭→火
巧	たくみへん	巧・功→力・攻→攵
工	え／たくみ	左・工・差・巨・貢→貝
帳	はばへん／きんべん	帳・幅・帽・帆
市	はば	帰・希・席・布・幕・帝・幣
引	ゆみへん	引・強・張・弾・弧・弦・弥
弓	ゆみ	弓・弱・弟・弔
後	ぎょうにんべん	待・徒・得・御・微・徐・徹
快	りっしんべん	慣・情・性・悩・怪・恨・愉
慕	したごころ	慕・恭
心	こころ	思・悲・念・志・恥・慈・恵
指	てへん	打・折・技・押・描・擦・括
手	て	手・才・挙・承・撃・掌・摩
海	さんずい	池・流・漁・渡・潜・酒→酉
泰	したみず	泰
水	みず	氷・求・永・泉・尿→尸
独	けものへん	獲・狂・狭・猛・獄・猫・猶
犬	いぬ	犬・状・献・然→灬・黙→黒
陽	こざとへん	陸・限・降・隣・隔・陶・隅
旅	ほうへん／かたへん	族・旗・施・旋・放→攵
明	ひへん	時・曜・暗・昨・晩・暇・暁
日	ひ	早・昼・景・旨・暫・香→香
服	つきへん	服・朕・勝→力・騰→馬
月	つき	朝・期・有・望・朗・背→肉
腸	にくづき	脈・胸・臓・肝・膜・豚→豕
肉	にく	育・胃・能・背・肩・脅・腐
校	きへん	橋・標・構・枯・枠・相→目
木	き	森・業・果・某・栽・巣→⺍
死	かばねへん／いちたへん／がつへん	死・残・殖・殊・殉・列→刂
焼	ひへん	灯・燃・煙・爆・炊・畑→田
点	れんが／れっか	然・熱・熟・焦・熊・黙→黒
火	ひ	火・炭・災・灰・炎
版	かたへん	版
片	かた	片
物	うしへん	物・特・牧・犠・牲
牛	うし	牛
理	おうへん／たまへん	理・球・現・班・環・珍・珠
玉	たま	玉・璽・璧
王	おう	王・琴・主→丶・皇→白
社	しめすへん	神・福・祝・禍・祥・視→見
示	しめす	祭・票・禁・示
町	たへん	町・略・畔
田	た	男・画・申・思→心・塁→土
疎	ひきへん	疎
疑	ひき	疑
眼	めへん	眼・瞬・眠・睡・眺・瞳
目	め	直・真・相・見→見・具→八
知	やへん	知・短・矯
研	いしへん	確・破・砂・砲・硬・碑・砕
石	いし	石・碁・磨
科	のぎへん	秋・種・税・利→刂・和→口
秀	のぎ	秀
端	たつへん	端
立	たつ	立・章・童・辛→辛・意→心
複	ころもへん	補・被・裸・襟・裕・初→刀
衣	ころも	表・製・裁・裏・襲・裂・褒
粉	こめへん	精・糖・粒・糧・粧・料→斗
絵	いとへん	細・終・続・納・絡・紛・綻
糸	いと	素・系・紫・緊・繭・索・累
耕	すきへん／らいすき	耕・耗
職	みみへん	職・聴・取→又・恥→心
耳	みみ	耳・聞・聖
船	ふねへん	船・航・般・艦・艇・舶

部首	名称	例
舟	ふね	舟
蚊	むしへん	蚊・蛇・虹・蜂
虫	むし	虫・蚕・蛮・蛍・融・蜜
解	つのへん	解・触
記	ごんべん	詩・談・課・識・詞・請・謙
言	げん	言・警・誉・誓・謄
貯	かいへん	財・贈・賊・則→刂・敗→攵
貝	かい こがい	買・負・費・貧・貿・員→口
路	あしへん	路・距・跡・踏・躍・踊・践
転	くるまへん	軽・輪・輸・軒・軌・軸・軟
車	くるま	軍・輝・載・暫→日・撃→手
配	とりへん	酸・酵・酔・酢・酌・醸・酪
酒	ひよみのとり	酒
釈	のごめへん	釈
野	さとへん	野
里	さと	里・重・量・黒→黒・童→立
銀	かねへん	鏡・鉱・鋼・鑑・鍛・錬・釣
飲	しょくへん	飲・館・飯・飾・餓・飽・飢
食	しょく	食・養
靴	かわへん	靴
革	かくのかわ つくりがわ	革
駅	うまへん	駅・験・駆・騒・騎・駐・駄
馬	うま	馬・驚・騰
髄	ほねへん	髄・骸
骨	ほね	骨
鮮	うおへん	鮮・鯨
齢	はへん	齢
乳	おつ	乳・乱
乙	おつ	九・乾・乙・乞
列	りっとう	前・刷・則・劇・刈・刑・削
刀	かたな	切・刀・分・初・券・刃
巡	かわ	巡・災→火
川	かわ	川・州・順→頁
形	さんづくり	形・影・彩・彫・彰
都	おおざと	部・郡・郷・郎・郭・郊・邦
教	のぶん ぼくづくり	数・整・放・牧→牛・致→至
新	おのづくり	新・断・斬
斤	きん	斤・斥
段	るまた ほこづくり	殺・殿・殴・没→氵・穀→禾
隷	れいづくり	隷
顔	おおがい	頭・題・類・領・頂・煩→火
京	なべぶた けいさんかんむり	京・交・亡・享・亭
写	わかんむり	写・冠・冗・冥・軍→車
家	うかんむり	室・安・宮・字→子・案→木
当	しょう	当・尚・光→儿・肖→肉
小	しょう	小・少
営	つかんむり	巣・単・営・学→子・覚→見
花	くさかんむり	若・茂・葬・夢→夕・繭→糸
爵	つめかんむり つめがしら	爵・妥→女・受→又
考	おいかんむり おいがしら	考・者・老・孝→子
発	はつがしら	登・発
空	あなかんむり	空・究・窓・室・窮・窃・窯
穴	あな	穴
置	あみがしら あみめ よこめ	置・罪・署・罰・羅・買→貝
算	たけかんむり	答・等・箱・笑・節・築・範
虐	とらがしら とらかんむり	虐・虚・虞・慮→心・膚→肉
要	おおいかんむり	要・覆・覇・票→示
西	にし	西
雲	あめかんむり	雪・電・需・霧・雷・霜・雰
髪	かみがしら	髪
六	は	具・共・典・兵・分→刀
八	はち	八・公・兼
夏	すいにょう ふゆがしら	夏・変・麦→麦・条→木
弁	こまぬき にじゅうあし	弁・弊・弄・鼻→鼻
舞	まいあし	舞
原	がんだれ	原・厚・厘・圧→土・暦→日
局	かばね しかばね	屋・居・属・層・履・昼→日
広	まだれ	庫・度・府・応→心・麻→麻
扇	とだれ とかんむり	扇・房・扉・肩→肉・雇→隹
病	やまいだれ	痛・疲・療・痘・癖・疫・症
建	えんにょう	建・延・廷
遠	しんにょう しんにゅう	進・送・遊・連・過・巡→巛
起	そうにょう	起・越・趣・超・赴
魅	きにょう	魅
鬼	おに	鬼・魂・魔・醜→酉
円	どうがまえ けいがまえ まきがまえ	円・再・冊・同→口・内→入
包	つつみがまえ	包・勾・匂・句→口・旬→日
匠	はこがまえ	匠
医	かくしがまえ	医・区・匹・匿
国	くにがまえ	四・園・回・固・因・団・囚

1 5級 ① （P.6～9）

組　番　名前　月　日　100

● **次の太字を漢字に直しなさい。**（5点×20問）

① **ジンギ**を重んじる。
② 食事を**テイキョウ**する。
③ 人を**チュウショウ**しない。
④ **アンピ**が気になる。
⑤ **ゼンアク**を判断する。
⑥ **スイチョク**に線を引く。
⑦ 親**コウコウ**をする。
⑧ 約束を**リチギ**に守る。
⑨ **ジュウライ**のやり方。
⑩ 児童**ケンショウ**。
⑪ お手を**ハイシャク**。
⑫ 活動を**スイシン**する。
⑬ 魚群を**タンチ**する。
⑭ **セッソウ**のある行動。
⑮ 最近の**フウチョウ**だ。
⑯ **カンゲキ**にひたる。
⑰ 明日**イコウ**に行く。
⑱ 害虫を**クジョ**する。
⑲ ブレーキが**コショウ**した。
⑳ 新作を**ジョウエイ**する。

⑳	⑲	⑱	⑰	⑯	⑮	⑭	⑬	⑫	⑪	⑩	⑨	⑧	⑦	⑥	⑤	④	③	②	①

★間違えた漢字を練習しなさい。

月　日

2　5級 ②（P. 10～16）

組　番　名前　100

● 次の太字を漢字に直しなさい。（5点×20問）

① 室内を**ダンボウ**する。
② **ハクボ**がせまる湖。
③ 家族にとって**ロウホウ**だ。
④ 目を**そむ**ける。
⑤ **キジョウ**の空論をさける。
⑥ 仏の**ゴンゲ**。
⑦ ウイルスに**カンセン**した。
⑧ 土器の**ハヘン**が見つかる。
⑨ 言い訳を**うたが**う。
⑩ **ジシャク**が北を指す。
⑪ 舞台**イショウ**をあつらえる。
⑫ **うらぐち**から出る。
⑬ **くれない**色に染める。
⑭ **ナットク**のいく説明。
⑮ 人生の**シュクズ**。
⑯ よく**ケントウ**して決める。
⑰ 春の**おとず**れ。
⑱ 出席を**カクニン**する。
⑲ **とうと**い体験。
⑳ 手紙を**ユウソウ**する。

①	②	③	④	⑤	⑥	⑦	⑧	⑨	⑩	⑪	⑫	⑬	⑭	⑮	⑯	⑰	⑱	⑲	⑳

★間違えた漢字を練習しなさい。

月　日

3 5級 ③（P.17～21）

組　番　名前　100

● 次の太字を漢字に直しなさい。（5点×20問）

① 選手**センセイ**をする。
② **ソウゴン**な建築物。
③ **ジャッカン**数の合格。
④ 名画を**ショゾウ**する。
⑤ 自ら**ボケツ**をほる。
⑥ 窓辺に**すわ**る。
⑦ **イシツ**物を預かる。
⑧ **タンザク**に句をしたためる。
⑨ 電池を**ヘイレツ**につなぐ。
⑩ 手厚い**ショグウ**。
⑪ 魚の**サンラン**を観察する。
⑫ **あや**うく助かる。
⑬ 楽器を**かな**でる。
⑭ **もっぱ**ら遊ぶ。
⑮ 職に**つ**く。
⑯ **おさな**い女の子。
⑰ 研究に**イヨク**を燃やす。
⑱ **セイダイ**に祝う。
⑲ **シキュウ**連絡する。
⑳ 開会式に**のぞ**む。

①	②	③	④	⑤	⑥	⑦	⑧	⑨	⑩	⑪	⑫	⑬	⑭	⑮	⑯	⑰	⑱	⑲	⑳

★間違えた漢字を練習しなさい。

4 4級 ①（P.24〜27）

組　番　名前　月　日　100

● **次の太字を漢字に直しなさい。**（5点×20問）

① 知らせに**ギョウテン**する。
② 無断で**シンニュウ**する。
③ **かたわ**らに本を置く。
④ **レイギ**正しくふるまう。
⑤ 心情を**トロ**する。
⑥ 自分の行動を**なげ**く。
⑦ 美技に**キョウタン**する。
⑧ **フンエン**が上がる。
⑨ **ガンチク**のある言葉。
⑩ **テイボウ**を築く。
⑪ がけが**ホウカイ**する。
⑫ 自分の考えに**コシツ**する。
⑬ **ドウセイ**同名の友だち。
⑭ ボールが**はず**む。
⑮ **エンセイ**する。
⑯ **ビショウ**をうかべる。
⑰ 平和の**ショウチョウ**。
⑱ 最近**いそが**しい。
⑲ 毎年**コウレイ**の運動会。
⑳ **みじ**めな気持ち。

①	②	③	④	⑤	⑥	⑦	⑧	⑨	⑩	⑪	⑫	⑬	⑭	⑮	⑯	⑰	⑱	⑲	⑳

★間違えた漢字を練習しなさい。

5　4級 ②（P.28〜31）

組　番　名前

月　日

100

● **次の太字を漢字に直しなさい。**（5点×20問）

① **シンチョウ**に取り扱う。
② 暑くて**ガマン**できない。
③ **キオク**力を養う。
④ **おそ**ろしい体験。
⑤ 平和の**オンケイ**に浴する。
⑥ **エンリョ**は無用だ。
⑦ 契約書に**オウイン**する。
⑧ **ハクシャ**をかける。
⑨ 象の**ホカク**を禁止する。
⑩ 質問を**ハアク**する。
⑪ 商品を**ハンニュウ**する。
⑫ 九回裏の**コウゲキ**。
⑬ **コウタク**のある布地。
⑭ **チンモク**を守る。
⑮ 友人を家に**と**める。
⑯ 条例が**シントウ**する。
⑰ 金属を**ヨウカイ**する。
⑱ 血が**したた**る。
⑲ **マンゼン**と時を過ごす。
⑳ 水質**オダク**をくい止める。

①	②	③	④	⑤	⑥	⑦	⑧	⑨	⑩	⑪	⑫	⑬	⑭	⑮	⑯	⑰	⑱	⑲	⑳

★間違えた漢字を練習しなさい。

6 4級 ③ （P.32〜35）

組　番　名前　　月　日　100

● 次の太字を漢字に直しなさい。（5点×20問）

① 幅を**せば**める。
② **ジュウイ**にあこがれる。
③ 服を**かげ**干しする。
④ 校舎に**リンセツ**する。
⑤ **キュウレキ**の正月を祝う。
⑥ **あぶら**ぎった顔。
⑦ 大臣が**シッキャク**する。
⑧ **シュワン**を発揮する。
⑨ **ヨウツウ**で病院に行く。
⑩ **フキュウ**の名作を読む。
⑪ 井戸の水が**コカツ**する。
⑫ **オウヘイ**な口のきき方。
⑬ **ランガイ**に記入する。
⑭ 手触りが**やわ**らかい。
⑮ 友人たちを**バクショウ**させる。
⑯ ふきんを**シャフツ**消毒する。
⑰ **めずら**しい動物。
⑱ **カンキョウ**を考える。
⑲ 合格**キガン**のお守り。
⑳ 星が**またた**く。

①	②	③	④	⑤	⑥	⑦	⑧	⑨	⑩	⑪	⑫	⑬	⑭	⑮	⑯	⑰	⑱	⑲	⑳

★間違えた漢字を練習しなさい。

7　4級 ④ (P.36〜39)

組		番		名前		100

● 次の太字を漢字に直しなさい。（5点×20問）

★間違えた漢字を練習しなさい。

① 相手の**ムジュン**をつく。
② **アイショウ**をつける。
③ 一芸に**ひい**でる。
④ **センタン**技術を学ぶ。
⑤ 損害を**こうむ**る。
⑥ **リュウシ**が荒い写真。
⑦ 両手の**シモン**を照合する。
⑧ 糸が**から**まる。
⑨ 健康を**イジ**する。
⑩ 理論を**イッパン**化する。
⑪ **ハイソ**の判決。
⑫ **コチョウ**した表現。
⑬ **ドウヨウ**を口ずさむ。
⑭ 作品を**キゾウ**する。
⑮ 犯人を**ツイセキ**する。
⑯ **ザットウ**で母を見失う。
⑰ トップに**おど**り出る。
⑱ 気温の年間**カクサ**。
⑲ 星が**かがや**く。
⑳ **エイリ**な刃物。

①	
②	
③	
④	
⑤	
⑥	
⑦	
⑧	
⑨	
⑩	
⑪	
⑫	
⑬	
⑭	
⑮	
⑯	
⑰	
⑱	
⑲	
⑳	

8 4級 ⑤ （P.40～44）

組　番　名前　　　　100

月　日

● 次の太字を漢字に直しなさい。（5点×20問）

① 刀を**カンテイ**する。
② 三か国語を**クシ**する。
③ **あざ**やかな色。
④ 申し込みが**サットウ**する。
⑤ **シンケン**なまなざし。
⑥ 美しい**いろど**りの布。
⑦ ビデオで**サツエイ**する。
⑧ **キビン**に動く。
⑨ **セイジャク**な環境。
⑩ **コウハイ**した土地。
⑪ データを**チクセキ**する。
⑫ **トツゼン**大声を出す。
⑬ 寒さで**ふる**える。
⑭ 危機**イッパツ**で助かる。
⑮ **シュビ**よく事を進める。
⑯ 県内**クッシ**の名門校。
⑰ 虫歯の**チリョウ**。
⑱ 新入生を**カンゲイ**する。
⑲ 責任の**が**れの言い訳。
⑳ **トウメイ**に近いブルー。

①	②	③	④	⑤	⑥	⑦	⑧	⑨	⑩	⑪	⑫	⑬	⑭	⑮	⑯	⑰	⑱	⑲	⑳

★間違えた漢字を練習しなさい。

9　4級 ⑥（P.45～49）

組　番　名前　月　日　100

● **次の太字を漢字に直しなさい。**（5点×20問）

① 交通**イハン**を取りしまる。
② 記者を**ハケン**する。
③ 勝者に**ヒッテキ**する。
④ **キジョウ**にふるまう。
⑤ 実力は二人とも**ゴカク**だ。
⑥ **ユウレツ**をつける。
⑦ 国の**カンコク**に従う。
⑧ 旅先で会うとは**キグウ**だ。
⑨ **ジンジョウ**ではない様子。
⑩ 悪事を**いまし**める。
⑪ 犬と**たわむ**れる。
⑫ 危険を**おか**す。
⑬ **サイマツ**大売り出し。
⑭ **トウナン**届けを出す。
⑮ 会計**カンサ**を行う。
⑯ 大型小売店を**ユウチ**する。
⑰ じゃり道を**ホソウ**する。
⑱ **うるわ**しい人。
⑲ 急に**だま**る。
⑳ 選手の士気を**コブ**する。

①	②	③	④	⑤	⑥	⑦	⑧	⑨	⑩	⑪	⑫	⑬	⑭	⑮	⑯	⑰	⑱	⑲	⑳

★間違えた漢字を練習しなさい。

月　日

10 3級 ① (P.52〜55)

組　番　名前　100

● **次の太字を漢字に直しなさい。**（5点×20問）

① 山林を**バッサイ**する。
② 物語は**カキョウ**に入る。
③ 相手を**うながす**。
④ 前の人に**ならう**。
⑤ 多額の**フサイ**を抱える。
⑥ 返事を**サイソク**する。
⑦ 注意を**カンキ**する。
⑧ 調査を**イショク**する。
⑨ 神の**ケイジ**を受ける。
⑩ **ダンカイ**の世代。
⑪ 壁の**トソウ**工事。
⑫ 荒れ地を**カイコン**する。
⑬ **トツジョ**暗くなった。
⑭ 責任**テンカ**。
⑮ **ビコウ**に虫が入る。
⑯ 黒部**キョウコク**を訪れる。
⑰ 天気が**くずれる**。
⑱ ローマ帝国の**コウテイ**。
⑲ **ジョコウ**運転する。
⑳ 無知が**うらめしい**。

①	②	③	④	⑤	⑥	⑦	⑧	⑨	⑩	⑪	⑫	⑬	⑭	⑮	⑯	⑰	⑱	⑲	⑳

★間違えた漢字を練習しなさい。

月　日

11 3級 ②（P.56～59）

組　番　名前　　/100

● **次の太字を漢字に直しなさい。**（5点×20問）

★間違えた漢字を練習しなさい。

① **アイセキ**の念がこみ上げる。
② 金融**キョウコウ**が起こる。
③ 朝は**あわ**ただしい。
④ 故郷を**シボ**する。
⑤ **い**まわしい思い出。
⑥ **グチ**をこぼす。
⑦ 事態を**ユウリョ**する。
⑧ 長時間**コウソク**される。
⑨ 国旗を**ケイヨウ**する。
⑩ 部屋の**ソウジ**をする。
⑪ **ドウヨウ**を隠せない。
⑫ やさしく**ホウヨウ**する。
⑬ **ヒニョウ**器系の病気。
⑭ 支払いが**とどこお**る。
⑮ **ヒョウハク**の旅に出る。
⑯ 水が**も**れる。
⑰ **シツジュン**地帯に咲く花。
⑱ 職権**ランヨウ**をつつしむ。
⑲ **かわせ**で魚をすくう。
⑳ 行く手を**はば**む。

①	②	③	④	⑤	⑥	⑦	⑧	⑨	⑩	⑪	⑫	⑬	⑭	⑮	⑯	⑰	⑱	⑲	⑳

12 3級 ③（P.60〜63）

組　番　名前　100　月　日

● **次の太字を漢字に直しなさい。**（5点×20問）

① **トウキ**の人形。
② **バイシン**員に選ばれる。
③ 分け**へだ**てしない先生。
④ キャンペーン**ジッシ**中。
⑤ **ザンジ**休業します。
⑥ **コマク**がやぶれそうな音。
⑦ **ボウダイ**な情報。
⑧ 生活を**おびや**かす。
⑨ **キョウイ**を感じる。
⑩ 事件の**ガイヨウ**。
⑪ **シュショウ**な心掛けだ。
⑫ 急に頼まれて**あせ**る。
⑬ 馬を**ギセイ**にする。
⑭ **コハン**を散歩する。
⑮ **セキヒ**を建てる。
⑯ **おだ**やかな春の海。
⑰ りんごの**シュウカク**が終わる。
⑱ 神経が**スイジャク**する。
⑲ コアラは**ユウタイ**類だ。
⑳ 文章を**バッスイ**する。

①	②	③	④	⑤	⑥	⑦	⑧	⑨	⑩	⑪	⑫	⑬	⑭	⑮	⑯	⑰	⑱	⑲	⑳

★間違えた漢字を練習しなさい。

13　3級 ④（P.64～67）

組　番　名前　　月　日　100

● **次の太字を漢字に直しなさい。**（5点×20問）

① 気を**まぎ**らわす。
② 被害者は**コウサツ**された。
③ 条約を**テイケツ**する。
④ 時間に**ソクバク**される。
⑤ 傷口を**ホウゴウ**する。
⑥ **バンユウ**をふるう。
⑦ **エイタン**の意の助動詞。
⑧ 神に許しを**こ**う。
⑨ **シンセイ**書を提出する。
⑩ 官軍と**ゾクグン**。
⑪ **ジョウキ**を逸した行い。
⑫ 天然**コウボ**のパン。
⑬ **ジョウザイ**を飲む。
⑭ **レンセイ**して出来た金属。
⑮ 反乱を**しず**める。
⑯ 空腹で**ガシ**寸前だ。
⑰ **くじら**の肉。
⑱ 通信**テンサク**で学ぶ。
⑲ 友人を**ジャスイ**する。
⑳ 顔の**リンカク**を描く。

①	②	③	④	⑤	⑥	⑦	⑧	⑨	⑩	⑪	⑫	⑬	⑭	⑮	⑯	⑰	⑱	⑲	⑳

★間違えた漢字を練習しなさい。

14　3級 ⑤（P.68〜70）

組　番　名前　月　日　100

● 次の太字を漢字に直しなさい。（5点×20問）

① 過去を**かえり**みる。
② **カンコン**葬祭の儀式。
③ 予算を**シンギ**する。
④ 杉の**なえぎ**。
⑤ **チッソク**の危険。
⑥ 海外の**ショセキ**を買う。
⑦ 動物を**しいた**げる。
⑧ **キョコウ**の世界。
⑨ 定説を**くつがえ**す。
⑩ **レイラク**した貴族。
⑪ 商品を**レンカ**で売る。
⑫ 急性**シッカン**にかかる。
⑬ ひどく**ケッペキ**な性格。
⑭ 犯人を**タイホ**する。
⑮ よい**タイグウ**を受ける。
⑯ 任務を**スイコウ**する。
⑰ 事故に**あ**う。
⑱ 憲法を**ジュンシュ**する。
⑲ 単身**フニン**する。
⑳ 世俗を**チョウエツ**する。

①	②	③	④	⑤	⑥	⑦	⑧	⑨	⑩	⑪	⑫	⑬	⑭	⑮	⑯	⑰	⑱	⑲	⑳

★間違えた漢字を練習しなさい。

15　3級 ⑥（P.71～73）

組　番　名前　　月　日　100

● **次の太字を漢字に直しなさい。**（5点×20問）

① 美しさに**ミリョウ**された。
② いいところで**ジャマ**が入る。
③ 意見が**ショウトツ**する。
④ **キュウボウ**生活を送る。
⑤ 弱点を**コクフク**する。
⑥ 路面が**トウケツ**する。
⑦ 趣向を**こ**らす。
⑧ 一点を**ギョウシ**する。
⑨ **カンベン**してください。
⑩ **いや**しい考えを正す。
⑪ 神を**たてまつ**る。
⑫ 神社に**ホウノウ**する。
⑬ 首位の座を**ダッカイ**する。
⑭ 実物に**ゲンメツ**する。
⑮ **サギ**事件が多発する。
⑯ 英文を**ホンヤク**する。
⑰ **オンシャ**で減刑される。
⑱ 名を**はずかし**める。
⑲ **セツジョク**を果たす。
⑳ 男女**コヨウ**機会均等法。

①	②	③	④	⑤	⑥	⑦	⑧	⑨	⑩	⑪	⑫	⑬	⑭	⑮	⑯	⑰	⑱	⑲	⑳

★間違えた漢字を練習しなさい。

16 準2級 ① (P.76〜79)

組　番　名前　　月　日　/100

● 次の太字を漢字に直しなさい。（5点×20問）

① 敵を**あなど**る。
② **シュンビン**な動き。
③ **リンリ**を求める。
④ **シンギ**を確かめる。
⑤ **かたよ**った食事。
⑥ **ケッシュツ**した才能。
⑦ 企業の**サンカ**に入る。
⑧ 人を**そそのか**す。
⑨ **イカク**するような態度。
⑩ 彼の弱点が**ロテイ**する。
⑪ **も**に服す。
⑫ 一族の**ケイシ**となる。
⑬ 向上心を**つちか**う。
⑭ 鑑賞に**た**える絵だ。
⑮ **ヘイ**に囲まれた庭。
⑯ 畑の**ドジョウ**を改良。
⑰ 政治の**ダラク**を嘆く。
⑱ 妻の**ニンシン**を喜ぶ。
⑲ 母の**キゲン**がいい。
⑳ **チャクナン**が誕生した。

①	
②	
③	
④	
⑤	
⑥	
⑦	
⑧	
⑨	
⑩	
⑪	
⑫	
⑬	
⑭	
⑮	
⑯	
⑰	
⑱	
⑲	
⑳	

★間違えた漢字を練習しなさい。

月　日

17 準2級 ②（P.80〜83）

組　番　名前　　　100

● 次の太字を漢字に直しなさい。（5点×20問）

① **スウコウ**な理念。
② **ダセイ**で行動する。
③ 邪魔をされ**フンガイ**する。
④ 犬が人に**なつ**く。
⑤ **イカン**の意を表明する。
⑥ **うやうや**しい態度。
⑦ **ユウチョウ**に構える。
⑧ **アイシュウ**を帯びた目。
⑨ **ねんご**ろな仲。
⑩ **チョウバツ**を受ける。
⑪ なりゆきを**ケネン**する。
⑫ 身代金目的の**ユウカイ**事件。
⑬ 作品の**コウセツ**。
⑭ **はさ**み将棋。
⑮ 難問に**いど**む。
⑯ 迷い猫を**さが**す。
⑰ 髪にくしを**さ**す。
⑱ 勝敗に**コウデイ**しない。
⑲ **シャフツ**して消毒する。
⑳ 優れた**ドウサツ**力。

①	②	③	④	⑤	⑥	⑦	⑧	⑨	⑩	⑪	⑫	⑬	⑭	⑮	⑯	⑰	⑱	⑲	⑳

★間違えた漢字を練習しなさい。

18 準2級 ③ （P.84〜87）

組　番　名前　／100　月　日

● 次の太字を漢字に直しなさい。（5点×20問）

① 平和を**カッポウ**する。
② **ケイリュウ**釣り。
③ **コウリョウ**とした風景。
④ 事件の**カチュウ**の人。
⑤ 収益が**ゼンゾウ**傾向だ。
⑥ これで**アンタイ**だ。
⑦ 判決に執行**ユウヨ**がつく。
⑧ 部屋の**イチグウ**。
⑨ 美しい**センリツ**を奏でる。
⑩ **はだみ**離さず持ち歩く。
⑪ **ジュンボク**な青年。
⑫ **スウヨウ**な地位につく。
⑬ **カクシン**をつく意見だ。
⑭ 障子の**サン**を拭く。
⑮ **スイソウ**で熱帯魚を飼う。
⑯ 警官が**ジュンショク**した。
⑰ **ボンノウ**を断つ。
⑱ 思い**わずら**う。
⑲ **キンセン**に触れる作品。
⑳ 古代文明**ハッショウ**の地。

①	
②	
③	
④	
⑤	
⑥	
⑦	
⑧	
⑨	
⑩	
⑪	
⑫	
⑬	
⑭	
⑮	
⑯	
⑰	
⑱	
⑲	
⑳	

★間違えた漢字を練習しなさい。

19 準2級④（P.88〜91）

組　番　名前　　月　日　100

● 次の太字を漢字に直しなさい。（5点×20問）

① **カフク**相半ばする。
② 流行に**うとい**。
③ 山頂からの**チョウボウ**。
④ 歯を**キョウセイ**する。
⑤ 南極の**サイヒョウ**船。
⑥ **アンショウ**に乗り上げる。
⑦ 歯車が**マメツ**する。
⑧ **カッショク**に日焼けする。
⑨ **キョウキン**を開く。
⑩ 和洋**セッチュウ**の儀式。
⑪ **ホウビ**をもらう。
⑫ まゆを**つむ**ぐ。
⑬ **センサイ**な指先。
⑭ 体力を**ショウモウ**する。
⑮ 健康**シンダン**を受ける。
⑯ 学校の**キョウユ**を志す。
⑰ **つつし**んで申し上げる。
⑱ **ケンジョウ**語を使う。
⑲ **ガクフ**を見て演奏する。
⑳ 戸籍**トウホン**を見る。

①	②	③	④	⑤	⑥	⑦	⑧	⑨	⑩	⑪	⑫	⑬	⑭	⑮	⑯	⑰	⑱	⑲	⑳

★間違えた漢字を練習しなさい。

20　準2級 ⑤（P.92〜95）

組　番　名前　　　月　日　100

● 次の太字を漢字に直しなさい。（5点×20問）

① **まかな**い付きの下宿。
② **テイシュク**な妻。
③ **ジッセン**あるのみだ。
④ 幕府**チョッカツ**の領地。
⑤ 酒を**く**み交わす。
⑥ **シュウタイ**をさらす。
⑦ 物議を**かも**す。
⑧ **カンメイ**を受ける。
⑨ **キガ**に苦しむ冬山の猿。
⑩ 努力は**ムダ**にならない。
⑪ 物価が**キュウトウ**する。
⑫ 少し自信**カジョウ**だ。
⑬ ざりがには**コウカク**類。
⑭ 会員だけの**ハンプ**会。
⑮ **ヒンパン**に欠席する。
⑯ 不足分を**テキギ**補う。
⑰ 閣議を**シュサイ**する。
⑱ **カモク**な男の人。
⑲ まだ時期**ショウソウ**だ。
⑳ **メッキン**消毒をする。

①	②	③	④	⑤	⑥	⑦	⑧	⑨	⑩	⑪	⑫	⑬	⑭	⑮	⑯	⑰	⑱	⑲	⑳

★間違えた漢字を練習しなさい。

21 準2級 ⑥ (P.96〜98)

組　番　名前　　月　日　100

● 次の太字を漢字に直しなさい。（5点×20問）

① 委員に**スイセン**される。
② 祖父は**ダンシャク**だ。
③ ついに進退**きわ**まる。
④ 裁判官を**ヒメン**する。
⑤ 全分野**モウラ**する。
⑥ **ホリョ**として収容される。
⑦ **ゴヘイ**のある言い方。
⑧ **ヤクどし**にあたる。
⑨ **ショミン**的な味。
⑩ **ボンヨウ**な人物。
⑪ **すた**れた流行歌。
⑫ **エキリ**が広がる。
⑬ **チジョウ**のもつれ。
⑭ 病気が完全に**チユ**する。
⑮ 長官が**コウテツ**される。
⑯ 恩師が**セイキョ**した。
⑰ **テイシン**という業務。
⑱ 常識から**イツダツ**する。
⑲ **フヘン**の真理。
⑳ 日光を**さえぎ**る。

①	②	③	④	⑤	⑥	⑦	⑧	⑨	⑩	⑪	⑫	⑬	⑭	⑮	⑯	⑰	⑱	⑲	⑳

★間違えた漢字を練習しなさい。

22 準2級 ⑦ (P.99～101)

組 番 名前 100

月 日

● 次の太字を漢字に直しなさい。(5点×20問)

① 生活様式の**ヘンセン**。
② 利益を**カンゲン**する。
③ 自然との**ヘイコウ**を保つ。
④ 政党内の**ハバツ**争い。
⑤ 学費に**あ**てる。
⑥ 条約を**ヒジュン**する。
⑦ **トッパン**印刷の技術。
⑧ 政府高官を**ダンガイ**する。
⑨ 文化**クンショウ**をもらう。
⑩ **ユウソウ**な太鼓の響き。
⑪ 自由**ホンポウ**。
⑫ 倹約を**ショウレイ**する。
⑬ **チュウトン**地の取材。
⑭ **カビン**にユリを生ける。
⑮ **はなは**だしい金額。
⑯ 外出を**ジシュク**する。
⑰ **イシュウ**が漂う。
⑱ 町はずれの**サイジョウ**。
⑲ 映画の**ヨイン**を味わう。
⑳ 歯医者で**マスイ**をする。

①	②	③	④	⑤	⑥	⑦	⑧	⑨	⑩	⑪	⑫	⑬	⑭	⑮	⑯	⑰	⑱	⑲	⑳

★間違えた漢字を練習しなさい。

月　日

23 2級 ①（P.106〜120）

組　番　名前　　/100

● 次の太字を漢字に直しなさい。（5点×20問）

① **カブキ**の歴史を学ぶ。
② **キンサ**で試合に敗れる。
③ 熱い**フロ**に入る。
④ 火山灰が**タイセキ**する。
⑤ **やよい**時代の遺跡。
⑥ **こぶし**を突き上げる。
⑦ **イッタン**休憩しよう。
⑧ 説明が**アイマイ**だ。
⑨ **セキズイ**を損傷する。
⑩ **ジンゾウ**病の治療。
⑪ **ひざ**の関節を傷める。
⑫ **ミケン**にしわを寄せる。
⑬ **ワイロ**を贈る。
⑭ 才能が**カクセイ**する。
⑮ **カッサイ**を浴びる。
⑯ 成功の**ヒッス**条件。
⑰ 持ち物を**セイトン**する。
⑱ **あご**が痛い。
⑲ **カンコク**を旅する。
⑳ 関係に**キレツ**が生じる。

★間違えた漢字を練習しなさい。

●漢字テスト　解答

1 5級①
①仁義 ②提供 ③中傷 ④安否 ⑤善悪 ⑥垂直 ⑦孝行 ⑧律儀 ⑨従来 ⑩憲章 ⑪拝借 ⑫推進 ⑬探知 ⑭節操 ⑮風潮 ⑯感激 ⑰以降 ⑱駆除 ⑲故障 ⑳上映

2 5級②
①暖房 ②薄暮 ③朗報 ④背 ⑤机上 ⑥権化 ⑦感染 ⑧破片 ⑨疑 ⑩磁石 ⑪衣装 ⑫裏口 ⑬紅 ⑭納得 ⑮縮図 ⑯検討 ⑰訪 ⑱確認 ⑲貴 ⑳郵送

3 5級③
①宣誓 ②荘厳 ③若干 ④所蔵 ⑤墓穴 ⑥座 ⑦遺失 ⑧短冊 ⑨並列 ⑩処遇 ⑪産卵 ⑫危 ⑬奏 ⑭専 ⑮就 ⑯幼 ⑰意欲 ⑱盛大 ⑲至急 ⑳臨

4 4級①
①仰天 ②侵入 ③傍 ④礼儀 ⑤吐露 ⑥嘆 ⑦驚嘆 ⑧噴煙 ⑨含蓄 ⑩堤防 ⑪崩壊 ⑫固執 ⑬同姓 ⑭弾 ⑮遠征 ⑯微笑 ⑰象徴 ⑱忙 ⑲恒例 ⑳惨

5 4級②
①慎重 ②我慢 ③記憶 ④恐 ⑤恩恵 ⑥遠慮 ⑦押印 ⑧拍車 ⑨捕獲 ⑩把握 ⑪搬入 ⑫攻撃 ⑬光沢 ⑭沈黙 ⑮泊 ⑯浸透 ⑰溶解 ⑱滴 ⑲漫然 ⑳汚濁

6 4級③
①狭 ②獣医 ③陰 ④隣接 ⑤旧暦 ⑥脂 ⑦失脚 ⑧手腕 ⑨腰痛 ⑩不朽 ⑪枯渇 ⑫横柄 ⑬欄外 ⑭柔 ⑮爆笑 ⑯煮沸 ⑰珍 ⑱環境 ⑲祈願 ⑳瞬

7 4級④
①矛盾 ②愛称 ③秀 ④先端 ⑤被 ⑥粒子 ⑦指紋 ⑧絡 ⑨維持 ⑩一般 ⑪敗訴 ⑫誇張 ⑬童謡 ⑭寄贈 ⑮追跡 ⑯雑踏 ⑰躍 ⑱較差 ⑲輝 ⑳鋭利

8 4級⑤
①鑑定 ②駆使 ③鮮 ④殺到 ⑤真剣 ⑥彩 ⑦撮影 ⑧機敏 ⑨静寂 ⑩荒廃 ⑪蓄積 ⑫突然 ⑬震 ⑭一髪 ⑮首尾 ⑯屈指 ⑰治療 ⑱歓迎 ⑲逃 ⑳透明

9 4級⑥
①違反 ②派遣 ③匹敵 ④気丈 ⑤互角 ⑥優劣 ⑦勧告 ⑧奇遇 ⑨尋常 ⑩戒 ⑪戯 ⑫冒 ⑬歳末 ⑭盗難 ⑮監査 ⑯誘致 ⑰舗装 ⑱麗 ⑲黙 ⑳鼓舞

10 3級①
①伐採 ②佳境 ③促 ④倣 ⑤負債 ⑥催促 ⑦喚起 ⑧委嘱 ⑨啓示 ⑩団塊 ⑪塗装 ⑫開墾 ⑬突如 ⑭転嫁 ⑮鼻孔 ⑯峡谷 ⑰崩 ⑱皇帝 ⑲徐行 ⑳恨

11 3級②
①哀惜 ②恐慌 ③慌 ④思慕 ⑤忌 ⑥愚痴 ⑦憂慮 ⑧拘束 ⑨掲揚 ⑩掃除 ⑪動揺 ⑫抱擁 ⑬泌尿 ⑭滞 ⑮漂泊 ⑯漏 ⑰湿潤 ⑱濫用 ⑲川瀬 ⑳阻

12 3級③
①陶器 ②陪審 ③隔 ④実施 ⑤暫時 ⑥鼓膜 ⑦膨大 ⑧脅 ⑨脅威 ⑩概要 ⑪殊勝 ⑫焦 ⑬犠牲 ⑭湖畔 ⑮石碑 ⑯穏 ⑰収穫 ⑱衰弱 ⑲有袋 ⑳抜粋

●漢字テスト 解答

13 3級 ④
①紛 ②絞殺 ③締結 ④束縛 ⑤縫合 ⑥蛮勇 ⑦詠嘆 ⑧請 ⑨申請 ⑩賊軍 ⑪常軌 ⑫酵母 ⑬錠剤 ⑭錬成 ⑮鎮 ⑯餓死 ⑰鯨 ⑱添削 ⑲邪推 ⑳輪郭

15 3級 ⑥
①魅了 ②邪魔 ③衝突 ④窮乏 ⑤克服 ⑥凍結 ⑦凝 ⑧凝視 ⑨勘弁 ⑩卑 ⑪奉 ⑫奉納 ⑬奪回 ⑭幻滅 ⑮詐欺 ⑯翻訳 ⑰恩赦 ⑱辱 ⑲雪辱 ⑳雇用

17 準2級 ②
①崇高 ②惰性 ③憤慨 ④懐 ⑤遺憾 ⑥恭 ⑦悠長 ⑧哀愁 ⑨懇 ⑩懲罰 ⑪懸念 ⑫誘拐 ⑬巧拙 ⑭挟 ⑮挑 ⑯捜 ⑰挿 ⑱拘泥 ⑲煮沸 ⑳洞察

19 準2級 ④
①禍福 ②疎 ③眺望 ④矯正 ⑤砕氷 ⑥暗礁 ⑦磨滅 ⑧褐色 ⑨胸襟 ⑩折衷 ⑪褒美 ⑫紡 ⑬繊細 ⑭消耗 ⑮診断 ⑯教諭 ⑰謹 ⑱謙譲 ⑲楽譜 ⑳謄本

21 準2級 ⑥
①推薦 ②男爵 ③窮 ④罷免 ⑤網羅 ⑥捕虜 ⑦語弊 ⑧厄年 ⑨庶民 ⑩凡庸 ⑪廃 ⑫疫痢 ⑬痴情 ⑭治癒 ⑮更迭 ⑯逝去 ⑰逓信 ⑱逸脱 ⑲普遍 ⑳遮

23 2級 ①
①歌舞伎 ②僅(僅)差 ③風呂 ④堆積 ⑤弥生 ⑥拳 ⑦一旦 ⑧曖昧 ⑨脊髄 ⑩腎臓 ⑪膝 ⑫眉間 ⑬賄賂 ⑭覚醒 ⑮喝采 ⑯必須 ⑰整頓 ⑱顎 ⑲韓国 ⑳亀裂

14 3級 ⑤
①顧 ②冠婚 ③審議 ④苗木 ⑤窒息 ⑥書籍 ⑦虐 ⑧虚構 ⑨覆 ⑩零落 ⑪廉価 ⑫疾患 ⑬潔癖 ⑭逮捕 ⑮待遇 ⑯遂行 ⑰遭 ⑱遵守 ⑲赴任 ⑳超越

16 準2級 ①
①侮 ②俊敏 ③倫理 ④真偽 ⑤偏 ⑥傑出 ⑦傘下 ⑧唆 ⑨威嚇 ⑩露呈 ⑪喪 ⑫継嗣 ⑬培 ⑭堪 ⑮塀 ⑯土壌 ⑰堕落 ⑱妊娠 ⑲機嫌 ⑳嫡男

18 準2級 ③
①渇望 ②渓流 ③荒涼 ④渦中 ⑤漸増 ⑥安泰 ⑦猶予 ⑧一隅 ⑨旋律 ⑩肌身 ⑪純朴 ⑫枢要 ⑬核心 ⑭桟 ⑮水槽 ⑯殉職 ⑰煩悩 ⑱煩 ⑲琴線 ⑳発祥

20 準2級 ⑤
①賄 ②貞淑 ③実践 ④直轄 ⑤酌 ⑥醜態 ⑦醸 ⑧感銘 ⑨飢餓 ⑩無駄 ⑪急騰 ⑫過剰 ⑬甲殻 ⑭頒布 ⑮頻繁 ⑯適宜 ⑰主宰 ⑱寡黙 ⑲尚早 ⑳滅菌

22 準2級 ⑦
①変遷 ②還元 ③平衡 ④派閥 ⑤充 ⑥批准 ⑦凸版 ⑧弾劾 ⑨勲章 ⑩勇壮 ⑪奔放 ⑫奨励 ⑬駐屯 ⑭花瓶 ⑮甚 ⑯自粛 ⑰異臭 ⑱斎場 ⑲余韻 ⑳麻酔

1回 漢字の読み①

組　番　名前

月　日

/20 点アップ!

次の――線の**漢字の読み**を**ひらがな**で書きなさい。（2点×10問）

① 大切な部分に**傍線**を引く。［　　］

② 地面が**隆起**する。［　　］

③ 道路の**凍結**を防ぐ工夫。［　　］

④ **福祉**施設を見学する。［　　］

⑤ レンズの**焦点**を調節する。［　　］

⑥ 午後の会議への参加を**促**す。［　　す］

⑦ 勢いよく水蒸気が**噴出**する。［　　］

⑧ 相手の要求を**受諾**する。［　　］

⑨ 橋の**欄干**に手をかける。［　　］

⑩ **憩**いの場を提供する。［　　い］

2回 漢字の読み②

組　番　名前

月　日

/20 点アップ!

次の――線の**漢字の読み**を**ひらがな**で書きなさい。（2点×10問）

① 都内**某所**の喫茶店。（　　）

② **野蛮**な行いを批判する。（　　）

③ 看板を真っ赤に**塗**る。（　　る）

④ **欧州**を巡る旅がしたい。（　　）

⑤ 自分に有利な**契約**を結ぶ。（　　）

⑥ 彼はいつも面白い**冗談**を言う。（　　）

⑦ **最先端**の技術を用いる。（　　）

⑧ 彼女は日本**舞踊**を習っている。（　　）

⑨ 大きな**壁**を乗り越える。（　　）

⑩ 新規事業を**企**てる。（　　てる）

3回 漢字の書き①

組　番　名前

月　日

/20 点アップ!

次の――線の**太字**を**漢字**に直しなさい。（2点×10問）

① **く**り返し練習する。〔　　り〕

② **レンカ**版の商品を買う。〔　　〕

③ 大阪の**イド**と経度。〔　　〕

④ 屋根を**シュウゼン**する。〔　　〕

⑤ **あさせ**で泳ぐ。〔　　〕

⑥ 学校に**チコク**する。〔　　〕

⑦ 雑草が**ハンモ**する。〔　　〕

⑧ 巨大な**セキヒ**を発見する。〔　　〕

⑨ **ショクタク**に花を飾る。〔　　〕

⑩ 感動して**なみだ**を流す。〔　　〕

4回 漢字の書き②

組　番　名前

月　日

/20 点アップ!

次の——線の**太字**を**漢字**に直しなさい。（2点×10問）

① 大気中の**チッソ**の割合。（　　）

② 少量の**センザイ**を使う。（　　）

③ 長い**ロウカ**を歩く。（　　）

④ **いなサク**の歴史を知る。（　　）

⑤ 事実を**コチョウ**して話す。（　　）

⑥ **まぼろし**のような城だ。（　　）

⑦ 音楽会を**カイサイ**する。（　　）

⑧ **ハクシュ**で新入生を迎える。（　　）

⑨ 暑いので**ボウシ**を脱ぐ。（　　）

⑩ 町の**コウガイ**に家を建てる。（　　）

5回 漢字の部首・部首名

組　番　名前

/20 点アップ!

月　日

次の漢字の**部首**を（　）に、**部首名**を〔　〕に書きなさい。（各完答2点×10問）

	漢字	部首	部首名
①	覆	（　）	〔　〕
②	微	（　）	〔　〕
③	邦	（　）	〔　〕
④	盤	（　）	〔　〕
⑤	秀	（　）	〔　〕
⑥	匿	（　）	〔　〕
⑦	殿	（　）	〔　〕
⑧	越	（　）	〔　〕
⑨	療	（　）	〔　〕
⑩	藩	（　）	〔　〕

6回　熟語の構成

組　番　名前

月　日

/20 点アップ!

★熟語の構成のしかたには次のようなものがある。

ア　同じような意味の漢字を重ねたもの。（例…豊富）
イ　反対または対応の意味を表す字を重ねたもの。（例…開閉）
ウ　上の字が下の字を修飾しているもの。（例…速報）
エ　下の字が上の字の目的語、補語になっているもの。（例…読書）
オ　主語と述語の関係にあるもの。（例…人造）

次の熟語は右の**ア**～**オ**のどれにあたるか、**記号**で答えなさい。（2点×10問）

① 貯蓄 □
② 雷鳴 □
③ 徐行 □
④ 搾乳 □
⑤ 緩急 □
⑥ 乾杯 □
⑦ 喜怒 □
⑧ 即答 □
⑨ 日没 □
⑩ 慈愛 □

7回　対義語・類義語①

組　番　名前

月　日

/20 点アップ!

あとの□の中のひらがなを**漢字**に直して、**対義語・類義語**を書きなさい。□の中のひらがなは一度だけ使い、漢字一字を書きなさい。（2点×10問）

対義語

① 急性 ― □性
② 恒星 ― □星
③ 美食 ― □食
④ 過激 ― □健
⑤ 豊富 ― 欠□

類義語

⑥ 処罰 ― 懲□
⑦ 着実 ― □実
⑧ 架空 ― □構
⑨ 借金 ― 負□
⑩ 鼓舞 ― 激□

わく・けん・かい・きょ・れい
まん・ぼう・さい・そ・おん

① □　② □　③ □　④ □　⑤ □
⑥ □　⑦ □　⑧ □　⑨ □　⑩ □

8回　対義語・類義語②

組　番　名前

月　日　／20 点アップ！

あとの□の中のひらがなを**漢字**に直して、**対義語・類義語**を書きなさい。□の中のひらがなは一度だけ使い、漢字一字を書きなさい。（2点×10問）

対義語

① 吉報 ― □報
② 専業 ― □業
③ 合憲 ― □憲
④ 守備 ― 攻□
⑤ 濃厚 ― 希□

類義語

⑥ 名案 ― □案
⑦ 節約 ― □約
⑧ 功績 ― 手□
⑨ 大意 ― □要
⑩ 技量 ― 手□

けん・けん・げき・い・わん
がい・みょう・きょう・はく・がら

① □
② □
③ □
④ □
⑤ □
⑥ □
⑦ □
⑧ □
⑨ □
⑩ □

9回　三字熟語

組　番　名前

月　日

／20 点アップ!

次の□にあてはまる**三字熟語**をあとの□から選び、**漢字**で書きなさい。（2点×10問）

① □から一言、言わせてもらう。
意味 気を遣って必要以上に世話を焼く気持ち。

② 新知事の□な試みが成功する。
意味 誰もしなかったことをする様子。

③ 受付時間に□間に合った。
意味 時間や事態が非常に差し迫っていること。

④ 資源は□にあるわけではない。
意味 限りなくあること。

⑤ これは□の商人が心を入れ替える物語だ。
意味 財を蓄えるのに熱心な、けちな人。

⑥ 上司とはいえ□な言い方をすべきではない。
意味 押さえつけ、おどすような様子。

⑦ この試験は一流料理人への□だ。
意味 出世や成功のための関門。

⑧ まるで□のような美しい風景だ。
意味 俗世間を離れた理想の地。

⑨ 現代文学の□となる作品だ。
意味 後世に残る、大きく優れた仕事。

⑩ 戦国時代は□の世の中だ。
意味 下位の者が上位の者をしのぎ、勢力をふるうこと。

カンイッパツ　ゲコクジョウ　ロウバシン　キンジトウ
シュセンド　ムジンゾウ　トウリュウモン　イタケダカ
ハテンコウ　トウゲンキョウ

10回

四字熟語①

組　番　名前

月　日

／20 点アップ!

次の□にあてはまる**四字熟語**をあとの□から選び、**漢字**で書きなさい。（2点×10問）

① □の地で休暇を過ごす。
意味 自然の景色が美しいこと。

② □な文章に飽きる。
意味 趣やおもしろみにかけること。

③ □な日々に感謝する。
意味 おだやかでかわりのないこと。

④ 優勝チームが□と行進する。
意味 得意で元気いっぱいな様子。

⑤ 議案が□で可決した。
意味 その場の全員の意見が同じになること。

⑥ 多数派に□する傾向がある。
意味 やたら他人の意見に同調すること。

⑦ □の彼の行動が笑いを誘う。
意味 自由自在に現れたり隠れたりすること。

⑧ 勝ち負けに□しない。
意味 状況により喜んだり悲しんだりすること。

⑨ 悲しい時でも□な行動は慎むべきだ。
意味 自分を粗末にし、投げやりになること。

⑩ 彼は□な人柄で慕われている。
意味 おだやかでやさしく、誠実なこと。

オンコウトクジツ　サンシスイメイ　マンジョウイッチ
フワライドウ　ヘイオンブジ　シンシュツキボツ
ムミカンソウ　イキヨウヨウ　ジボウジキ　イッキイチユウ

11回 四字熟語②

組　番　名前

月　日

/20 点アップ!

次の□にあてはまる**四字熟語**をあとの□から選び、**漢字**で書きなさい。（2点×10問）

① 彼の話に□する。
意味 はらをかかえて大笑いすること。

② 目的達成のため□に飛び回る。
意味 こつこつと苦労を重ね努力すること。

③ 話が□で訳がわからない。
意味 まとまりがなくめちゃくちゃなこと。

④ 研究の道は□である。
意味 やり方が多すぎて迷ってしまうこと。

⑤ 情報を□して、発表用にまとめる。
意味 良いものはえらび、悪いものはすてること。

⑥ 敵をおびき寄せて□にする。
意味 一度に一味のものを全部とらえること。

⑦ □の島に探検隊が入る。
意味 人がまだ足をふみいれたことがないこと。

⑧ 平家の□の物語。
意味 さかえたりおとろえたりすること。

⑨ このコンクールは□の好機になる。
意味 めったにないよい機会。

⑩ 彼の□な態度に、皆眉をひそめた。
意味 周囲を気にせず、勝手にふるまうこと。

タキボウヨウ　イチモウダジン　エイコセイスイ　シリメツレツ
ホウフクゼットウ　ボウジャクブジン　シュシャセンタク
リュウリュウシンク　センザイイチグウ　ジンセキミトウ

12回 送りがな①

組　番　名前

月　日

/20 点アップ!

次の——線のカタカナを**漢字一字と送りがな（ひらがな）**で書きなさい。（2点×10問）

① 砂糖入りの**アマイ**紅茶を飲む。（　　）

② 参加者は百人を**コエル**。（　　）

③ 品物を大切に**アツカウ**。（　　）

④ 容器から水が**モレル**。（　　）

⑤ 汗をかき、服が**シメル**。（　　）

⑥ エプロンを油で**ヨゴス**。（　　）

⑦ 大統領が夫人を**トモナウ**。（　　）

⑧ 古くなった時計が**コワレル**。（　　）

⑨ 会議の進行を**サマタゲル**。（　　）

⑩ 楽器の音が**クルウ**。（　　）

13回 送りがな②

組　番　名前

月　日

/20 点アップ!

次の——線のカタカナを**漢字一字**と**送りがな（ひらがな）**で書きなさい。（2点×10問）

① 人員不足で作業が**トドコオル**。〔　　〕

② 交番で道順を**タズネル**。〔　　〕

③ 去年より売り上げが**ノビル**。〔　　〕

④ 古いベンチが**カタムク**。〔　　〕

⑤ 池の水が**ニゴル**。〔　　〕

⑥ 後輩を**ハゲマス**。〔　　〕

⑦ 新聞に広告を**ノセル**。〔　　〕

⑧ イルカは**カシコイ**動物だ。〔　　〕

⑨ 猫のひげを**サワル**。〔　　〕

⑩ **マギラワシイ**言い方を避ける。〔　　〕

14回 同音異字①

組　　番　　名前

月　　日

次の——線の**カタカナ**を**漢字**に直しなさい。（2点×10問）

① **キョ**大な岩を登る。〔　　〕

② 駅までの**キョ**離を測る。〔　　〕

③ 氏名と年**レイ**を記入する。〔　　〕

④ **レイ**下三十度を記録する。〔　　〕

⑤ ヒトもサルも**レイ**長類だ。〔　　〕

⑥ 部員を**ボ**集する。〔　　〕

⑦ 憧れの人に**ボ**情を打ち明ける。〔　　〕

⑧ **シン**判の判定に従う。〔　　〕

⑨ **シン**重な性格。〔　　〕

⑩ 敵の**シン**略を止める。〔　　〕

15回 同音異字②

組　番　名前

月　日

／20 点アップ!

次の――線の**カタカナ**を**漢字**に直しなさい。（2点×10問）

① 肩に水**テキ**が落ちる。（　　）

② 間違いを指**テキ**される。（　　）

③ 谷間に声が反**キョウ**する。（　　）

④ スポーツの実**キョウ**放送。（　　）

⑤ 海**キョウ**を船で渡る。（　　）

⑥ 礼**ギ**正しい青年だ。（　　）

⑦ 多くの**ギ**牲を払う。（　　）

⑧ **ホウ**仕活動をする。（　　）

⑨ 有名な作品を模**ホウ**する。（　　）

⑩ 人口が**ホウ**和状態になる。（　　）

16回 同訓異字①

組　番　名前

月　日

／20 点アップ！

次の――線のカタカナを漢字に直しなさい。（2点×10問）

① 家来が主人のかたきを**ウ**つ。（　　）

② いのししを銃で**ウ**つ。（　　）

③ 新しい帯を**シ**める。（　　）

④ 女性が多数を**シ**める。（　　）

⑤ 自分で自分の首を**シ**める。（　　）

⑥ 緊張で表情が**カタ**くなる。（　　）

⑦ 紙粘土が乾いて**カタ**まる。（　　）

⑧ 壁に時計を**カ**ける。（　　）

⑨ 川に橋を**カ**ける。（　　）

⑩ 野原で馬が**カ**ける。（　　）

17回 同訓異字②

組　　番　　名前

月　　日

次の――線のカタカナを漢字に直しなさい。（2点×10問）

① 入会の手続きがスむ。〔　　　〕
② 池の水がスむ。〔　　　〕
③ 作家が筆をトる。〔　　　〕
④ 風景を写真にトる。〔　　　〕
⑤ わなを張って害獣をトる。〔　　　〕
⑥ 輪になってオドる。〔　　　〕
⑦ 思わぬ贈り物に心がオドる。〔　　　〕
⑧ 政敵の失脚をハカる。〔　　　〕
⑨ 提案について会議にハカる。〔　　　〕
⑩ 知人に便宜をハカる。〔　　　〕

18回　力だめし①〈現代文〉

組　番　名前

月　日

次の文章中の――線のカタカナを漢字に直しなさい。（2点×10問）

　ある日の暮れ方の事である。一人の下人が、羅生門の下で雨やみを待っていた。

　広い門の下には、この男のほかに①ダレもいない。ただ、所々②ニ③ヌりの④ハげた、大きな円柱に、きりぎりすが一匹とまっている。羅生門が、朱雀大路にある以上は、この男のほかにも、雨やみをする市女笠や揉烏帽子が、もう二、三人はありそうなものである。それが、この男のほかにはダレもいない。

　なぜかというと、この二、三年、京都には、⑤ジシンとか辻風とか火事とか飢饉とか云う災が続いて起こった。そこで洛中のさびれ方はひととおりではない。旧記によると、仏像や仏具を打ち⑥クダいて、そのニがついたり、金銀の箔がついたりした木を、⑦ミチバタに積み重ねて、⑧タキギの料に売っていたということである。洛中がその始末であるから、羅生門の修理などは、もとよりダレも捨てて⑨カエリみる者がなかった。するとその⑩アれ果てたのをよいことにして、狐狸が棲む。盗人が棲む。とうとうしまいには、引き取り手のない死人を、この門へ持ってきて、捨てて行くという習慣さえできた。そこで、日の目が見えなくなると、ダレでも気味を悪がって、この門の近所へは足踏みをしないことになってしまったのである。

（芥川龍之介『羅生門』による）

①〔　　〕
②〔　　〕
③〔　　り〕
④〔　　げ〕
⑤〔　　〕
⑥〔　　い〕
⑦〔　　〕
⑧〔　　〕
⑨〔　　みる〕
⑩〔　　れ〕

19回　力だめし②〈評論文〉

組　番　名前

月　日

/20 点アップ!

次の――線のカタカナを漢字に直し、□に書きなさい。（2点×10問）

① チュウショウ
意味 多くの物事に共通する事実をぬき出して考えること。

② キョゾウ
意味 実際の姿とは異なる、作られた姿や形。

③ フヘン
意味 全ての物に共通して当てはまること。

④ ムジュン
意味 二つの理屈のつじつまが合わないこと。

⑤ ユウゴウ
意味 二つ以上の物が、一つに溶け合うこと。

⑥ カンゲン
意味 物事の形や性質を、元に戻すこと。

⑦ キノウ
意味 複数の事例から、一般的な法則や決まりを得ること。

⑧ ショウチョウ
意味 チュウショウ的なものを表すための具体的なもの。

⑨ サクイ
意味 自分の意志で行うこと。不自然さを指すこともある。

⑩ モサク
意味 はっきりとしない物事を探し求めること。

20回 力だめし③〈時事〉

組　番　名前

月　日

/20 点アップ!

次の——線のカタカナを漢字に直し、□に書きなさい。（2点×10問）

① 集団的ジエイ権

意味 攻撃を受けていない国が、攻撃された他国の防衛を行う権利。

② 経済レンケイ協定（EPA）

意味 関税などを撤廃し、貿易の拡大を目指す協定。

③ 歴史ニンシキ論争

意味 国や民族の間で歴史解釈の差から起こる論争。

④ 主要国シュノウ会議（G7）

意味 日本を含む主要七か国のリーダーが集まる国際的な会議。

⑤ 同性ケッコン

参考 法的に認められる国が増えている。

⑥ イリョウ費問題

参考 高齢化による増加を抑制する政策がとられている。

⑦ オウシュウ連合（EU）

参考 一九九三年に設立。超国家的なヨーロッパの地域統合体。

⑧ 金融カンワ政策

意味 日本銀行が通貨の供給量を増やす景気対策の政策。

⑨ 日本の調査ホゲイ

参考 この活動について、他国から批判や妨害を受けている。

⑩ コヨウ創出の取り組み

意味 仕事に就く機会を新たに作り出すこと。

分野別 苦手克服 漢字テスト 解答①

1回

① ぼうせん
② りゅうき
③ とうけつ
④ ふくし
⑤ しょうてん
⑥ うなが
⑦ ふんしゅつ
⑧ じゅだく
⑨ らんかん
⑩ いこ

2回

① ぼうしょ
② やばん
③ ぬ
④ おうしゅう
⑤ けいやく
⑥ じょうだん
⑦ さいせんたん
⑧ ぶよう
⑨ かべ
⑩ くわだ

3回

① 繰
② 廉価
③ 緯度
④ 修繕
⑤ 浅瀬
⑥ 遅刻
⑦ 繁茂
⑧ 石碑
⑨ 食卓
⑩ 涙

4回

① 窒素
② 洗剤
③ 廊下
④ 稲作
⑤ 誇張
⑥ 幻
⑦ 開催
⑧ 拍手
⑨ 帽子
⑩ 郊外

5回

① 襾 おおいかんむり
② 彳 ぎょうにんべん
③ 阝 おおざと
④ 皿 さら
⑤ 禾 のぎ
⑥ 匚 かくしがまえ
⑦ 殳 るまた・ほこづくり
⑧ 走 そうにょう
⑨ 疒 やまいだれ
⑩ 艹 くさかんむり

6回

① ア
② オ
③ ウ
④ エ
⑤ イ
⑥ エ
⑦ イ
⑧ ウ
⑨ オ
⑩ ア

7回

① 慢
② 惑
③ 粗
④ 穏
⑤ 乏
⑥ 戒
⑦ 堅
⑧ 虚
⑨ 債
⑩ 励

8回

① 凶
② 兼
③ 違
④ 撃
⑤ 薄
⑥ 妙
⑦ 倹
⑧ 柄
⑨ 概
⑩ 腕

9回

① 老婆心
② 破天荒
③ 間一髪
④ 無尽蔵
⑤ 守銭奴
⑥ 居(威)丈高
⑦ 登竜門
⑧ 桃源郷(境)
⑨ 金字塔
⑩ 下克(剋)上

10回

① 山紫水明
② 無味乾燥
③ 平穏無事
④ 意気揚揚(々)
⑤ 満場一致
⑥ 付和雷同
⑦ 神出鬼没
⑧ 一喜一憂
⑨ 自暴自棄
⑩ 温厚篤実

分野別 苦手克服 漢字テスト 解答②

11回

① 抱腹絶倒
② 粒粒(々)辛苦
③ 支離滅裂
④ 多岐亡羊
⑤ 取捨選択
⑥ 一網打尽
⑦ 人跡未踏
⑧ 栄枯盛衰
⑨ 千載一遇
⑩ 傍若無人

12回

① 甘い
② 超える
③ 扱う
④ 漏れる
⑤ 湿る
⑥ 汚す
⑦ 伴う
⑧ 壊れる
⑨ 妨げる
⑩ 狂う

13回

① 滞る
② 尋ねる
③ 伸びる
④ 傾く
⑤ 濁る
⑥ 励ます
⑦ 載せる
⑧ 賢い
⑨ 触る
⑩ 紛らわしい

14回

① 巨
② 距
③ 齢
④ 零
⑤ 霊
⑥ 募
⑦ 慕
⑧ 審
⑨ 慎
⑩ 侵

15回

① 滴
② 摘
③ 響
④ 況
⑤ 峡
⑥ 儀
⑦ 犠
⑧ 奉
⑨ 倣
⑩ 飽

16回

① 討
② 撃
③ 締
④ 占
⑤ 紋
⑥ 硬
⑦ 固
⑧ 掛
⑨ 架
⑩ 駆

17回

① 済
② 澄
③ 執
④ 撮
⑤ 捕
⑥ 踊
⑦ 躍
⑧ 謀
⑨ 諮
⑩ 図

18回

① 誰
② 丹
③ 塗
④ 剝(剥)
⑤ 地震
⑥ 砕
⑦ 道端
⑧ 薪
⑨ 顧
⑩ 荒

19回

① 抽象
② 虚像
③ 普遍
④ 矛盾
⑤ 融合
⑥ 還元
⑦ 帰納
⑧ 象徴
⑨ 作為
⑩ 模索

20回

① 自衛
② 連携
③ 認識
④ 首脳
⑤ 結婚
⑥ 医療
⑦ 欧州
⑧ 緩和
⑨ 捕鯨
⑩ 雇用

組 番 名前

月 日

月　日

組	番	名前